AF494801

Ld[4]
20264 86

ÉTUDES FRANCISCAINES

SUR

LA RÉVOLUTION

DANS LE DÉPARTEMENT DES BOUCHES-DU-RHONE

BIBLIOTHÈQUE NATIONALE
R.F.
IMPRIMÉS

PAR

DÉPÔT LÉGAL
93

Le P. APOLLINAIRE DE VALENCE

CAPUCIN

NIMES
IMPRIMERIE GÉNÉRALE (MAISON GERVAIS-BEDOT)
RUE DE LA MADELEINE, 21

1898

L[24]d
287

226486

ÉTUDES FRANCISCAINES

SUR LA RÉVOLUTION

DANS LE DÉPARTEMENT DES BOUCHES-DU-RHONE

Ld 24 287

K 4 *

ÉTUDES FRANCISCAINES

SUR

BIBLIOTHÈQUE NATIONALE R.F. IMPRIMÉS

LA RÉVOLUTION

DANS LE DÉPARTEMENT DES BOUCHES-DU-RHONE

PAR

Le P. APOLLINAIRE DE VALENCE
CAPUCIN

NIMES
IMPRIMERIE GÉNÉRALE (MAISON GERVAIS-BEDOT)
RUE DE LA MADELEINE, 21

1898

AVERTISSEMENT

Nous mettions la main aux premières préparations de cet opuscule, lorsque, à son sujet, après conversation avec un historien Marseillais, un de nos confrères nous écrivit, le 17 juillet 1879 :

« L'attitude de nos Pères de Marseille pendant la Révolution n'est rien moins qu'édifiante, car la grande majorité des religieux prêta le serment, et parmi ces assermentés plusieurs se marièrent. Le plus triste de ces apostats était un certain Père Boutin. Il devint président d'un des clubs les plus avancés, et se signala par des violences. On ne sait trop ce que devinrent les religieux restés fidèles, et s'ils continuèrent à exercer secrètement le saint ministère dans la ville ou les ou les environs. M. X. a retrouvé, il y a quelque temps, la trace d'un de nos assermentés, qui, revenu à son devoir, rendit de grands services aux fidèles de la banlieue, et fut protégé plus d'une fois miraculeusement contre la poursuite de ses ennemis. Celui-là ferait bonne figure dans votre galerie ; quand aux autres ils pourront y figurer à titre d'ombres. Misère humaine ! »

Chacun trouvera qu'au début de nos recherches pareille insinuation n'étalait pas devant nos yeux l'espoir d'un avenir bien consolant pour notre amour propre religieux. Toutefois, elle devenait un puissant motif de faire avec plus de soin et de persévérante opiniâtreté les investigations qui pouvaient nous amener à découvrir et à mettre au jour la vérité historique. Nous avons pris le taureau par les cornes : le lecteur saura dire si nous l'avons véritablement terrassé.

La faiblesse humaine impose à toute société la cruelle loi de nourir en son sein quelques faux frères. Cette élite qui forme le personnel des maisons religieuses n'en est pas exempte ; il y a toujours avec elle une minorité indigne. Les Franciscains des Bouches-du-Rhône n'ont été, sous se rapport, ni plus heureux, ni plus malheureux que ceux des autres régions. Les *Études* que nous avons précédemment publiées sur le Gard, la Haute-Garonne, l'Isère, la Drôme, Vaucluse, les trois départements de la Franche-Comté, et ceux qui sont compris dans la circonscription de notre ancienne province des Capucins de Toulouse (1), ont fait foi qu'un quinzième, ou un douzième au plus, des religieux était devenu infidèle sous la pression révolutionnaire, et que ce nombre était largement inférieur à celui des héros que la persécution avait fait surgir. Le présent opuscule prouvera qu'il en a été de même dans les Bouches-du-Rhône. Voici, en effet, l'aspect général de la famille franciscaine dans ce département pendant ces temps de malheur.

Nos religieux étaient au nombre de deux cent six (206), ou de deux cent dix-neuf si l'on y comprend les Frères donnés. Les religieuses au nombre de soixante-cinq (65).

Un religieux est mort sur l'échaffaud.

Vingt-cinq religieux et vingt religieuses ont abrité leur foi et leur vocation dans les douleurs et les souffrances d'une émigration prolongée. Elles n'ont pas été médiocres : on en jugera par plusieurs des détails que nous aurons à fournir (2).

(1) Nos *Études* sur le Doubs, la Haute-Saône et le Jura se trouvent à la suite de l'ouvrage de feu M. l'abbé Morey intitulé *Les Capucins en Franche-Comté* (Paris, Poussielgue, 1882, in-12) ; elles ne comprennent pas d'autres religieux franciscains que les Capucins. Il en est de même du livre VIe de notre *Histoire des Capucins de Toulouse* (Toulouse, Privat, 1897, 3 in-8°) consacré à celle, pendant la Révolution, de nos religieux des départements de la Haute-Garonne (bis), du Tarn, de l'Aude, de l'Hérault, des Pyrénées-Orientales, de l'Ariège, et d'une partie de ceux du Gard et de l'Aveyron.

(2) Toutes ces émigrations ayant eu lieu dans les États-Pontificaux, il est utile d'avertir ici le lecteur que le Pape Pie VI confia

Parmi ces exilés, quatre religieux, sans compter ceux dont la fin demeurera toujours inconnue, et cinq religieuses sont morts loin de la patrie : ce sont autant de martyrs.

Le plus grand nombre des autres, restés dans le pays, disparaissent plus ou moins durant le cours de la Révolution, pour ne se montrer qu'au retour de la paix. Parmi eux on en voit plusieurs exercer le saint ministère au milieu des périls de ces temps lamentables ; d'autres ont fait de même sans que nous ayons pu retrouver le souvenir de leurs travaux ; d'autres encore ont vécu dans la retraite et l'obscurité ; quiconque fait l'étude individuelle des religieux qui vivaient alors, se sent obligé d'affirmer, au moins pour le général, que chacun de ceux dont les noms sont absents, soit des états de pensionnaires, soit des listes du clergé constitutionnel, particulièrement depuis le courant de l'année 1792, n'a pu qu'être un héros, en ce qu'il s'est soustrait à toutes les bassesses révolutionnaires : c'est l'estime que l'on devra faire de tous ceux des nôtres que nous signalons comme disparus, au moins jusqu'à plus amples renseignements. Enfin, beaucoup de braves gens, surtout nos Frères laïques, ont vécu paisiblement, au moyen de la misérable pension qui leur était servie par l'État : quel homme serait assez cruel pour en tirer argument contre leur honneur ?

Vingt-trois religieux ont eu le malheur de se jeter dans le schisme, savoir :

4	Conventuels	sur	24
5	Observants	sur	42
5	Récollets	sur	47
9	Capucins	sur	88
0	Picpus	sur	5
23			206

le soin et la protection des émigrés à un premier prélat nommé Caleppi, qui s'en acquitta dignement pendant près de dix ans. Il eut pour successeur Mgr Cattaneo, sous lequel un interim fut rempli par Mgr Falzacappa.

Un seul de ces malheureux est descendu jusqu'au mariage. Nous le verrons repentant et réhabilité.

Un autre, dont la faute est d'ailleurs douteuse, a fui de très bonne heure au loin.

Un troisième, de mœurs du reste tranquilles, est mort après quelques jours d'exercice du ministère constitutionnel.

Quatre autres sont revenus à leur devoir au bout de peu de temps.

Nous n'avons point rencontré le Boutin qui nous avait été jeté à la face. Il n'y avait de ce nom, dans les couvents des Bouches-du-Rhône, qu'un Frère laïque, sur le compte duquel nous n'avons rien appris de fâcheux. Son homonyme incriminé venait de Toulon ; il était prêtre et fut curé schismatique d'une paroisse de Marseille.

Si, comme cela paraît juste, on veut bien retrancher du nombre des défections les quatre qui ont été suivies d'un prompt retour, la proportion, vis-à-vis du chiffre total de la population de nos couvents du premier ordre franciscain dans ce département, sera d'un dixième, c'est-à-dire légèrement plus élevée que dans la plupart des autres régions. Il serait oiseux de chercher à en découvrir la cause. Certains esprits se sentent fort scandalisés de rencontrer une pareille faiblesse jusqu'en un corps religieux ; mais ceci, en réalité, ne prouve qu'une chose, c'est l'absence chez eux de toute réflexion et de toute connaissance d'une misère inséparable de n'importe quelle société d'hommes. Il n'y en a pas qui ne contienne de faux frères, ou tout au moins des membres sans vertu personnelle, dont la conduite n'a d'autre solidité que celle qui lui est imprimée par la cohabitation avec des sujets plus fermes : cette garantie cessant, leur courage s'évanouit. Si l'on veut bien observer ce qui a lieu partout, on reconnaîtra forcément que c'est dans le clergé, soit séculier, soit régulier, que ces faiblesses sont les moins nombreuses, bien que, malheureusement et précisément pour cette cause, elles s'y produisent avec plus d'éclat. Notre Maître a proclamé cette loi, en disant avec douleur : « Il est nécessaire qu'il y ait des scandales. »

Si, en face de cette faiblesse du sexe fort, on veut bien chercher quelle a pu être celle du sexe dont la faiblesse est le caractère propre, on voit avec admiration les religieuses opposer partout une résistance unanime et victorieuse aux tourments aussi bien qu'aux séductions de la persécution révolutionnaire. Chez elles, les défections sont si rares, qu'on peut véritablement les dire nulles, et cela sur la surface de la France entière. Il semble que ce soit une reproduction de la persévérante fidélité des saintes femmes sur le Calvaire et au pied de la Croix de Jésus-Christ, dont se tenaient éloignés ses apôtres et ses amis. Il y a là un mystère profond.

Deux circonstances spéciales au département des Bouches-du-Rhône requièrent maintenant notre attention : ce sont le premier serment et les abdications.

Il y eut d'abord, dans le cours de l'an 1790, un serment dit *civique* qui ne paraît pas avoir été imposé de force, et que plusieurs évêques, des plus éclairés et des plus irréprochables, prêtèrent volontiers, à la tribune de l'Assemblée nationale. Cette épithète de *civique* fut ensuite également appliquée à plusieurs des serments postérieurement exigés.

Il importe de savoir maintenant quels étaient les termes du serment prêté par tous nos braves gens. Or, la loi du 27 novembre 1790 fixa ceux-ci : « *Ils jureront de veiller avec soin sur les fidèles (du diocèse, de la paroisse) qui leur est confié, d'être fidèles à la nation, à la loi et au roi, et de maintenir de tout leur pouvoir la Constitution décrétée par l'Assemblée nationale et acceptée par le roi ;* savoir, ceux qui sont actuellement dans leurs diocèses ou leurs cures dans la huitaine, ceux qui en sont absents dans un mois, et ceux qui sont en pays étranger dans deux mois, à compter de la publication du présent décret. »

On voit déjà qu'en cette formule il n'est point question de la Constitution *civile du clergé ;* par conséquent, il pouvait en être de ce serment comme de ceux que partout l'on prête en termes généraux et en sûreté de conscience, bien que l'on sache que toutes les lois d'un État ne sont pas conformes à celles de Dieu. De plus, il est évident que ce serment avait un sens coupable pour ceux qui en faisaient leur porte d'entrée dans le clergé schismatique, et il n'avait aucun sens, dans sa première partie, pour ceux qui n'y prenaient pas d'emploi. Les mots *Constitution civile du clergé* furent joints par Grégoire et les premiers constitutionnels; en beaucoup de lieux on y obligea ceux qui les suivirent dans le schisme. Dès lors ce serment était ouvertement criminel.

Deux jours après, le 29 novembre, sur la proposition de François de Neufchâteau, une nouvelle loi imposa aux fonctionnaires de toute sorte de jurer *Fidélité à la nation, à la loi et au roi, et maintien de la Constitution française décrétée par la Constituante*. Elle ajoutait que ceux qui le refuseraient seraient : 1° déclarés incapables de toute fonction ecclésiastique ou civile ; 2° privés du traitement ou de la pension qu'on leur avait faite en les dépouillant de leurs biens ; 3° réputés suspects de révolte contre la loi et de mauvaises intentions contre la patrie ; 4° confinés dans la ville que chaque département désignerait pour leur exil ou leur prison.

C'est évidemment ce serment que nos dignes religieux ont prêté, dans les Bouches-du-Rhône, avant de toucher le premier quartier de leur pension de 1791, qui leur fut généralement versé dans les derniers jours de décembre 1790. Nous ne voyons d'exception que chez plusieurs Cordeliers qui, retirés à Saint-Rémy et interrogés plus tard à ce sujet, répondirent n'avoir pas prêté serment. A Arles, le P. Fougeiret, conventuel, le rétracta, en juin 1791, en son nom et au nom de deux de ses frères. Nous n'avons pas vu trace d'autres rétractations. Le 6 janvier 1791, les Conventuels de Tarascon-Ville se présentèrent à leur district pour régler ce qui concernait leur pension et leur sortie du couvent. Ce règlement fait, les administrateurs du district les prévinrent devoir leur demander un serment au sujet de l'organisation civile du clergé, dès que la loi serait officiellement parvenue entre leurs mains. C'était dire que la mauvaise formule leur serait imposée. Comment se fait-il que ces mêmes administrateurs ne l'aient pas demandée aux Cordeliers de Saint-Rémy ?

Quatre religieux Récollets du couvent de Marseille avaient prêté serment dans cette ville. Lorsqu'il fallut se séparer, ils se rendirent dans le département de l'Hérault, auquel ils appartenaient par leur naissance ; ils y furent inscrits comme pensionnaires insermentés, puis comme sujets à la déportation et autres tendresses de l'administration révolutionnaire. Il fallait donc que ce serment eût été distinct de celui qui était clairement schismatique.

Il y a plus : nous n'avons pas trouvé, dans les Bouches-du-Rhône, d'autre trace de rétractation que celle ci-dessus du P. Fougeiret, et, dans les États-Pontificaux, où se rendirent tous nos émigrés connus (au nombre de vingt-cinq), il ne leur fut demandé aucune rétractation, bien qu'on y fût de la plus extrême sévérité au sujet de ce malheureux serment ; la cour romaine avait seulement soin d'exiger une protestation contre toute attache janséniste.

Enfin, il serait hors de toute vraisemblance et de toute raison d'admettre qu'un serment coupable soit jamais sorti de la bouche d'hommes aussi héroïquement vertueux que, par exemple, les Récollets Jules Bressy, Relin, etc., et les Capucins Calixte de Brignoles, Mathias de Cavaillon, Chérubin d'Arles et autres.

L'historien Marseillais ci-dessus visé était donc dans la plus complète erreur en attribuant à nos braves gens la prestation d'un serment coupable. Pour que son dire soit digne de créance, il ne faudrait pas moins que la production du corps du délit, c'est-à-dire des procès-verbaux, détaillés et signés, de toutes les prestations ; or, il ne les a pas aperçus, et le chercheur qui a travaillé pour nous avec dévouement et intelligence, n'a pas réussi à les découvrir.

Allons plus loin :

Nous dirons tout simplement, du serment de liberté-égalité, qu'il fut imposé, le 14 août 1792, par un décret ordonnant que tout Français recevant traitement ou pension de l'État en serait privé s'il ne prêtait, dans la huitaine, devant sa municipalité, le serment suivant : *Je jure d'être fidèle à la nation, et de maintenir la liberté et l'égalité, ou de mourir en les défendant.* C'était fort ridicule ; ce qui l'est plus encore ce sont les discussions des théologiens pour et contre sa licéité, et la sévérité des prélats qui l'ont interdit ou puni comme un grand crime, tandis que d'autres n'en faisaient aucun cas. Le Saint-Siège se contenta de dire à son sujet que ceux qui ne l'avaient pas prêté en bonne et sûre conscience eussent à pourvoir à la pureté de leur âme.

A d'autres :

Le 3 ventôse an III (21 mars 1795), sous la pression de l'opinion publique, la Convention avait fait quelques concessions à la liberté des cultes. Le 11 prairial suivant (30 mai 1795), elle en ajouta une qui consistait à rendre aux citoyens l'usage des églises pour l'exercice de leur culte ; l'article 5 de cette loi disposait que nul ministre ne pourrait exercer le sien sans avoir fait, par devant la municipalité du lieu, « sa soumission aux lois de la République. » Le 26 messidor an III (14 juillet 1795), à la condition de cette même « soumission, » elle rendit leur pension aux religieuses qui n'avaient pas prêté le serment de liberté-égalité. Le 7 vendémiaire an IV (29 septembre 1795), une nouvelle loi exigea des ministres du culte la déclaration qu'ils ne reconnaissaient « d'autre souverain que le peuple, » et la promesse « d'obéir aux lois de la République. » Le pape Pie VI, consulté sur la licéité de cette soumission, répondit, le 5 juillet 1796, par un bref adressé à tous les fidèles de France, leur rappelant que la doctrine chrétienne exige rigoureusement obéissance aux pouvoirs constitués. Le 15 septembre 1797, dans un autre bref adressé à l'archevêque de Reims, il déclarait que, dans cette formule, rien ne s'opposait à ce qu'elle fût souscrite.

Vint plus tard le célèbre *serment de haine*, ordonné par une loi du 24 nivôse an V (13 janvier 1797). Il était ainsi formulé :

Je jure haine à la royauté, à l'anarchie, attachement et fidélité à la République et à la Constitution de l'an III. La terrible loi du 19 fructidor an V (5 septembre 1797), qui renouvelait toute la fureur des précédentes persécutions, rappela et confirma celle du 24 nivôse, et le serment porta dès lors le nom de *serment du 19 fructidor*, ou de *haine*. Une congrégation de Cardinaux fut chargée d'examiner cette formule ; elle fit parvenir à son sujet un avis défavorable au Pape. Mais ce pontife était alors prisonnier en Toscane, dépourvu des moyens de faire connaître au monde chrétien sa volonté. Ce fut seulement le 24 septembre 1798 qu'un prélat put en notifier la condamnation à l'évêque de Grasse, qui répandit cette nouvelle en France ; mais déjà beaucoup de gens avaient prêté ce serment. Plusieurs évêques en exigèrent la rétractation avec une extrême rigueur.

Un arrêté du gouvernement consulaire du 7 nivôse an VIII (28 décembre 1799) abolit tous les anciens serments, et les remplaça par cette simple formule : *Je promets fidélité à la Constitution.*

La période des abdications, dans le district de Marseille, nous offre un problème singulièrement plus difficile à résoudre que celui ci-dessus du premier serment prêté par nos religieux.

Le 17 brumaire an II (7 novembre 1793), l'évêque schismatique de Paris, une partie de son clergé, plusieurs de ses collègues membres de la Convention, et Julien de Toulouse, ministre protestant, abjurèrent solennellement leur foi au sein de l'Assemblée. Trois jours après, cette criminelle Assemblée décréta que le culte catholique, dorénavant aboli, serait remplacé par celui de la Raison.

A partir de ce moment, les prêtres constitutionnels et les pensionnaires furent contraints par les administrations locales à renoncer à leurs fonctions, abjurer leur sacerdoce et livrer leurs lettres de prêtrise. Les blasphèmes qui composaient la formule varièrent dans les divers lieux, suivant le degré de la rage impie des persécuteurs, ou de la méchanceté personnelle des apostats. A Marseille, vingt-quatre des nôtres firent cette abdication ; parmi eux, huit portaient déjà sur leur front le stigmate du schisme, et conséquemment ne faisaient que suivre la voie où ils avaient eu le malheur d'entrer. Pour les seize autres, il nous paraît que l'on ne peut apprécier le degré de gravité de leur faute qu'en tenant compte des circonstances suivantes :

D'abord la même formule servit pour tous les abdicateurs ; on la voit identiquement reproduite à chaque acte, dans le cours du registre IV des délibérations du district ; il n'y a de variété que dans les noms, qualités et signatures des abdicateurs. La voici :

« L'an second de la République française une et indivisible, et le (date mensuelle), est comparu le citoyen... prêtre, âgé de..., natif de..., appelé en religion..., lequel nous a déclaré abdiquer sa qualité de prêtre pour ne plus avoir que celle de Républicain français, et il a, à cet effet, déposé sur notre bureau ses lettres de prêtrise, expédiées par..., le... De laquelle abdication et rémission il nous a demandé acte, et a signé. »

Ce texte semble dire que le district ait tenu à rendre moins honteux l'acte par lequel il était obligé de conserver à ces infortunés le droit à un morceau de pain.

Une seconde circonstance digne d'attention est que, à l'exception d'un étranger âgé de 40 ans, tous ont été des vieillards, savoir : cinq quinquagénaires, cinq sexagénaires (64 à 69 ans), quatre septuagénaires (70 ans, 76, 77, 78), deux octogénaires (82 et 86 ans). Il saute aux yeux que ces braves gens, abdiquant, n'ont point dû parler selon leur cœur. On verra un vieillard décrépit qui certainement n'a pas su que son propriétaire était allé abdiquer pour lui.

Les abdications, ou leurs conséquences, subsistèrent à Marseille jusqu'au 1er frimaire an IV (28 novembre 1795), où le district décida que les lettres de prêtrise seraient rendues à ceux qui les réclameraient, ce qui eut lieu, comme nous aurons à le dire. La République jugeait que son ignoble comédie avait assez duré.

Il est opportun de répéter ici une observation d'autant plus importante, qu'elle contredit une erreur où sont tombés nombre d'historiens :

Conformément à la loi, les officiers municipaux, pour dresser l'inventaire des couvents en ce qui touchait le personnel, invitaient chaque religieux à formuler son option de la vie commune ou de la vie privée. L'expérience de milliers d'options nous a prouvé que celle de la vie commune n'autorise qu'une présomption fort légère en faveur de la vertu de l'optant : beaucoup de sujets fort mauvais l'ont faite dans le principe. Par contre, l'option de la vie privée n'est pas nécessairement un indice de fatigue de la vie religieuse chez l'optant, à moins qu'il ne l'accentue en des termes qui expriment une âme déjà perdue ou en voie de se perdre. C'est par l'ensemble de sa conduite postérieure que l'optant doit être jugé.

Ceci est d'autant plus nécessaire, que les bureaucrates révolutionnaires méritent généralement une confiance fort restreinte ; ils inclinent à remplacer par la leur la pensée des religieux, par exemple au moyen de cette formule stéréotypée : « A déclaré vouloir profiter de la liberté que lui accordent les décrets. » Et d'ailleurs ils aimaient à mentir en bien d'autres points : il n'y a pas d'étude qui réclame plus de critique et de précautions que celle des paperasses de la Révolution, si l'on veut parvenir à la vérité, et souvent on n'y réussit que malgré elles.

On n'aura pas de peine à voir que la presque totalité de cet opuscule est composée d'éléments inédits. Deux sources principales nous les ont fournis. La première est le dépôt d'Archives du département des Bouches-du-Rhône. La recherche y a été faite à notre bénéfice par un homme fort intelligent et instruit. Bien qu'il ne fût pas de la partie, il n'a péché qu'en un seul point, ç'a été de ne pas citer les séries, ce qui a rendu inutiles ses indications de registres et de liasses. Pour quelques documents plus étendus ou plus importants, cette omission demeure fâcheuse. Pour la plupart des autres, elle n'a pas d'inconvénient, parce que les citations, n'ayant généralement qu'un mot ou une date à appuyer, feraient plus que doubler le texte des notices.

Une seconde source a été l'énorme collection conservée aux Archives du Vatican sous le nom de *Caritas Sanctae Sedis erga Gallos*. Elle consiste en quarante gros volumes où, sans ordre et sans foliation, ont été colloquées d'innombrables pièces de la correspondance active et passive du Saint-Siège au sujet des émigrés français. Au moment où nos recherches y prenaient fin, un 41me volume a été trouvé au secrétariat d'une congrégation et transporté aux Archives, où sa première utilité a été pour nous.

Nos recherches personnelles dans les Archives de plusieurs départements nous ont aussi fourni des renseignements utiles. Celles du département du Var ont été fouillées, pour les Capucins seulement, par notre confrère le R. P. Albéric d'Oraison, qui nous a fait profiter de ses découvertes, ce dont nous le remercions ici. A Marseille, M. l'abbé Louche nous a fait plusieurs communications : la plus précieuse a été celle d'un état du personnel du clergé de l'archidiocèse d'Aix, dressé par un vicaire général en 1808, et quelque peu continué par les successeurs. Ce manuscrit était la propriété de Mgr Rey, d'abord grand vicaire d'Aix, puis évêque de Dijon. Après la mort de ce prélat, M. Louche eut la sagesse de l'acheter alors qu'il courait risque de servir à plier du poivre ou du tabac.

Nous ne voulons pas omettre de confesser que notre œuvre n'a pas l'intégrité qui eût été nécessaire. Cela vient de ce que notre chercheur, appelé au loin pour occuper une situation à laquelle il avait droit, n'a pas eu le temps de parcourir certaines séries qui recèlent certainement des informations de haut intérêt. Malgré cette lacune, nous croyons sage de présenter nos *Études* au public, fort restreint du reste, qui peut les agréer. Car, d'un côté, elles fixent assez fortement le caractère et la conduite de la plupart de nos religieux, pour que chaque lecteur en doive conclure que nos ordres n'avaient point perdu leurs vertus antiques : c'est ce que nous tendons à établir par nos *Études franciscaines sur la Révolution*. D'autre part, les documents inédits que nous exhumons et produisons au grand jour, se trouveront définitivement acquis à la science.

Après cela, lecteur, nous sommes assez conscient de notre faiblesse et de notre peu de capacité pour sentir le besoin de toute votre bienveillance.

Cordeliers Conventuels d'Aix

(INVENTAIRE DU 14 MAI 1790)

En l'an 1788, les Cordeliers Conventuels avaient remplacé à Aix les Cordeliers Observants. D'assez nombreuses pièces des premiers mois de 1791 subsistent portant leurs plaintes, réclamations et appels à la justice du district pour l'obtention des quartiers de leur pension, et indemnités des frais qu'ils ont dû faire en cette maison qui tombait en ruine. On ne voit pas trop à quoi ils parviennent. Il sera plus facile de suivre chacun d'eux d'assez près pour se former une idée exacte de sa conduite en face de la persécution. A l'exception du Frère Levret, ils optèrent tous pour la vie privée ; mais il paraît que la difficulté d'obtenir les premiers termes de leur pension les retint au couvent pendant une partie de l'année 1791.

1. HUPAY, JEAN-SIMON D', né à Tourmavin (?) le 31 octobre 1748, profès le 1er janvier 1774, était gardien. Il s'est peint lui-même dans cette pièce : « Je soussigné, prêtre, cidevant cordelier de la maison d'Aix, vicaire de la paroisse Sainte-Madeleine, élu curé de la Bastidone par le corps électoral du district d'Apt le 26 septembre dernier, confirmé et institué canoniquement par M. Charles-Benoit Roux, évêque métropolitain des Côtes de la Méditerranée, département des Bouches-du-Rhône, le 4 octobre, mois courant, installé le 16 du même mois selon les formes ordinaires prescrites par la loi relative aux fonctionnaires publics ecclésiastiques, dé-

clare à MM. les Administrateurs du directoire du district d'Aix m'être retiré dans ma paroisse de la Bastidone, district d'Apt pour y fixer mon domicile, y remplir mes fonctions avec exactitude. Je prie donc MM. les administrateurs du district d'Aix de vouloir bien m'en expédier le certificat, afin que je puisse être compris dans l'état des fonctionnaires publics et des pensionnaires payés par le receveur du district d'Apt, et qu'en cette qualité mon traitement me soit payé depuis le 16 inclusivement mois courant par le receveur du district d'Apt, et le prorata aussi de mon traitement en qualité de religieux à 350 francs par an, et le prorata aussi de mon traitement en qualité de 2e vicaire de la Magdeleine à raison de 800 fr., depuis le 1er octobre jusques et y compris le 15 octobre courant. A Aix, le 20 octobre 1791. Dhupay, curé.» Plus tard, il fut curé d'Ansouis, dans le même district.

2. LAGIER, Jean-Pierre-Aubin, né à Embrun le 1er mars 1751, profès le 13 novembre 1774, était syndic, c'est-à-dire économe du couvent. En mars 1791, il donna à Aix quittance de 175 livres, honoraire du carême qu'il avait prêché à Gardanne. Peu après il fut vicaire de la Madeleine d'Aix. Son séjour n'y fut pas long, ainsi qu'en témoigne cette pièce : « A MM. les Administrateurs du district d'Aix. Le sieur Jean-Pierre-Aubin Lagier, ci-devant cordelier et vicaire de la paroisse Sainte-Madeleine de cette ville, a l'honneur de vous exposer qu'il a été nommé procuré de la paroisse de Bouc depuis le 17 novembre dernier, et que depuis cette épo-époque il en remplit les fonctions ; qu'il a par conséquent droit au traitement accordé au curé de ladite paroisse de Bouc. En conséquence, il vous prie de vouloir bien lui faire expédier mandat de la somme de 95 livres 11 sols pour le supplément de son traitement en ladite qualité de procuré de Bouc, à compter du 17 novembre dernier jusqu'au 31 décembre courant. A Aix, le 1er décembre 1791 signé : Lagier, procuré de Bouc. » On le voit encore au même lieu le 23 juillet 1792.

3. SEGUIN, Jacques-Joseph, né à Aix le 16 novembre 1737, profès le 1er novembre 1754, a donné lui-même sa petite biographie révolutionnaire dans la pièce que voici : « Le soussigné déclare qu'à l'époque de la Révolution il a été le premier à sortir de son couvent et à prêter le serment ; qu'il est natif de cette ville d'Aix et âgé de 57 ans, dont il en a passé près de quarante dans l'ordre dit pour lors des Frères-Mineurs de l'Observance, et, par une réunion, avec les Cordeliers dits Frères-Mineurs Conventuels ; qu'il y est entré à l'âge de quinze ans et s'y est adonné au travail de l'étude qu'exigeait son état ; et, voulant profiter de la liberté que lui procurait la Révolution, il croit qu'après quarante ans de service il était en droit de se reposer le reste de ses jours. En conséquence, il cessa de célébrer, et se conduisit pendant un an comme ce qu'on appelait alors simple laïque, assistant néammoins aux offices qui se faisaient pour lors dans la ci-devant paroisse de la Magdeleine. Et ce n'a été qu'à la sollicitation du ci-devant curé de la paroisse qu'il reprit ses fonctions, qu'il a continuées jusqu'à l'époque où, connaissant que le vœu de la République n'était pas pour le culte extérieur, il s'est interdit toute fonction ecclésiastique, vivant en simple particulier sous la protection des lois, et subsistant de la peusion annuelle de 800 livres accordée aux ex-religieux de son âge, demeurant dans la maison des ci-devant Grands-Carmes, isle 70, n° 13. La présente déclaration est dans la pure vérité. Le soussigné sera toujours prêt à la prouver par sa conduite. A Aix, le 22 messidor, l'an IIe de la République une et indivisible. Signé : Jacques Seguin. » Il est probable que cette déclaration fut écrite par lui en prison, et qu'elle avait pour but de faciliter sa libération, car il figure, à la date du 21 messidor précédent sur une liste de détenus dressée par le concierge de la prison d'Aix. Il fit aussi un séjour dont nous n'avons pu savoir ni l'époque ni la durée dans le canton de Lambesc. L'état du clergé d'Aix dressé en mai en 1808 le dit résidant à Marseille et approuvé

pour la prédication. Une note surajoutée le dit nommé aumônier de l'Hôtel-Dieu en 1809. Enfin, Mgr Ricard, dans ses *Souvenirs du clergé de Marseille*, p. 150, affirme que sa mort eut lieu à Marseille en septembre 1819.

4. VARRANCHAN, Paul, laïque, né à Riez, le 25 mars 1712, profès le 8 janvier 1730. On lit à son sujet, dans les délibérations du district d'Aix, à une date non indiquée sur l'expédition, mais, comme on verra, contemporaine de l'Assemblée nationale. « Le Frère Paul Varranchan a présenté un mémoire dans lequel il observe que depuis quinze ans il est travaillé d'une hernie, d'une enflure aux jambes, qui sont couvertes de plaies ; que ses infirmités ne lui permettent point de sortir de son appartement ; que ses supérieurs avaient obtenu la permission du vicaire général du diocèse pour le commettre aux soins d'une femme qui lui donnait ceux que son âge et ses infirmités exigent de toute nécessité ; que le traitement fixé par les décrets de l'Assemblée nationale est à tous égards insuffisant pour ses besoins. En conséquence, il prie le district de faire porter son traitement à 800 livres, observant que, attendu son âge, qui est de 78 ans, et ses infirmités, cette augmentation ne sera pas longtemps onéreuse à la nation. » « Le Directoire du district pense que le grand âge et les infirmités du Frère Varranchan mériteraient une augmentation de traitement ; mais le Directoire, ne pouvant le fixer au-delà du décret, le renvoye à l'Assemblée nationale. » Un avis postérieur du district d'Aix, malheureusement encore sans date, fait savoir à celui de Digne que le Frère Varranchan, âgée de 81 ans, se retire dans sa circonscription. Enfin, dans le courant de l'an III, on voit cet infortuné résider dans le district de Riez.

5. LEVET, François, laïque, né à Vaivre (Doubs et Haute-Saône) le 6 mars 1725, profès le 15 octobre 1792, disparait.

Cordeliers conventuels d'Arles

(INVENTAIRE DU 25 JUIN 1790)

1. ISNARD CLAUDE, gardien, âgé de 73 ans, opta pour sortir. Un renseignement unique est ensuite rencontré à son sujet, c'est le paiement de son premier quartier de pension de l'an 1791.

2. FOUGEIRET CHARLES. âgé de 47, et plus probablement de 49 ans en 1790, était syndic, c'est-à-dire économe du couvent. Il toucha au district d'Arles, sur son premier quartier de pension, la somme de 82 livres 10 sols le 1er février 1791. A Arles, comme en quelques autres lieux, on avait exigé de tous les pensionnaires le serment civique, Fougeiret ne tarda pas à le rétracter par écrit, en son nom et au nom des deux frères laïcs de la maison. Il en résulta la délibération suivante du district : « Ce jourd'hui 8juin 1791. Vu la lettre de MM. les Officiers municipaux d'Arles en date du 6 du courant. Vu celle signée F. Fougeiret, Fr. André Gille, Fr. Pierre Chouquet, ci-devant religieux cordeliers, dans laquelle ils rétractent le serment civique qu'ils ont prêté devant la municipalité. Vu encore le procès-verbal dressé par la municipalité d'Arles, par lequel il conste que le sieur Fougeiret, de son propre mouvement et sans prévenir le sieur Gilles, cordelier, a signé lui-même pour celui-ci ladite rétractation ; que ledit sieur Gilles aurait répondu n'avoir jamais eu connaissance de cette lettre ; que l'idée de rétracter son serment ne lui est jamais venue, et que pour cette raison il ne peut avoir donné aucun ordre à cet égard audit sieur Fougeiret. Le Directoire du district, le procureur syndic ouï, considérant combien est dangereux, injuste et coupable le procédé du sieur Fougeiret ; qu'il est

évident que sa lettre, en date du 30 mai, contient un faux et une supposition de nom, et qu'il est instant de ne point laisser une conduite pareille plus longtemps impunie. Arrête que, à la diligence de ce dernier (le proc. syndic), ledit sieur Fougeiret soit dénoncé à l'accusateur public pour être poursuivi devant le Tribunal du district, à l'effet d'être puni suivant la rigueur des lois. Fait à Arles, en Directoire, les jour et an que dessus. »

Qu'en était-il en réalité de la part que le Frère Gilles avait prise ou n'avait pas prise à la démarche du P. Fougeiret ? Quels furent les résultats de cette dénonciation ? Autant de problèmes au sujet desquels nous ne pouvons qu'opter pour la véracité du religieux et pour la nullité des suites de l'affaire. Après cela, il disparait à nos yeux jusqu'au 10 octobre 1792, où nous le voyons arriver à Bologne muni d'un passeport dont l'origine n'est pas indiquée (*Caritas S. S.*, t. XXXI). Il est encore dans cette ville le 31 octobre suivant (ibid.); il figure sur deux listes de 1793 comme y résidant encore, et là, on lit qu'il était natif d'Hyères, dans le diocèse de Grasse (Ibid., t. XL). Le 21 février 1796, une autre liste officielle note sa résidence chez les Conventuels de Faenza, et ajoute qu'il est né à Cannes (ibid., t. XX). Six ans plus tard, il est au couvent de son ordre à Spello, en Ombrie, et dans des conditions assez malheureuses pour l'obliger à implorer la charité du prélat Cattaneo, alors chargé de veiller aux besoins et aux intérêts des prêtres français émigrés dans les États Pontificaux. Le P. Pougeiret lui adresse cette supplique :

« A Son Excellence Monseigneur Cattaneo, prince Napolitain, à Rome. Excellence, l'air de Spello, où j'habite depuis quelques années, étant nuisible à ma faible santé, je m'adressai au Provincial des Conventuels, mon supérieur, pour en obtenir mon changement de collocation ; et, malgré que le R. P. Général, à qui j'avais eu recours en premier lieu, m'y eût recommandé, il me répondit qu'il ne pouvait le faire, par la raison que la nouvelle communauté où il me colloquerait ne peut se charger que de religieux de complexion robuste et qui soient dans le cas de dire la dernière messe et de confesser (1). L'insuffisance, pour ne point dire l'injustice de cette réponse, dont je mets sous ce pli l'original pour pièce justificative, se montre d'elle-même. Faut-il donc qu'à l'infélicité d'être valétudinaire et de gémir dans un exil de dix ans, mon supérieur ajoute à mes malheurs le refus de me placer ? Il me semble que les couvents de Bevagna et de Rivotorto me conviendront le plus. Prince, vous à qui le Saint-Père a donné la surveillance sur les prêtres et religieux français ; vous qui à la plus haute naissance joignez là qualité rare d'homme généreux, bienfaisant et sensible, vous ne sauriez voir mon état sans en être touché. Et, guidé par les sentiments d'équité qui vous sont si naturels, vous accorderez à un pauvre infirme sexagénaire la grâce de le faire placer par votre autorité dans une des deux maisons dont j'ai l'honneur de vous parler. Car, outre l'insalubrité de l'air, qui ruine ma santé, le vestiaire que l'on donne ici est si modique, que j'ai été obligé de contracter des dettes pour m'habiller. Je ne parlerais pas de cette modicité, si je pouvais avoir quelques secours de mes parents. — Ajoutez, s'il vous plaît, à la faveur que je prends la liberté de vous demander pour moi, Excellence, celle de faire placer un pauvre frère français de mon couvent d'Arles, nommé Pierre Chouquet, sorti tout récemment de France pour n'avoir pas voulu y faire la soumission, craignant, comme son confesseur qui lui servait de guide, de compromettre sa conscience, et auquel le même Père Provincial refuse une collocation, quoiqu'il soit bien en état de servir le couvent où on le mettra. N'entendant et ne parlant que la langue vulgaire de la Provence, il a un besoin évident d'être placé avec moi, ou à Assise, où il y a de nos Pères français qui pourront le confesser. — Daignez encore, s'il vous plaît, nous honorer de votre recommandation auprès des

(1) Cette réponse, conservée en original dans le même tome du *Caritas S. S.* était du 21 juillet 1802.

supérieurs auxquels votre autorité nous aura soumis. Je compterai le reste de mes jours par ma reconnaissance et par les sentiments du respect sans bornes avec lequel j'ai l'honneur, etc., Fr. Chartes-Félix FOUGEIRET, mineur conventuel. De Spello, par Foligno, le 27 juillet 1802 (*Caritas, S. S.* XXX). »

La lettre suivante, relevée d'une minute sans date. est la réponse d'un prélat qui remplissait alors un intérim à la place de Mgr Cattaneo ;

« Au P. Fougeiret, Mineur Conventuel, émigré français, à Spello.

« J'ai lu attentivement, mon Révérend Père, la réponse que vous a faite le supérieur du couvent de Spoleto, et je vous avoue que, laissant de côté toute prévention, je ne la trouve ni injuste ni déplacée. Je suis même persuadé que, si elle ne vous regardait pas personnellement, vous seriez de mon avis, et je ne vois point de moyen pour l'obliger à vous recevoir dans son couvent. Vous ne devez pas vous désespérer pour cela, et, si l'air de Spello vous est aussi nuisible que vous me l'assurez, il sera peut-être possible de vous placer ailleurs. Je vous engage même à me présenter des pièces qui prouvent la nécessité de votre changement. — Malgré ma bonne volonté à placer le religieux laïque dont vous me parlez, je ne le saurais sans qu'au préalable il me soit mieux connu, d'autant plus qu'il a quitté la France tout récemment, et pour un motif plus spécieux que légitime ; car, s'il n'était question que du serment approuvé par le Pape et inséré dans le concordat, il ne courait aucun risque de le prêter. En tout état de choses, et avant tout, il faut qu'il s'adresse d'abord à l'évêque, qu'il me produise dans la suite des pièces telles, que je puisse faire pour lui ce qu'on a fait pour tous les autres. Recevez avec confiance, mon Révérend Père, les assurances de la parfaite estime avec laquelle je suis votre très humble et très obéissant serviteur. Marc-Antoine Falzacappa (*Caritas S.S.*, t. XXX). »

L'auteur de cette lettre ignorait que beaucoup de prêtres

français, à cette époque, condamnaient absolument la promesse de soumission aux lois exigée par les Consuls, et cela sous le prétexte que beaucoup desdites lois étaient radicalement impies. Que pouvait répondre un pauvre Frère laïque à un confesseur obstiné dans ce sentiment ? Rien, évidemment. Ce fut seulement au bout d'un temps que prévalut l'opinion contraire, appuyée sur l'exemple des chrétiens employés dans les administrations et les armées de la Rome païenne et persécutrice. Le P. Fougeiret crut devoir insister, en requérant par la lettre suivante l'intermédiaire d'un protecteur.

« A Monsieur de Clermont, comte de Saint-Jean, au couvent des Servites, à Rome. Monsieur le Comte, depuis le dernier courrier, j'ai écrit à Monseigneur Cattaneo comme chargé des affaires ecclésiastiques de France. Je lui représentai que l'air de Spello ne m'était pas favorable. J'avais prié le Provincial de me donner un autre couvent, ainsi qu'à un laïque de mon couvent nouvellement venu de France. Voici néanmoins ce qu'il m'a répondu : qu'il ne pouvait nous donner une collocation ni à l'un ni à l'autre. Ayant donc écrit à ce prélat, et ne voyant point sa réponse, je vous prie de vous porter chez lui, et de lui représenter notre triste situation. Sous nos yeux, on a reçu, dans le couvent d'Assise, deux frères laïcs nouvellement venus de Piémont, où ils pourroient encore vivre sous un certain costume ; et ce frère français ne peut pas même être supporté par les autres laïques. Je vous serais bien obligé, en m'épargnant le voyage de Rome, de vouloir bien m'obtenir, pour moi et pour ce frère, une collocation ou un couvent où nous puissions vivre en paix, ou au moins que ce frère pût rester dans le couvent d'Assise, où il y a d'autres Français, comme vous savez, et moi dans tout autre couvent de la province. Je ne sache pas de lui avoir donné le moindre mécontement, ni par ma doctrine ni par mes mœurs ; mais je suis Français, et cela suffit. En sorte que, sous ce titre, j'espère que vous voudrez bien, dès ma lettre reçue, vous transporter chez ce Monsieur, et nous obtenir ce que nous demandons. M'honorez d'une prompte réponse adressée à Spello. Je vous prie de vouloir bien me croire, avec les sentiments de respect, d'attachement et de reconnaissance, Monsieur et vénérable Comte, votre très humble et très obéissant serviteur. Fr. Charles Fougeiret, Mineur Conventuel (*Caritas S.S.* XXX). » Au dos, est écrit, de la main de Mgr Cattaneo, en italiques : « Cela ne peut pas s'effectuer, le couvent de Foligno étant dans l'impossibilité de le recevoir. »

Une note, malheureusement sans date, du *Caritas*, le dit placé au couvent de Saint-François à Bologne.

C'est là tout ce que nous avons pu savoir sur ce digne et fidèle religieux. Si nous n'avons point hésité à reproduire en entier les pièces qui précèdent, c'est parce qu'elles sont de nature à montrer, comme beaucoup d'autres, quel dur martyr était l'exil, surtout en un pays dont les mœurs sont hospitalières, mais avec le principe de ne pas se gêner un peu pour venir en aide à un pauvre malheureux. Quel est le Français à qui l'on fera croire que, dans un monastère déjà fourni d'hommes « robustes et capables de dire les messes tardives, » on ne puisse accueillir et entourer de ménagements un valétudinaire obligé de célébrer meilleur matin ?

3. GILLES, André, laïque, âgé de 79 ans. Le 7 novembre 1790, le conseil municipal d'Arles émit un avis favorable au sujet d'une pétition de ce pauvre vieillard, demandant un supplément de 500 livres, vu son âge de 80 ans et une maladie qui le retenait au lit. Il est probable que l'infortuné, qu'on n'aperçoit plus après la rétractation de son serment ci-dessus rapportée, alla trouver plus doux avenir au ciel.

4. CHOUQUET, Pierre, laïque, âgé de 40 ans, fut muni, le 10 mars 1791, d'un mandat de 87 livres 10 sols. Sa rétractation, que nous venons de voir présentée par le P. Fougeiret, dut certainement mettre un terme aux générosités de la Révolution pour lui. De plus, sa fuite à Rome en 1802, nous

donne le droit d'être persuadé qu'il traversa sans tache aucune tout le cours de la Révolution.

5. CHAIX, Claude, laïque, âgé de 24 ans, toucha dans Arles un mandat de 75 livres le 1er mars 1791. Ce devait être le second terme de sa pension. Après cela, nous le retrouvons une seule fois dans le courant de la même année à Orange, où il émarge à une date mensuelle non indiquée.

Cordeliers Conventuels de Tarascon-faubourg.

Les Archives des Bouches-du-Rhône ne nous ayant rien révélé sur les Conventuels de Tarascon, il a fallu consulter celles de cette ville, où nous avons vu peu de chose, mais heureusement ces lignes du registre du Directoire du district, à la date du 18 mars 1791 : « Tous les ci-devant religieux Cordeliers du faubourg Madame ayant déclaré vouloir sortir de leur couvent, ils l'ont effectué le lendemain de la vente dudit couvent. Leur traitement est ainsi fixé :.... »

1. PERRIER, probablement Jean-Baptiste, gardien, quinquagénaire, 800 livres.

2. CLAUDET, Ferréol, plus de 50 ans, 800 livres.
Ce religieux était né le 10 avril 1725. Il subsiste de lui un billet sans date par lequel il réclame du district un arrrérage de sa pension, priant qu'on en remette le mandat à sa domestique. Puis, par une contradiction singulière, alors que devenu septuagénaire il a droit à la pension de 1,000 livres, il figure sur un état comme décédé le 27 prairial an VII (15 juin 1799) et sur un autre comme encore pensionnaire au 13 messidor an VII (1er juillet 1799).

3. GUICHARD, ANTOINE, laïque, septuagénaire, 500 livres.

4. BOISSON, MAURICE, laïque, septuagénaire, 500 livres.

5. AUBERT, MAURICE, laïque, moins de 50 ans, 300 livres. On le voit retiré dans le district de l'Ouvèze, où il touche le premier trimestre de sa pension de 1792. Puis il revient sans doute à Tarascon, puisque, le 18 octobre 1793, le district de ce nom avertit celui de Carpentras qu'Aubert y retourne muni de tous ses papiers.

Cordeliers Conventuels de Tarascon-Ville.

« 6 janvier 1791. District de Tarascon. MM. Jean-Joseph Bressy, Antoine Joubert, prêtres, François Mattey et Mathieu Raynaud, frères convers, ci-devant religieux Mineurs Conventuels de cette ville, se sont présentés au Directoire de ce district, et ont exposé qu'en exécution de l'article 3 du titre 1er de la loi du 14 octobre dernier sur divers décrets de l'Assemblée nationale concernant les religieux et les religieuses, ils ont remis à la municipalité de cette ville leurs actes de baptême et de profession en formes probantes, avec une déclaration d'eux signée qu'ils ne veulent plus continuer la vie commune, ce qu'ils ont prouvé par un certificat de MM. le Maire et officiers municipaux daté de ce jour, qu'ils ont remis sur le bureau. En conséquence, ils ont requis et prié le Directoire de fixer leur traitement individuel relativement aux lettres patentes du 26 février dernier sur le décret du 19 et 20 dudit mois, et de leur faire payer ce qui leur reste dû du traitement de 1790, compensation faite de ce qu'ils ont dépensé pour leur vie pendant ladite année, d'après le compte qu'ils ont rendu au Directoire et qui a été arrêté le jour d'hier, suivant l'article 1er du titre 1er de la loi du 14 octobre, ainsi que le quartier qui doit leur être payé d'avance, suivant l'article 2 des dites lettres patentes du 26 février, offrant, pour se conformer aux articles 11 et 34 de la loi du 14 octobre, de déclarer, ainsi qu'ils le font présentement, qu'ils se proposent de fixer leur résidence en cette ville, et qu'ils n'ont point reçu, pris, ni partagé aucune somme ni effets appartenant à leur maison ni à leur ordre, sauf les effets qui leur sont adjugés par l'article 8 de ladite loi, qu'ils se réservent de réclamer, ainsi qu'ils en ont prévenu la municipalité de cette ville, et d'insérer et de joindre leur déclaration dans et à la quittance qu'ils concèderont au Receveur du district pour leur traitement.

« Sur ce, le Directoire a fixé les traitements ainsi qu'il suit :

« De Bressy, 56 ans, 800 livres ; de Joubert, 58 ans, 800 livres ; de Mattey, 49 ans, 300 livres ; et celui de Raynaud, 44 ans, à 300, comme ci-devant religieux mendiants.

« Le Directoire ayant ensuite prévenu lesdits qu'ils auraient un serment à prêter sur l'organisation civile du clergé, relativement au décret du 27 novembre dernier, qu'il ne peut pas exiger aujourd'hui, la loi ne lui étant pas parvenue officiellement, ils ont tous déclaré que, soumis aux décrets de l'Assemblée nationale, ils prêteront ce serment quand ils en seront requis. »

(Registre 1 du district de Tarascon, *in calce*.)

1. BRESSY, Jean-Joseph, en religion P. FRANÇOIS, né le 27 août 1734, gardien de ce couvent, alla résider à Lisle-en-Venise (Vaucluse), où il mena une vie bien obscure. Nous n'avons rencontré son nom qu'une fois, le 16 brumaire an VII, où il se fit payer un semestre de sa pension, à raison de 800 livres par an.

N. B. — Un certain Bressy fut nommé pour faire le relevé de toutes les bibliothèques du district de Tarascon ; ce peut être le gardien ci-dessus des Conventuels.

2. JOUBERT, Antoine, disparut complètement.

3. MATTEY, François, frère laïque, même chose.

4. RAYNAUD, Matthieu, frère laïque, né le 5 juillet 1746, se cacha si bien, lui aussi, qu'il réapparut seulement en pleine paix, résidant à Tarascon après la signature du concordat, et sollicitant la liquidation de sa pension.

Cordeliers Conventuels de Salon

(inventaire du 27 mai 1790.
état signé par le p. provincial, a apt, le 5 novembre.)

1. RAMINY, Maurice, né le 4 novembre 1725, gardien de cette maison, et ayant 45 ans de profession, au lieu d'option, déclara réserver sa liberté, attendu que le régime annoncé de vie commune n'était pas la vie religieuse. Nous le voyons résider à Salon jusqu'au 1er janvier 1793, et y toucher quelques quartiers de sa pension, sans pouvoir le suivre plus loin.

2. POULET, Jean-Baptiste, né le 10 novembre 1750, alias 1755, était profès depuis treize ans. Il formula son option en termes très amphigouriques, déclarant se reposer sur le gouvernement du soin de son existence, et lui abandonner tous les droits qu'il pouvait avoir, même sa pension. Il paraît que déjà il faisait les fonctions de vicaire de la petite paroisse de Vernègues, près Salon; on le voit les conserver jusqu'en avril 1791. Le 5 août suivant, il est curé de Combailloux, près Montpellier ; de là, s'appuyant sur ses deux qualités d'ex-cordelier de Salon et d'ex-vicaire de Vernègues, il réclame au district de Salon paiement de l'arriéré qui lui est dû pour l'année 1790. Il paraît que cette pétition n'obtint

pas son effet ; il la renouvela en juin 1792, étant alors curé de Pérols, dans le district de Montpellier. Il revint au cher village de Vernègues ; la municipalité l'y gratifia du panégyrique suivant, dont il est naturel de croire qu'il fut lui-même l'auteur :

« District de Salon. Commune de Vernègues.

« Jean-Baptiste Poulet, ex-cordelier, 40 ans environ. Il jouit d'une pension de 700 livres, dont il a été payé jusqu'à ce jour de ventôse, attendu qu'il n'a eu part à aucune succession.

« Observ. : Cet ex-religieux est natif de Salon, chef-lieu du district, dans le département des Bouches-du-Rhône. Il est fils de feu Balthasar Poulet, tonnelier. Il est âgé de 39 ans 7 mois. Il n'est point encore marié. Il jouit, en sa qualité d'ex-religieux, d'une pension de 700 livres, dont il a été payé jusqu'au 1er germinal de l'année courante, sans déduction, attendu qu'il n'a eu part à aucune succession.

« Empressés de rendre témoignage à la vérité, nous dirons que, depuis environ dix ans qu'il est connu dans notre commune, distante d'une lieue de Salon, il s'est conduit d'une manière qui lui a mérité l'affection et l'estime de tous nos concitoyens. Son caractère bienfaisant et paisible l'a porté à faire dans toutes les occasions tout le bien qu'il a pu. Quand il eut quitté ses fonctions de prêtre, il s'occupa à des travaux utiles. Nous l'avons vu avec satisfaction, tantôt planter la vigne, cultiver les pommes de terre, et faire ses délices de l'agriculture, heureux si son amour pour le travail n'eût pas été ralenti par la faiblesse de sa santé ; tantôt écrire pour tous ceux qui avaient besoin de sa plume, et toujours gratuitement. Il fait actuellement les fonctions de secrétaire-greffier de la commune, et, lorsque nous lui offrîmes son salaire, il nous répondit que, tant que la nation le salarierait, il n'exigerait rien pour son travail, à moins que ses revenus ne pussent lui suffire.

« Quant au patriotisme dudit ex-religieux, nous attestons, avec cette satisfaction qu'éprouvent les cœurs droits et purs lorsqu'ils ont l'occasion de parler d'un homme vertueux, que depuis mil sept cent quatre-vingt-neuf (vieux style), il s'est constamment soutenu, au point que nous pouvons dire que la Révolution n'a peut-être pas eu de panégyriste plus zélé, soit lorsqu'il faisait les fonctions de vicaire dans notre commune, soit lorsqu'il faisait celles de curé dans les différents endroits où il a été appelé en considération de son ardent amour pour la patrie. Si quelqu'un pouvait en douter, il n'aurait qu'à jeter les yeux sur son certificat de civisme, et il y verrait que, lorsque les départements du Midi étaient en pleine contre-révolution, que les fédéralistes y commettaient les plus grands crimes, il n'a pas craint de les traiter d'anti-républicains, d'ennemis du peuple et de la liberté. En un mot, nous certifions qu'aujourd'hui comme toujours il a défendu les lois de la République, la Convention nationale, avec cette force, ce généreux dévouement qui caractérisent l'âme vraiment patriote et certes (?) républicaine.

« Fait aux Vernègues, en séance publique et permanente, le 3e fructidor de l'an second de la République fr.... (illisible) et bientôt universelle.

« Les membres du Conseil général de la commune ont signé lorsqu'ils l'on su.

« TESLIAN (?), président du corps municipal. GROS, agent national. GIBOUX, officier municipal. PELISSIER. ROMAN, notable. »

Après ces éloges, on revoit Poulet pensionnaire du canton de Salon le 13 messidor an VII, et faisant la promesse de fidélité le 3 ventôse an VIII, au même Salon, où il est domicilié.

3. GARNIER, Ignace-Joseph, né le 1er février 1757, n'était point présent au couvent lors de l'Inventaire. Ses confrères déclarèrent qu'il était au château de M. Nicolas (?). Il paraît toucher à Arles le premier quartier de sa pension de l'an 1791, savoir 175 livres. Il n'est plus ensuite question de lui jusqu'à une date qu'il est impossible de fixer, mais qui semble appar-

tenir à l'an IX, sinon à une époque postérieure, où il présente au canton d'Arles toutes les pièces, reconnues parfaitement en règle, qui établissent son droit à la pension.

Cordeliers Conventuels d'Istres.

(INVENTAIRE DU 20 MAI 1790).

1. PAYAN, JOSEPH, né le 17 octobre 1749, à Chantemerle, près Briançon, profès le 17 décembre 1771, affilié du couvent de Briançon, était gardien et seul prêtre de cette maison. Il opta pour la vie privée, « vu l'incertitude de pouvoir continuer la vie religieuse. » Les *Annales de Notre-Dame-du-Lau* du 19 juin 1885, page 398, disent qu'il « revint de l'exil pour exercer clandestinement le saint ministère. »

2. MOURIÈS, BRUNO, laïque, né à Orange le 6 février 1727, profès le 20 avril 1746, déclara seulement le 11 décembre 1790 son option, qui fut pour la vie privée. Il perçut sa pension à Istres et à Salon en 1791 et 1792. Le 2e jour sans culottide de la 2e année républicaine (18 septembre 1794), le district d'Orange écrivit à celui de Salon, demandant que l'on vînt en aide aux héritiers de M. Charles Mourier, en religion Bruno, cordelier, mort depuis peu, laissant dépourvus de toute ressource quatre petits orphelins, ses neveux.

Cordeliers Observants de Marseille.

1. FAIVRE, CLAUDE-JOSEPH, né le 21 mars 1741, profès du couvent de Marseille, était ministre provincial des Observants de Provence. On le voit une seule fois toucher un quartier de pension, et c'est le 30 décembre 1790. Après cela, sa

disparition est complète, ce qui est l'indice d'un refus obstiné des serments et autres bassesses révolutionnaires.

2. TOPIN, alias Taupin, Étienne, en religion P. BONAVENTURE, né le 6 décembre 1725, était gardien de cette communauté. Il opta pour la vie privée. Il émargea à Marseille jusqu'au second trimestre de 1792, puis disparut, sans doute pour se soustraire aux indignités de la Révolution.

3. ARNAUD, François, en religion P. CLÉMENT, né le 7 juillet 1742, assistant du P. Provincial, opta pour la vie privée et quitta Marseille après avoir touché le premier trimestre de pension de 1792. Il se retira probablement dans sa patrie, qui était la ville d'Embrun ; mais au bout de peu de mois il se trouva dans la nécessité de passer la frontière. Le 22 octobre 1792, sur la fin du jour, il arrivait à Ferrare en compagnie des PP. Clapiers, gardien des Conventuels d'Embrun, Jouve, définiteur précédemment résidant à Montpellier, Bressy, gardien des Récollets d'Aix, Roustan, récollet d'Aimargues, Mourier, qui nous est inconnu, Jani, du couvent de Saint-Étienne-en-Forez, Meiffre, récollet d'Arles, et Girard, récollet du couvent de Nimes. Ils avaient été munis de passeports par le comte-abbé Ziucci, internonce apostolique à Turin. (*Caritas S. Sedis*, t. XXXI). Le 27, ils arrivaient à Forli. Les 7 et 14 mars 1793, l'évêque de cette ville apprenait au cardinal Secrétaire d'État que le P. Arnaud venait de partir pour Faenza, où ses supérieurs lui avaient préparé une place. (*Ibid.* et t. II). En France, le P. Arnaud était inscrit sur le 1er supplément de la liste des émigrés comme ayant eu son dernier domicile à Embrun.

4. LAGET, Blaise, né à Marseille le 16 juin 1739, entra dans le clergé constitutionnel et fut vicaire de la paroisse Saint-Antoine de sa ville natale. Il en résulta une majoration de pension parfois mentionnée, parfois omise. Il abdiqua le

13 ventôse an II (3 mars 1794) ; puis il finit par se marier. Il prêta le serment de haine le 5 frimaire an VI. Enfin, la note la plus récente est fournie à son sujet par l'état du clergé d'Aix dressé en mai 1808, qui dit : « Laget Blaise, né le 15 janvier 1739, observantin de Marseille, marié. En règle, à Marseille. »

5. AGUILLON, Antoine, né à Majorque le 1er octobre 1712, était parvenu à l'âge très vénérable de 78 ans. Il opta pour la vie privée. Il toucha régulièrement sa pension à Marseille jusqu'en fin 1794, et abdiqua le 15 germinal an II, triste souvenir. Nous croyons cependant que, à propos d'un vieillard de 82 ans, il soit injuste d'attribuer à cette abdication le sens mauvais qu'elle n'a pas toujours eu, spécialement à Marseille, même pour des hommes en pleine maturité.

6. VALENTIN, Jean-Joseph, né le 19 novembre 1715, opta pour la vie privée, émargea dans Marseille jusqu'au premier quartier de 1793, et mourut le 1er février de cette même année.

7. DÉCUGIS, Jean-Joseph, né à La Ciotat le 8 mai 1728, opta pour la vie privée, toucha ses quartiers de pension à Marseille jusqu'au second de 1792, inclusivement. Les états des pensionnaires cessent de porter son nom ; toutefois, il figure sur celui des abdicateurs, où on le dit âgé de 50 ans, alors qu'il en avait 66. Cette abdication eut lieu le 27 ventôse an II (17 mars 1794) et le prénom de Jacques lui est donné dans l'acte. Il mourut à La Cadière, le 17 décembre 1808, à l'âge de 80 ans. (Ricard, *Souvenirs*, etc., p. 112).

8. BÉRARD, Joseph, né le 29 septembre 1735, toucha dans Marseille ses quartiers de pension jusqu'au second de 1792. Le 5 mai de cette année-là, il était à Saint-Rémy, où, en vertu d'un arrêté départemental du 26 avril précédent, il fut interrogé par les officiers municipaux, et fit la déclaration suivante :

« Qu'il résidait à Saint-Rémy depuis environ un an ; qu'il n'avait ni prêté le serment, ni été fonctionnaire public ; qu'il habitait la maison du sieur Bérard, son neveu, rue St-Martin ; qu'il disait sa messe à l'église paroissiale, et que sa pension était de 800 livres. Signé : Joseph Bérard. » Cette déclaration, faite à des hommes sous les yeux desquels il vivait, n'a pu qu'être absolument véridique. Reste à savoir si le digne religieux faisait le voyage de Marseille chaque fois qu'il avait à toucher un quartier de pension ; car c'est seulement au second trimestre de 1792, que les bureaucrates du fisc Marseillais ont écrit à côté de son nom les mots : « passé au district de Tarascon. » Tout renseignement nous fait ensuite défaut sur son sujet jusqu'au 19 nivôse an IX, où il est dit habiter Saint-Rémy, avoir droit à une pension de 1,000 livres, soit 800 livres sans déduction, et avoir promis fidélité.

9. SIMONIN, Nicolas, né le 16 janvier 1739, opta pour la vie privée. Nous le voyons émarger à Marseille, le 29 décembre 1790 et le 7 juillet 1791, avec la mention « pour solde de 1790. » Il n'a donc plus touché de pension pour 1791 ; signe probable de refus des serments. On ne l'aperçoit plus après cela.

10. GAY, Étienne, laïque, né le 1er juillet 1716, opta pour la vie privée, émargea à Marseille jusqu'en fin 1794, après quoi les lacunes des documents fiscaux nous empêchent de le suivre. Il avait alors 78 ans, et peut-être avait-il trouvé le repos dans la mort.

11. MARTIN, Joseph, laïque, né le 5 juin 1741, opta pour la vie privée. Il continua de résider et d'émarger à Marseille, où, en l'an V, les registres fiscaux le disent être à l'hôpital des insensés (Marseille-Nord). Cela n'empêcha pas que, le 24 fructidor an VI, on ne lui fit prêter le serment de haine.

12. AZIGA, Joachim, laïque, né le 8 septembre (al. 9 nov.) 1748, même option, habite et émarge à Marseille jusqu'au 18 thermidor au IX, où il fait sa promesse de fidélité.

13. CHAUDY, Joseph-Bertrand, en religion P. BERNARDIN, né le 11 mars 1731, souvent qualifié « cordelier observant du couvent de Marseille, » nous semble posséder en cela un titre suffisant pour être joint ici à ses confrères. Toutefois, en dernier lieu, il habitait Martigues, dont le maire, Puech, fit passer en son nom au Directoire du département, le 9 octobre 1790, une sorte de pétition par laquelle le P. Chaudy manifestait l'intention de mener la vie privée, et faisait valoir ses droits à la pension. Le 10 juin précédent, ce religieux s'était à cet effet adressé à l'Assemblée nationale, et probablement n'avait pas reçu de réponse. Or, le P. Chaudy, exposait que, né le 11 mars 1731 sur la paroisse Saint-Louis de Martigues-Ferrrières, il avait fait ses vœux de religion à Carpentras, avait été gardien des couvents d'Ollioules, Antibes et Carcès, puis, en 1755, aumônier de la marine royale sur l'*Oriflamme*. Ce vaisseau ayant été pris par les Anglais, il fut prisonnier de guerre, conduit à Gibraltar, et détenu pendant un mois et demi. Élargi, il revint en son couvent de Marseille. Ensuite, il fut nommé par brévet royal aumônier du Fort de Bouc, où, avec la permission de ses supérieurs, il fit ses fonctions pendant treize ans et demi. Devenu infirme, on lui permit d'être régent des petites classes au collège de Martigues. Sa santé, maintenant plus mauvaise, l'obligeait à renoncer à ce travail, et il demandait à être traité comme les autres religieux de son ordre. Nous trouvons ensuite que, le 21 janvier 1791, il reçut à Marseille un secours de 200 livres, à propos duquel est mentionné qu'il a déclaré vouloir la vie privée, et qu'il a prêté le serment civique. Un autre document dit qu'il a prêté le serment (était-ce le constitutionnel ?) à Martigues, le 23 janvier 1791, en même temps que Paillet, curé de Ferrières.

Mais sa précédente démarche semble avoir bien lentement obtenu son effet, puisque c'est presque un an plus tard que nous rencontrons cette délibération du Directoire du département séant à Aix : « Vu la pétition du sieur Chaudy, prêtre, ci-devant cordelier du couvent de Marseille, tendant à ce qu'il lui soit accordé un traitement en sa qualité de religieux pour l'année 1790. Avant de statuer, le sieur Chaudy devra justifier qu'il est sorti de la maison de son ordre avec la permission de ses supérieurs, et en conservant le droit d'y rentrer. Aix, 30 août 1791. » Il paraît que, cependant, les titres du digne homme finirent par être reconnus, puisque le premier trimestre de 1792 lui fut payé à Marseille. Il déclara vouloir être payé des suivants à Martigues ; mais il mourut le 1er avril.

Cordeliers Observants d'Aix.

(Inventaire du 17 mai 1790. État des noms, âge, profession et déclaration des ci-devant religieux Mineurs Conventuels, jadis Observantins, et ensemble état des ci-devant religieux Cordeliers de cette ville d'Aix : pièce sans date, vraisemblablement des premiers jours de l'an 1791.)

Tous ces religieux ont opté pour la vie privée.

1. SAVOURNIN, Pierre-Balthasar, né à Seyne le 9 novembre 1725, profès le 22 mars 1748 sous le même nom. On le voit émarger à Aix le 18 juillet 1791 et le 23 juillet 1792 ; à Digne le 1er octobre 1793 ; puis il se retire à Seyne pendant le cours de la Révolution.

2. GEOFFROY, alias Joffroy, Raymond de, né à Avignon le 14 novembre 1734, profès le 17 novembre 1750 sous le même nom. Il devient très difficile soit de le distinguer

d'André Joffroy, soit de l'identifier avec lui. Le 26 janvier 1791, un à-compte de 100 livres est versé à Aix à André Joffroy, conventuel. Raymond de Joffroy émarge à Aix le 23 juillet 1792. Le 13 messidor an VII, Joffroy, né le 16 novembre 1734, est porté à Aix comme ayant droit à une pension de 1,000 livres, à laquelle son âge ne lui donne certainement pas droit. Enfin, un Geoffroy figure parmi les abdicateurs de Marseille (1), et Raymond de Geoffroy, ex-observantin, est détenu a Aix le 21 thermidor an II, d'après la liste dressée ce jour par le concierge de la maison d'arrêt.

3. VACHE, Alexandre-Siffrein, né à Carpentras le 19 janvier 1747, profès le 4 septembre 1764, sous le nom de JEAN de Capistran. On le voit sacristain en une paroisse constitutionnelle d'Aix, et touchant pour ce fait une pension majorée le 23 juillet 1792. Le 14 nivôse an III, il déclara au district d'Aix qu'il se retirait à Carpentras. Après le rétablissement du culte, il fut curé de l'église de l'Observance, dans cette même ville. A la bibliothèque de Carpentras, dans le 4e album du peintre Bonnet, on le voit croqué par cet artiste tandis qu'il parle au peuple du haut de la chaire.

4. ROMAN, Jean-Dominique, né le 13 avril 1766, profès sous le même nom le 9 septembre 1787, reçut du district d'Aix, le 3 janvier 1791, la somme de 30 livres pour honoraires de l'Avent qu'il venait de prêcher à l'église Saint-Sauveur. Le 25 janvier suivant, il toucha à Aix le premier quartier de son traitement. Le 18 juillet, il résidait à Lambesc. Le premier trimestre de 1792 lui fut payé à Marseille. Après cela il disparaît de tous les états de pensionnaires des Bouches-du-Rhône. On ne le retrouve qu'au rétablissement

(1) Il fit son abdication, en compagnie de plusieurs ecclésiastiques, le 21 nivose an II (10 janvier 1794). Son prénom et ses qualités ne sont point exprimés dans l'acte. Sa signature, « Geoffroy, » est précédée d'un petit P.

du culte ; où il présente les pièces qui affirment son droit à la pension et en même temps sa communion avec le chef du diocèse.

5. ROMAN, Antoine, né le 19 avril 1741, profès le 4 février 1758 sous le même nom, était oncle du précédent, et avait été ministre provincial de l'Observance. On le voit à Aix, à Lambesc et à Marseille aux mêmes dates que le précédent, avec cette seule différence que, en touchant son premier trimestre de 1792, il déclara se retirer à Martigues. Au rétablissement du culte, il présenta les mêmes actes que son neveu.

6. TONDUTI, Gabriel, né à Tarascon le 9 octobre 1729, profès le 10 novembre 1746, sous le même nom, toucha son premier trimestre de 1791, à Aix le 25 janvier. Le 20 mars suivant, le district d'Aix avertissait celui d'Apt qu'il s'était retiré à La Tour-d'Aigues. Le 13 avril 1792, le district de Tarascon lui alloue une indemnité pour avoir rempli les fonctions curiales à la paroisse Saint-Jacques. En l'an V, il est qualifié vicaire de Tarascon ; de même le 13 messidor an VII, et sa pension est de 1000 livres. L'état du clergé d'Aix dressé en mai 1808, le dit résidant à Tarascon et infirme.

6. LAURANS, Antoine, né le 13 novembre 1745, profès le 20 mars 1758 sous le nom de JOSEPH-ANTOINE, reçoit d'abord à Aix, le 15 janvier 1791, une allocation de 300 livres à raison d'un travail de nature non indiquée fait pour le couvent de Sainte Claire. On le voit émarger à Aix le 26 janvier et le 18 juillet 1791 ; il habite Pélissane en avril 1792 ; émarge de nouveau à Aix le 23 juillet suivant, puis disparaît jusqu'au 13 messidor an VII, où il est encore pensionnaire à Aix. L'état du clergé d'Aix de mai 1808 le dit résidant en cette ville ; une note postérieure indique sa mort comme ayant eu lieu le 14 avril 1810.

Cordeliers Observants de Saint-Jérôme.

(INVENTAIRE EN 1790, SANS DATE MENSUELLE)

1. LONG, JEAN-JOSEPH, en religion P. DIDACE, gardien, né à Aubagne le 6 août 1739. A la demande de son option, il répondit l'avoir faite devant la municipalité de Tretz, d'autant qu'il était affilié au couvent de ce lieu. Toutefois, en recevant partie de sa pension, le 29 décembre 1790, il déclara opter pour la vie privée. Il paraît avoir émargé paisiblement à Marseille jusqu'en fin 1794. Il abdiqua le 15 germinal an II (4 avril 1794). Après cela, silence absolu sur sa personne jusqu'à l'époque du concordat, où, à une date inconnue, il certifia de sa communion avec l'archevêque d'Aix, et fit reconnaître tous ses droits. L'état nominatif du clergé d'Aix dressé en mai 1808, dit qu'il fut nommé recteur des Camoins le 6 mai 1803. Ricard (*Souvenirs du clergé Marseillais*, p. 165) dit qu'il conserva ce poste jusque dans le cours de l'année 1824, et qu'il mourut à Marseille en avril 1827.

2. FÉRAUD, JOSEPH-FRANÇOIS, né le 30 décembre 1725, déclara « vouloir sortir de son ordre et profiter de la liberté que lui accordait l'Assemblée nationale : » formule stéréotypée, chère aux greffiers révolutionnaires. Le 9 avril 1791, le district de Marseille prévenait celui de Salon que le P. Féraud allait résider dans sa circonscription et devrait dorénavant y être payé de sa pension. Il se retira, en effet, à Martigues, et y mourut en mars 1792.

3. PETITMAITRE, ANTOINE, né à Vesoul le 20 mars 1724, fit la même option que le précédent, continua de résider à Marseille, y fit abdication le 6 germinal an II (26 mars 1794), et du reste toucha régulièrement sa pension au taux de 800

livres jusqu'au 30 juin 1794, puis à celui de 1000 livres pour les deux quartiers suivants. Après cela, nous ne suivons plus ce vieillard, qui sans doute paya dans ce temps son tribut à la mort.

4. BARBAROUX, Clément, frère donné.

Cordeliers Observants d'Aubagne.

Le 16 mai 1791, l'église des Cordeliers d'Aubagne fut érigée en succursale.

1. MONGINS, François-Esprit-Hyacinthe, né, ou plutôt baptisé, le 2 décembre 1762, fit sa profession le 27 juin 1786, et opta pour la vie privée. Il quitta son couvent le 1er octobre 1790, toucha sa pension à Marseille jusqu'au troisième trimestre de 1793, et disparut sans laisser de renseignements sur l'endroit où il se retirait.

2. VILLEVIEILLE, Antoine, né le 17 janvier 1714, toucha régulièrement sa pension de 1000 livres à Marseille jusques à la fin de 1794, et probablement plus tard encore, sans que nous en ayons des preuves. Il figure ensuite sur un tableau de pensionnaires d'Aix à la date du 13 messidor an VII, toujours pour le même chiffre.

3. VILLEVIEILLE, Joseph-Augustin, né le 5 juillet 1738, habite également Marseille et y perçoit ses quartiers jusqu'à la fin de 1794, après quoi son nom ne nous apparaît plus.

4. BLAIN, Jean, né le 1er janvier 1726, opta pour sortir de son ordre. Après un paiement de 200 livres à la date du 21 janvier 1791, à Marseille, il continue à y figurer sur les registres de pensionnaires; mais il n'y est plus fait mention d'aucun paiement effectué entre ses mains.

Cordeliers Observants de Saint-Pierre-de-Canon, au territoire d'Aurons.

Cette maison, comme en d'autres lieux plusieurs du même ordre, était un asile d'aliénés que l'autorité publique commettait aux soins des religieux. Ce fut seulement le 8 octobre 1790 que ceux-ci furent invités à faire connaître leur option. Ici les formules varièrent : le P. Gardien et la plupart de ses collègues optèrent pour la vie privée, « non par mécontentement, mais pour obéir aux décrets. » Ceux qui ne s'exprimèrent pas ainsi dirent tout simplement qu'ils « se conformeraient aux décrets. »

1. MOURIER Jean-Joseph, né le 5 avril 1745, était gardien de cette communauté. Il continua de résider en ce même couvent, y rendant au public le même service que par le passé, ainsi qu'en fait foi cette délibération du district de Martigues-Salon : « Vu la pétition du citoyen Mourier, directeur de la maison de Saint-Pierre-de-Canon, tendant à obtenir le payement de la somme de 300 livres pour supplément de son traitement comme religieux. Considérant que les citoyens Laurent et Hellion, ci-devant religieux et de communauté à Saint-Pierre-de-Canon ont, par arrêté du département, joui de ce supplément, et qu'il serait injuste d'en priver le pétitionnaire, qui fait le sacrifice de sa liberté pour donner ses soins aux insensés qui sont dans cette maison, le procureur syndic ouï, le Directoire du district arrête que mandat de la somme de 300 livres sera expédié au citoyen Mourier pour son supplément de 1790. Fait à Salon, 19 messidor an IIIe de la République. »

C'était le 7 juillet 1795, et c'est la dernière date où nous apparaît ce religieux.

2. HELLION, Joseph, âgé de 28 ans, se trouvait au couvent de l'Observance d'Aix lorsque l'inventaire en fut dressé le 17 mai 1790. De retour à Saint-Pierre-de-Canon, il ne s'en éloigna pas, car il est mentionné comme pensionnaire résidant à Pélissane à plusieurs dates de 1791, puis en mars et avril 1792 ; après quoi il disparaît.

3. LAURENS, François-Nicolas, en religion P. FRANÇOIS, était né à Pélissane le 1er février 1723, et avait fait profession le 21 janvier 1742. Il fixa son séjour dans sa ville natale, où il toucha sa pension de 1000 livres jusqu'au 24 ventôse an III, dernière date où nous rencontrons son nom. Par deux fois, les bureaucrates révolutionnaires font à ce vieillard le singulier honneur de mentionner qu'il n'est pas marié.

4. MAGNAN, Jean-Baptiste, né le 12 septembre 1736, ne figure pas sur les divers états de cette maison en l'an 1790 ; mais il est qualifié « ex-observantin à Saint-Pierre-de-Canon » sur un état de pensionnaires du district de Salon du 24 ventôse an III, où il est dit avoir droit à 1000 livres. C'est la seule pièce qui nous ait témoigné de lui.

5. ROCHE, N., laïque, âgé de 80 ans, profès du 27 octobre 1741. Fin mars 1792, le district de Martigues-Salon reconnaît lui devoir 150 livres.

6. FANTON, Jean-Joseph, en religion F. AUGUSTIN, laïque, né le 29 octobre 1730, profès le 4 janvier 1752. Pendant l'année 1791, il louvoya entre Pélissane, Martigues et Marseille, touchant régulièrement sa pension jusques et y compris la moitié du second trimestre de 1792 payée à Marseille, et suivie de la mention : « l'autre moitié arrêtée. » Après cela, il est absent du registre ; mais peu après a lieu cette déli-

bération du directoire : « Jean-Joseph Fanton, ci-devant frère clerc (sic) du couvent des Cordeliers de Marseille (sic), demande à être payé de son traitement en sa qualité pendant tout le temps qu'il résidera à Constantinople, où il a été appelé pour affaires de famille. Accordé. Ordre donné de payer à son fondé de pouvoirs, 6 juin 1792. »

7. GASSIER, Jean-François, qualifié « cordelier et enfant de chœur » dans toutes les pièces contemporaines à la suppression du couvent de Saint-Pierre-de-Canon, auquel il est dit appartenir. En fin mars 1792, le district de Martigues-Salon reconnaît lui devoir 119 livres. L'état nominatif du clergé d'Aix dressé en mai 1808, le dit né à Brignoles le 18 juillet 1740, le qualifie ex-cordelier, tonsuré pendant la Révolution. Il devait être simple clerc.

Cordeliers Observants de Trets.

Nous n'avons pas vu d'inventaire de cette communauté ; l'ensemble de son personnel n'est même indiqué que d'une façon imparfaite dans un état illisible en partie, fourni par le P. Gardien et certifié par le Père Provincial le 19 novembre 1790. Tous les religieux optent pour la vie privée.

1. FRESQUIÈRE, Louis, en religion P. BONAVENTURE, gardien, né à Saint-Maximin le 29 juillet 1727, baptisé le 30, profès « dans l'Ordre des Frères-Mineurs Conventuels jadis Observantins, » à Aix, le 25 juillet 1746. Il se retira à St-Maximin, dont le district s'informa sur son sujet, le 30 avril 1791, auprès de celui d'Aix, qui répondit, le 3 mai, par des indications semblables à celles que nous venons de donner. C'est seulement dans les Archives du Var que l'on pourrait trouver

lumière sur ce qui lui advint par la suite ; il ne nous a pas été possible de faire cette recherche.

2. HENRY, JEAN-JOSEPH, né à Rougiers, arrondissement de Brignoles, le 15 octobre 1758, baptisé le lendemain, profès de l'Ordre des Frères-Mineurs Conventuels, jadis Observantins, à Marseille, le 15 novembre 1783. On peut le suivre et se faire une idée juste de son caractère par les pièces qu'on va lire :

« A MM. du Directoire du District d'Aix,

« Messieurs, le P. Henry, observantin, demeurant depuis quelque temps, avec l'agrément de ses supérieurs, auprès du sieur curé de Jouques, son oncle, fut nommé, le 17 février 1789, par MM. les Prébendés pour servir la chapelle rurale du Sambuc. Il avait reçu ses honoraires, à raison de 300 livres par an, d'abord des fermiers de la dîme de Meyrargues, et ensuite, les deux derniers quartiers, de la commune de ce dernier lieu. Mais, pour le payement de celui échu en octobre, la commune le renvoye au district. Il a donc l'honneur de vous prier de vouloir bien donner vos ordres pour qu'il retire incessamment ce dernier quartier. Malgré le délai qu'on lui a fait éprouver, il n'en continue pas moins de desservir exactement cette chapelle. Il a l'honneur d'être avec respect....

« Frère HENRY, observantin, prêtre.

« Aix, le 6 novembre 1790. »

« Déclaration du P. Henry, ci-devant Observantin, affilié au couvent de Trets.

« Je soussigné Jean-Joseph Henry, du lieu de Rougiers, prêtre, ci-devant observantin, ayant fait l'émission de mes vœux au couvent de Marseille le 15 novembre 1783, et ayant été affilié au couvent de Trets, en conformité des décrets de l'Assemblée nationale, déclare, devant MM. les Administrateurs composant le Directoire du district d'Aix, que, bien aise de rentrer dans le sein de ma famille et de profiter du droit que l'Assemblée nationale accorde aux religieux, je veux sortir de ma maison d'affiliation, de laquelle, même avec la permission de mon ci-devant supérieur, j'étais absent depuis environ deux ans, ayant été employé ailleurs aux fonctions du ministère. Je désire recevoir le traitement que la loi m'accorde, par le receveur du district de Saint-Maximin, comme plus prochain du lieu de mon origine, qui va devenir celui de ma résidence. Et je déclare, en outre, que je suis âgé de 32 ans. Et je joins à cette déclaration un extrait de mon acte de profession et de mon baptistaire, que je remets au greffe du district. Fait à Aix, le 30 décembre 1790. Signé : Henry, prêtre, ci-devant Observantin. »

Autre déclaration du même.

« Je soussigné, Jean-Joseph Henry, prêtre, originaire du lieu de Rougier, ci-devant religieux observantin, ayant fait ma profession au couvent de Marseille, et affilié à celui de Trets, déclare qu'en conséquence de ma précédente déclaration, suivant laquelle j'avais le projet d'aller me fixer dans le lieu de mon origine, c'est du receveur du district de Saint-Maximin que je devais retirer mon traitement. Mais, comme depuis j'ai été appelé pour desservir comme vicaire la paroisse de Meyrargues, et remplir en même temps le service de Venelle, je déclare de nouveau que mon domicile est fixé depuis le carême à Meyrargues, à l'effet que mon traitement me soit payé par le receveur du district d'Aix.

« Fait à Aix, le 18 juillet 1791. Signé : HENRY, prêtre »

Le district d'Aix lui paya, le 25 novembre 1790, les arrérages relatifs au service du Sambuc. Le 26 janvier 1791, le district lui paya le premier quartier de sa pension de cette même année. Le 10 janvier 1792, on lui accorda un supplément pour 1790. Le 14 février, on lui donna encore 192 livres 10 sols. On le voit encore vicaire à Venelle le 23 janvier 1792. Après cela nous cessons de l'apercevoir jusqu'au 13 messidor an VII, où il est inscrit comme pensionnaire résidant à Rognes, et ayant droit à un traitement de 800 livres, ainsi majoré sans doute en souvenir de ses services constitutionnels.

3. CHAUTARD, Jean-Simon, en religion Frère Jean-Baptiste, laïque, né à Marseille le 23 juin 1715, profès à Aix le 30 octobre 1747, était encore pensionnaire à Aix le 23 juillet 1792 ; il avait alors 77 ans.

4. CHERPIN, alias Crépin, Barthélemy, en religion Frère LOUIS, laïque, né à Trets, le 29 août 1758, profès au au même lieu le 25 octobre 1789, était pensionnaire du district d'Aix à la même date, 23 juillet 1792.

Cordeliers Observants de Saint-Remy

(État dressé a la date du 22 mars 1791, et autres pièces)

La maison des Observants de Saint-Remy servait de prison d'État, paraît-il, et d'asile d'aliénés, sous la garde de trois religieux, qui tous optèrent pour la vie privée.

1. DUPLAN, Étienne-Siffrein-Benoit, en religion P. ANDRÉ, né le 19 février 1729, était gardien. Le Directoire du département s'enquit auprès de lui, en octobre 1790, s'il restait dans la maison quelque *victime de la tyrannie*. Le P. Duplan lui fit cette réponse : « Messieurs, il n'y a point de pensionnaire, dans le couvent de l'Observance de Saint-François de la ville de Saint-Remy, détenu en vertu d'ordres arbitraires. M. Davène, de Pézenas, qui fut conduit dans cette maison le 25 octobre 1784 par ordre du Roi, en est sorti le 25 avril 1785, après y avoir passé cinq mois complets. L'ordre fut révoqué. Ledit Monsieur se retira à Pézenas auprès de ses parents. Nous avons dix pension-

naires qui ont tous l'esprit aliéné ; dont la majeure partie ont la liberté la plus complète de promener à leur volonté. Je crois, Messieurs, avoir rempli l'objet de la lettre que vous m'avez fait l'honneur de m'écrire sous la date du 3 courant. S'ils désirent (sic) d'autres renseignements à l'égard des personnes qui ont l'esprit aliéné, je ferai de mon mieux pour leur donner tous les éclaircissements qui sont à ma connaissance. J'ai l'honneur... Signé : Fr. DUPLAN, supérieur du couvent de l'Observance, Saint-Remy, le 6 octobre 1790. »

Le P. Duplan et ses confrères prirent domicile dans Saint-Rémy. Le 6 avril 1792, le Directoire du département ordonna aux officiers municipaux de faire comparaître les prêtres non assermentés de leur localité et de leur faire cinq questions, auxquelles, le 4 mai, le P. Duplan répondit ainsi : 1° il n'a pas prêté le serment prescrit par la loi du 27 novembre 1790 ; 2° il n'a jamais été fonctionnaire public ; 3° il habite la maison du sieur Gros, marchand, rue de la Place ; 4° il dit sa messe à la paroisse Saint-Martin ; 5° il touche, comme quinquagénaire, une pension de 800 livres. Quelles ont été les suites de cette enquête, et qu'est devenu le P. Duplan pendant tout le cours de la Révolution, aucun document ne nous a révélé ces choses. Il réapparaît seulement le 19 nivôse an IX, où il fait sa promesse de fidélité ; on reconnaît son droit à la pension de 1000 livres, puisqu'il est septuagénaire, mais on ajoute cette mention restrictive : « 800 livres sans déduction. » L'état nominatif du clergé d'Aix dressé en mai 1808, le dit né à Saint-Remy, le 2 février 1729, résider à Saint-Remy, y être approuvé ; une écriture différente signale sa mort comme ayant eu lieu en 1810.

2. ROL, Joseph-Marie, en religion, P. TOUSSAINT, né le 30 juin 1731, fit aux mêmes questions du 4 mai 1792 ces réponses : 1° il n'a pas prêté le serment de la loi du 27 novembre 1790 ; 2° il n'a jamais été fonctionnaire public ; 3° il habite la maison de Marie Marral, rue Saint-Paul ; 4° il ne dit la messe nulle part ; 5° sa pension est de 800 livres. Il dis-

paraît comme le précédent, pour réapparaître le 19 pluviôse an IX, où il fait sa promesse de fidélité. On reconnait son droit à la pension de 1000 livres, et on ajoute la même restriction : « 800 livres sans déduction. »

3. TRÉPIER, Jean-Baptiste, laïc, pensionné à 300 livres, et c'est tout ce que nous savons de lui.

Observants cordeliers de Barbentane.

(d'après un état du 22 mars 1791, aux archives municipales de Tarascon).

1. BOMARDY, Claude-Michel-Ange, (d'après sa signature), né le 13 août 1720, était seul religieux de cette maison. Nous ne savons de lui que ses réponses du 5 mai 1792, au questionnaire du Directoire du département. Il dit donc n'avoir pas prêté le serment prescrit par la loi du 27 novembre 1790, n'avoir pas été fonctionnaire public, habiter à Saint-Remy la maison du sieur Gros, marchand, célébrer à l'église paroissiale, et toucher 1000 livres de pension. En l'an XI, il habitait encore Saint-Remy, où il avait fait sa promesse le premier jour complémentaire an IX.

Il nous paraît impossible de passer ici sous silence une affirmation de l'abbé Guillon, dans ses *Martyrs de la Foi*. Il dit qu'un religieux du couvent des Cordeliers de Barbantane s'appelait TINET, Antoine ; qu'au printemps de 1794, il fut traîné, par ordre du proconsul Maignet, dans les prisons d'Orange, puis condamné à mort le 9 thermidor an II par la Commission révolutionnaire, qui fit tant de victimes dans cette ville, et exécuté le lendemain. A ce sujet, nous nous sentons autorisé à faire observer que nous n'avons rencontré le nom de Tinet dans aucune communauté franciscaine des Bouches-du-Rhône, de Vaucluse et du Gard ; que ce nom n'apparaît pas davantage dans l'intéressante étude de M. l'abbé Bonnel intitulée : *Les 332 Victimes de la Commission populaire d'Orange ;* ce qui suffit à rendre douteuse l'affirmation de Guillon. Après cela, peut-être cette Commission sanguinaire envoya-t-elle à la mort plus de victimes qu'on n'est parvenu à en constater : la *Revue Chronologique de l'Histoire de France* (2e éd. Paris, 1823, in-8°, p. 223) estime que le nombre de ses victimes fut d'environ quinze mille. Voilà des faits qu'il ne sera jamais facile d'éclairer.

Récollets de Marseille.

(D'APRÈS ÉTAT D'ÉMARGEMENTS DU PREMIER TRIMESTRE DE 1791).

De l'inventaire de la maison des Récollets de Marseille dressé par les officiers municipaux, le 5 mai 1790, il résulte qu'elle ne possédait pas d'autres biens immeubles que le couvent, avec ses cloître, dortoir, jardins, cours et dépendances, et que les religieux conservaient dans leurs archives les titres justificatifs de cette propriété. D'autre part, la maison ne devait rien. Mais, la loi de suppression mettant arrêt à toutes les ressources habituelles, le P. Gardien ne tarda pas à se voir aux abois, et dut insister auprès de l'administration du district par des lettres comme celle-ci :

« Messieurs, dans la supplique que j'eus l'honneur de vous présenter le 11 du courant, je vous ai exposé, avec autant de vérité que de confiance, le besoin que nous avons d'un secours de 1400 livres pour la fin de cette année. Je viens vous en présenter aujourd'hui la preuve en mettant sous vos yeux l'état actuel de nos comptes. Vous y verrez qu'il ne nous reste dans ce moment en caisse que 51 livres 11 sols. Vous jugerez par là que le secours que je réclame est très urgent. Je ne vous répèterai point, Messieurs, que nous avons de 4 à

500 livres de dettes qu'il nous faut payer incessamment ; que les gages des domestiques, de l'organiste et de l'apothicaire se monteront à peu près à la même somme d'ici au mois de janvier ; que notre casuel et notre quête ne nous rendent presque plus rien. Je crois qu'il suffit de vous dire que nous sommes réellement dans le besoin, pour vous engager à donner votre avis, afin que le Directoire du département nous accorde le secours que j'ai l'honneur de vous demander. Mais, comme une partie de ce secours nous est actuellement nécessaire pour vivre et payer les dettes les plus pressantes, je vous supplie de vouloir bien nous accorder provisoirement une somme de 4 à 500 livres sur celle que vous devez percevoir du nommé Provençal, notre locataire, qui nous doit 720 livres. J'espère, Messieurs, cette dernière grâce de votre bonté, en attendant celle de nous faire accorder la première par le Directoire du département. C'est la prière que vous fait, au nom de sa communauté, le plus humble de vos serviteurs. F. Remi LOUBIÈS, gardien des Récollets.

« Marseille, le 22 octobre 1790. »

1. LOUBIÈS, Jean-Étienne-Joseph, en religion P. REMY, né le 11 octobre 1743 à Pézenas, était gardien des Récollets de Marseille. Sa pension fut de 700 livres ; à une époque difficile à fixer, s'y joignirent les honoraires du vicariat de la paroisse constitutionnelle de Saint-Antoine-de-Padoue, établie dans l'église même des Récollets de Marseille. Il continua de résider dans cette ville après son abdication, qui eut lieu le 27 ventôse an II. Il prêta le serment de haine le 7 brumaire an VI. Sa pension demeurait toujours majorée et portée à 1000 livres ; bien que les renseignements subissent après 1794 plusieurs lacunes, ce chiffre est affirmé pour l'an IV, puis au 13 thermidor au VII. Il survécut à la Révolution. L'état nominatif du clergé d'Aix dit qu'il fut nommé recteur de Nans le 1er février 1806, et qu'il mourut à Aix le 7 août 1814.

2° CROZE-MAGNAN, Pierre-Laurent, en religion

P. LOUIS, né le 12 février 1716, profès le 28 avril 1733, en sa qualité de septuagénaire eut droit à la pension de 1000 livres, qui lui fut payée à Marseille jusqu'en fin 1794. Il ne figure point parmi les abdicateurs, sans doute parce que la mort l'a soustrait à cette violence.

3. ROUBIN, Jean-Joseph, en religion P. PHILIPPE, né à Marseille le 1er mars 1717, déclara vouloir rester dans son couvent. Sa pension fut liquidée à 1000 livres, vu sa qualité de septuagénaire, et lui fut payée à Marseille jusqu'en fin 1794. Il abdiqua le 6 germinal an II ; il avait alors 77 ans.

4. ESCOFFIER, Esprit-Claude, né le 4 juin 1718, profès le 13 septembre 1737, avait été ministre provincial de son ordre. Il déclara vouloir rester dans son couvent. Sa pension fut encore fixée à 1.000 livres. Il mourut à Marseille, le 9, alias le 10 avril 1792, et fut enseveli, paroisse Saint-Laurent, dans un cimetière situé rue Radeau. Ses parents réclamèrent au département le terme échu de sa pension.

5. BIZOT, Jean-Dominique, en religion P. JOSEPH, né en 1719, opta pour la vie privée. Sa pension fut de 1.000 livres. Il la toucha à Marseille seulement jusques au premier trimestre de 1792. Il émigra, et fut accueilli à Civita-Vecchia par un digne prêtre nommé Don Antonio de Santis, aumônier d'une confrérie dite de la Mort, qui le garda chez lui et l'assista charitablement pendant quatre ans. Comment se figurer qu'après un pareil laps de temps le souci de la réglementation et de la légalité ait pu porter les supérieurs ecclésiastiques à vouloir arracher de cet asile ce vieillard décrépit, pour le placer en quelque couvent, alors que les couvents ne suffisaient point à contenir le nombre des émigrés, et que ceux qui s'y trouvaient étaient obligés à y vivre dans les plus cruelles privations ? C'est ce que les pièces ci-après vont montrer ; heureusement, ces dignes supérieurs finiront par se raviser :

Le 13 février 1796, le cardinal secrétaire de l'État rappelait à l'évêque de Viterbe, dans le diocèse de qui était située Civita-Vecchia, que les règlements obligeaient à introduire le P. Joseph Bizot en quelque maison de son ordre. *Caritas S. S.*, t. XXIX).

Le 2 mars suivant, le cardinal Gallo, évêque de Viterbe, répondit : « En réponse à la dernière et très vénérée lettre de Votre Éminence, j'ai l'honneur de vous faire savoir que le P. Joseph Bizot n'appartient pas à l'ordre des Conventuels, mais à celui des Récollets et au couvent de Marseille. S'il réside hors des maisons de son ordre, c'est parce qu'il est continuellement malade, très avancé en âge, aveugle, et dans la nécessité de recevoir des soins *qui lui ont été refusés par tous les couvents auxquels il a été destiné*. On a donc cru sage de le laisser hors de son ordre, s'entretenant à ses propres frais, ce qu'il fait encore, sans imposer de charge à aucun lieu de piété, du moment où il est charitablement assisté par le chapelain de la Mort de Civita-Vecchia. Si cependant Votre Éminence croit opportun de le placer en un couvent de son ordre, il faudra dire lequel. Sans doute vous lui trouverez une place libre, mais pas dans mon diocèse, où aucune n'est vacante (Ibid., t. XVI). » Le secrétaire d'État insista, le 16 mars, en disant que seul le Souverain Pontife pouvait autoriser le P. Bizot à demeurer hors de son ordre et en habit ecclésiastique, et cela au moyen d'une sécularisation au moins temporaire ; qu'il fallait inviter ce religieux à la solliciter lui-même, comme ont fait d'autres émigrés (Ibid., tome XXIX). Une correspondance assez suivie continua pour ce sujet entre l'évêché de Viterbe, le prélat Caleppi et le cardinal secrétaire d'État (*Caritas, S. S.*, t. XVI et XIX) et il semble qu'elle se soit terminée par une simple permission au P. Bizot de rester où il était et comme il était jusqu'à la fin des troubles de France. Le 24 avril, M. Giovanni Magnani, vicaire général de Viterbe, la communiqua de la part de Mgr Caleppi au pauvre vieillard (Ibid., XVI). Il est probable que le P. Bizot n'avait d'autre moyen que l'honoraire de ses messes pour fournir à son entretien chez l'aumônier de la Mort : un an après la permission précédente, jour pour jour, cette ressource prit fin, et une main française adressa de Civita-Vecchia ces lignes à Mgr Caleppi : « Monseigneur, le Récollet français qui a été jusqu'ici à la charge du chapelain de la Mort, et qui prit la liberté de vous présenter, l'année dernière, une requête tendant à obtenir quelque secours, se trouve dans l'état le plus critique, et me charge de vous exposer sa situation, qui est d'autant plus déplorable que, conformément à l'avis que Votre Excellence eut la bonté de lui donner, de recourir à Viterbe, il a employé cette voie inutilement. Mais aujourd'hui, Monseigneur, les circonstances sont devenues bien plus fâcheuses pour lui : il vient d'avoir une attaque d'apoplexie, suivie d'un commencement de gangrène, assauts qui ont mis ce vieillard, âgé de 80 ans, hors d'état de célébrer la sainte messe. De manière qu'il ne lui reste plus de ressource pour sa nourriture et son vestiaire que la charité de D. Angelo de Santis, chapelain de la Mort. Ne serait-ce pas exiger au-dessus des forces de ce pieux bienfaiteur, que d'attendre qu'il le nourrît gratis, surtout après avoir fait tant de sacrifices pour lui procurer tous les secours qui lui ont été nécessaires pendant les trois mois qu'il a été au lit ?... » Cette lettre est signée BRUANDES, si nous avons bien lu : elle est le dernier renseignement que nous ayons eu sur le pauvre P. Bizot (*Carritas S. S.*, t. XVIII), qui dut consommer peu après par sa mort un martyre dont on voit toute la cruauté (1).

(1) Dans tous les pays étrangers, la situation des prêtres émigrés, à peu d'exceptions près, a été un douloureux martyre. C'est en Angleterre qu'ils paraissent avoir été les moins malheureux. (Voir à ce sujet le bel ouvrage de M. l'abbé Plasse, du clergé de Clermont). En Espagne, ils ont trouvé dans le clergé de certains diocèses des persécuteurs quelque peu semblables aux impies qui les avaient chassés de France ; en d'autres diocèses, notamment à Orense, la charité la plus merveilleuse a été déployée en leur faveur. Tous les souverains de la haute Italie ne leur ont permis rien de plus que de traverser leurs états pour aller plus loin chercher un asile. Les *Mémoires de l'abbé Lambert* et divers

6. MEIFFRED, Jean-Benoit, en religion P. JACQUES, né le 18 décembre 1726, déclara, le 27 décembre 1790, au district de Marseille vouloir rester dans son couvent. Il continua de résider dans cette ville, et n'y toucha pas sa pension

autres ouvrages racontent les maux et les consolations qu'ils ont trouvés en Suisse. Le prince sur la bonté duquel ils pouvaient plus sûrement compter, était donc le chef de l'Église, père très tendre de tous les chrétiens ; aussi, cinq mille prêtres, pour le moins, allèrent-ils chercher un refuge dans ses États. Pie VI, personnellement, fut admirable de charité. Il prit tous les moyens en son pouvoir pour que ces infortunés fussent convenablement assistés. Mais il serait injuste de vouloir que la puissance et les moyens de ce Pape se fussent étendus jusqu'à changer le génie de ses peuples, jusqu'à leur donner une sensibilité, une cordialité, un savoir-faire, des mœurs et des usages semblables aux nôtres. Il n'est pas dans les habitudes de l'Italien de se gêner beaucoup pour quiconque ne gonfle pas sa bourse. Là, on travaille peu ; on vit de peu ; on tient pour rien une foule de privations que l'on subit dès l'enfance. On estime chose sacrée l'hospitalité ; mais la présence d'un hôte n'implique jamais la prise en considération de ses habitudes et de ses besoins. De plus, on a toujours sur lui un œil plein de défiance. Tout ceci avait lieu plus spécialement dans les couvents des divers ordres : nous en avons donné et nous en donnerons encore bien des preuves.

Les écrivains ennemis de la religion, ou imparfaits observateurs des faits qu'ils racontent, n'ont pas manqué de blâmer le Pape et la religion elle-même des souffrances des émigrés réfugiés dans les États de l'Église. Pour ce qui est du Pape, l'injustice est complète ; pour ce qui est du clergé et des moines italiens, c'est encore trop de sévérité, étant donnée l'impossibilité où chacun est de réagir contre son éducation et contre l'esprit public et les mœurs de son pays. Voici sur ce sujet quelques lignes tirées de la *Revue Chronologique de l'Histoire de France*. (Paris, Didot, 1822, in-8°, 2me éd.) :

« 15 février 1797. Proclamation du général en chef Bonaparte, datée de Macerata (Marche d'Ancône), relativement aux prêtres français réfugiés dans les États du Pape, et qui y sont laissés dans une profonde misère, au grand scandale de l'Europe chrétienne. — Leur séjour est autorisé ; il est fait défense de les molester ; il seront mis en subsistance dans les couvents, où ils recevront, en outre, un traitement en argent. »

Cet épisode est raconté un peu plus au long par M. Thiers dans le livre XXXVe de son *Histoire de la Révolution*. Il rappelle, surtout, que, dans les lieux où parut l'armée française, à sa vue le patriotisme des pauvres prêtres les faisait fondre en larmes : ce qui émut de compassion le jeune général en chef. Il n'eut pas de peine à comprendre la rigueur de leur situation, et, pour y remédier, il ne craignit pas de contrevenir aux ordres du Directoire au delà du premier trimestre de 1792, signe d'une émigration que nous n'avons pas pu autrement constater.

7. L'HAURY, Joseph, en religion P. GENEST, né le 23 janvier 1728, fit la même déclaration que le précédent et le même jour, puis toucha sa pension à Marseille seulement jusqu'au second trimestre de 1792, d'où induction semblable à la précédente.

8. MASSA, Jacques, en religion P. ANTOINE-HONORÉ, né le 27 octobre 1729, opta, le 27 décembre 1790, pour la vie privée. Il émargea à Marseille jusqu'au second trimestre de l'an II, et abdiqua le 27 ventôse (17 mars 1794). Dans l'acte de son abdication, il est qualifié aumônier de l'hôpital Saint-Lazare ; il était donc schismatique ?

9. GUEYDON, Gaspard, en religion P. ANSELME, né le 2 janvier 1729, opta pour la vie privée le 27 décembre 1790. Il fut vicaire constitutionnel de la paroisse des Augustins, et abdiqua en compagnie du P. Massa. Le 5 pluviôse an VIII, il fit sa promesse de fidélité, et il est dit habiter alors Marseille-Nord(1). Au rétablissement du culte, il fut recteur de Saint-Charles *extra muros* (Belle-de-Mai), et mourut là

qui avait voulu l'obliger à repousser ces malheureux de tous les lieux conquis par l'armée française.

Il y aurait quelque bien, mais beaucoup plus de mal à dire des divers motifs auxquels obéit Bonaparte dans cette circonstance et dans toute cette campagne. Ce serait sortir de notre sujet ; il nous suffit d'avoir ajouté la preuve ci-dessus à toutes celles qu'il nous est possible de fournir des douleurs de nos religieux émigrés : leur vie était un martyre.

(1) En l'an IV, Marseille fut divisée en trois communes : Nord, Centre, Midi. Cette division subsista jusqu'au 27 décembre 1805, où Antoine-Ignace Anthoine fut nommé maire de cette grande ville ne formant plus qu'une commune. (V. *Notice sur M. d'Anthoine, baron de Saint-Joseph, ancien maire de Marseille*, Paris, Vve Ayasse, 1826 ; et *La famille Clary*, par M. Félix Vérany, Marseille, 1893, p. 27 et suiv.)

en avril 1804, à l'âge de 78 ans (Ricard, *Souvenirs du clergé marseillais*, p. 92).

10. PAQUIER, Joseph-Augustin, né le 28 août 1731, profès le 1er décembre 1747, n'a touché, à notre connaissance, que le premier trimestre de pension de l'an 1791, à Marseille. Le seul document qui reste ensuite à son sujet est celui-ci : « A déclaré, le 9 octobre dernier, vouloir.» Rien de plus n'est exprimé ; ce peu de mots et le défaut de date annuelle demeurent comme l'énoncé d'un problème, et le digne homme disparait entièrement.

11. SAPET, François, en religion P. ANTOINE, né le 30 janvier 1731, déclara, en mai 1790, qu'il optait pour la vie privée. Il résida à Marseille et y émargea jusqu'à fin 1794, époque après laquelle nous avons dit que les états de pensionnaires présentent de graves lacunes. Il n'abdiqua point en personne ; ce fut un sien neveu, Lazare Sapet, qui fit cette démarche pour lui le 3 germinal an II (23 mars 1794).

12. QUEYRAS, Jean-Joseph, en religion P. NORBERT, né à Saint-André-lès-Embrun le 29 mai 1732, ancien gardien de divers couvents, et actuellement confesseur des religieuses de Sainte-Claire de Marseille. Il déclara vouloir rester en son couvent. Nous le voyons émarger à Marseille depuis le 27 décembre 1790 jusqu'au 1er trimestre de 1792, inclusivement, en compagnie d'un autre Queyras dont nous parlerons ci-après ; ils disparaissent ensuite totalement des états de pensionnaires. Il arriva à Bologne le vendredi 26 octobre de la même année, muni d'un passeport délivré par le cardinal archevêque de Turin, le 12 octobre précédent (*Caritas S. S.*, t. XXXI). Aussitôt, ses supérieurs eurent la pensée de l'attirer à Rome, ainsi qu'en témoigne cette lettre, adressée au cardinal secrétaire d'État par le P. Bonaventure de Plaisance, commissaire général de l'ordre, en date du 4 décem-

bre 1792 : « Je ne puis éviter de vous écrire respectueusement la présente et de vous prier de daigner m'écouter. Les circonstances critiques que nous traversons, bien qu'elles surchargent d'occupations Votre Éminence R^{me}, m'obligent à ne prendre sans votre avis aucune détermination au sujet des Récollets français qui sont réfugiés dans les couvents de ma séraphique famille situés dans les États Pontificaux. Le Très R. P. François-Marie Rolland, autrefois secrétaire de notre P. général P. Pascal de Varese, me prie instamment de faire venir de Bologne à Rome le P. Norbert Queyras, précédemment confesseur de ces Clarisses françaises que Votre Éminence, sur l'ordre de notre saint Père, m'a fait l'honneur de placer dans des couvents de ma dépendance, afin qu'il continue à entendre leurs confessions. Je m'étais persuadé que le P. Rolland, n'ayant pas à Rome d'autre emploi, pouvait remplir celui-là ; mais il vient de m'écrire qu'il est indisposé et par suite dans l'impossibilité de continuer. Je me vois donc, à mon grand regret, obligé de donner un autre confesseur à ces religieuses, et je ferai choix à cet effet du P. Norbert si Votre Éminence R^{me} veut bien l'approuver, et si lui-même il accepte cet emploi. Du couvent de Saint-Barthélemy, à Foligno, le 4 décembre 1792 (*Caritas S. S.*, t. XXV, traduit de l'italien).» Le 15 décembre, le cardinal répondit par l'organe de Mgr Caleppi, en donnant son entier acquiescement, et y joignant ses félicitations pour le zèle et la sagesse du religieux que le commissaire général avait chargé du placement des Clarisses françaises. Celui-ci, en un billet du 22 décembre, fit savoir au cardinal, qu'il venait de donner au P. Norbert l'ordre de se rendre à Rome (Ibid., t. XXXVI). Le 20 février suivant, le même commissaire général était à l'Araceli, et complétait son œuvre en faisant agréer pour confesseur extraordinaire des mêmes religieuses le P. Guillaume Martin, que nous allons bientôt voir (Ibid., t. VI). Un catalogue d'émigrés conservé à la Bibliothèque Vaticane (Lat., 8,268), et dressé probablement en décembre 1793, note le P. Norbert comme résidant au couvent de Saint-Barthélemy, dans l'*Isola Tiberina*. Tout autre renseignement sur le séjour de ce religieux à Rome nous fait défaut ; mais un problème bien singulier nous est soumis par un état de pensionnaires très postérieur, où est inscrit « Queyras, Jean-Joseph, né le 29 mai 1732, ex-religieux récollet, domicilié à Marseille-centre, ayant droit à une pension de 800 livres, et ayant prêté le serment de haine le 25 brumaire an VI. » Or, si les noms, la date de naissance, la qualité, sont, d'une part, ceux du P. Norbert, il y a d'autre part lieu de se demander par quel prodige sans exemple, ce religieux aurait pu rentrer en France sans être immédiatement condamné à mort comme émigré rentré, bien loin d'y être admis à toucher une pension et à prêter un serment.

13. QUEYRAS, Jean-Baptiste, en religion P. Balthasar, né le 25 mai 1764 à Saint-André-lès-Embrum, ne figure pas sur la liste générale des émargements à Marseille du 1er quartier de pension de 1791, mais sur d'autres pièces, qui donnent d'ailleurs ses noms et la date de sa naissance, affirment qu'il appartenait au couvent des Récollets de Marseille, qu'il opta pour la vie privée, et qu'il toucha dans cette ville, le 27 décembre 1790, son premier quartier de 1791, soit 175 livres, et plus tard la même somme pour son premier quartier de 1792. Cette même appartenance est affirmée, ainsi que son âge, par le *Caritas S. S.* et par le catalogue d'émigrés précédemment cité. Il alla donc, lui aussi, se réfugier dans les États-Pontificaux, fut admis à Rome même, et placé au couvent des *Santi Quaranta*. C'est sans doute encore de lui qu'il est question dans un billet par lequel le délégué général d'Araceli réclame de Mgr Caleppi, pour les PP. Martin et Balthasar, récollets, l'un placé à Saint-Pierre *in Montorio*, l'autre au *Santi Quaranta*, l'autorisation de parler aux Clarisses françaises réfugiées dans les monastères de *San Lorenzo in Pane e Perna* et de *San Cosimato*.

14. FOURNIER, Jean-Baptiste-Rostaing, en religion

P. FRANÇOIS-BERNARD, né le 21 mars 1736, profès le 14 avril 1753, fit, le 9 octobre 1790, une déclaration qui n'est point spécifiée. Comme les autres, il toucha le 24 décembre 1790 le premier trimestre de sa pension de 1791. On le voit toucher de même à Marseille le premier trimestre de 1792 ; puis sa disparition est complète.

15. CAMPIGLIA, Félix, né le 8 ou le 11 août 1737, profès le 30 avril 1755, fit, le 22 décembre 1790, son option, qui fut pour la vie privée. Deux jours après, il reçut le premier quartier de sa pension de 1791. Comme on a pu l'apercevoir pour quelques-uns de ceux qui précèdent, il y a silence sur le reste de sa pension de l'an 1791 ; mais ensuite, chose qui n'est point notée pour ceux dont nous avons parlé, le 11 février 1792, l'administration départementale des Bouches-du-Rhône lui fournit un mandat de 800 livres à titre de complément de sa pension. Ceci devait comprendre les trois derniers quartiers de 1791 et le premier de 1792. Il continua de demeurer à Marseille, et l'évêque légitime, à la date du 27 juillet 1792, renouvela son approbation pour l'exercice du ministère. Puis vinrent les jours les plus mauvais, pendant lesquels on voit toujours le P. Campiglia émarger. Le 5 germinal an II, il abdiqua, et déposa aux mains du district la feuille d'approbation ci-dessus, comme les autres y déposaient leurs lettres de prêtrise. Il n'est dit nulle part qu'il ait prêté le serment de haine. Toutefois, il est encore pensionnaire le 13 messidor an VII, et habite Marseille-centre. De même le 14 thermidor an IX, où il fait sa promesse de fidélité.

16. RÉGIBAUD, André, né le 9 janvier 1737, déclara vouloir rester dans son couvent. Il toucha, lui aussi, son premier trimestre de 1791 dès le 27 décembre 1790, et le 15 juin suivant 200 livres lui furent allouées pour solde de 1790. Le 1er février 1792, il reçut son premier quartier de cette année-là, et disparut des états de pensionnaires. Le 20 octobre suivant, le comte-abbé Ziucci, internonce à Turin, le munissait d'un passe-

port pour Viterbe, mentionnant qu'il était du diocèe de Béziers ; par sa naissance, c'est possible. Il ne parvint pas à Viterbe, mais à Bologne, où il fut placé au couvent de son ordre dit *della Nunziata* (*Caritas S. S.*, t. XXXI et t. XI). Le 11 avril 1795, le cardinal Gioanetti, archevêque de Bologne, écrivait au Secrétaire d'État : « Outre les sept prêtres français partis de cette ville pour la France pendant le mois de mars, sept autres ont effectué leur départ avec l'intention bien arrêtée d'aborder directement le sol natal. Comme je vous ai donné les noms des précédents, je viens vous faire connaître ceux-ci : 1° Régibaud, Père André, des Récollets de Marseille, qui était ici depuis 1792 dans le couvent de son ordre dit de l'*Annunziata*. 2° Régibaud, Joseph, son neveu, venu en 1792, et qui ne recevait pas de subsides... (*Caritas S. S.*, t. XI), » Il vint, en effet, et nous le voyons reparaître sur les états de pensionnaires en l'an VIII, où il réside à Marseille-Nord, a droit à 800 livres annuelles, et fait sa promesse de fidélité à la date du 5 pluviôse. Mgr Ricard, dans ses *Souvenirs du clergé Marseillais*, p. 109, dit qu'il était né à Marseille, et qu'il mourut dans cette ville le 24 février 1808.

17. BONNABEL, Claude, en religion P. MARTIAL, né le 16 juillet 1740, opta pour la vie privée. Il figure trois fois sur les registres de pensionnaires comme ayant émargé. La première, c'est à Marseille, le 4 janvier 1791, où son premier quartier lui est payé. La seconde, le 9 juillet de la même année, c'est à Aix, où il est dit vicaire de Saint-Martin, et le district, faisant droit à ses réclamations pour l'arriéré de 1790, autorise un paiement dont le chiffre n'est pas indiqué. La troisième fois, qui probablement se confond avec la seconde, le département donne au receveur du district de Marseille l'ordre de lui verser 200 livres pour solde de son traitement de 1790. A la suite, le registre porte : « Renvoyé au district de Toulouse, » et il ne figure plus. Nous ne l'avons pas rencontré dans nos recherches à Toulouse.

18. RELIN, alias Belin et Rollin, ANTOINE, en religion P. ALPHONSE, né le 8 septembre 1757 à Béziers, profès le 4 septembre 1778, ne fit pas long séjour à Marseille, où il ne subsiste aucune mention de son option. Il y toucha, le 24 décembre 1790, son premier trimestre de 1791, et, le 15 juin 1791, un solde de 200 livres pour sa pension de 1790. Il paraît s'être ensuite retiré dans sa ville natale, puisque le 5me supplément de la liste des émigrés dit qu'il y a eu son dernier domicile. Il émigra, arriva à Bologne le mercredi 14 novembre 1792 (*Caritas S. S.*, t. XXXI), et fut placé au couvent de son ordre dit *de la Nunziata*. Les pièces justificatives de l'ouvrage de M. le chanoine Saurel sur la persécution révolutionnaire dans l'Hérault, notent d'abord le P. Relin parmi les insermentés qui habitaient Béziers en 1792, et qui, le 9 août, prirent passage sur la tartane du capitaine Laurent Reclus, d'Agde (II, p. LXIII) ; puis sur une liste générale de prêtres sujets à la déportation dressée en vertu d'un arrêté départemental du 2 vendémiaire an VI ; enfin, sur une liste officielle des prêtres de Béziers qui refusèrent la promesse de fidélité à la Constitution de l'an VIII (IV, pp. II, IX). Cette information, que nous avons pu recueillir en dernier lieu, ne donne pas une médiocre idée de l'énergie de ce vénérable religieux ; elle allait jusqu'à outrer le devoir.

Tardivement, nous retrouvons mention d'une lettre de lui, en date du 6 janvier 1796 au couvent de l'Annunziata de Bologne, sollicitant de Mgr Caleppi la permission de se rendre à Rome pour y satisfaire sa dévotion et recevoir d'un ami intime certains secours. Il signe Fr. ALPHONSE, mineur observant, lecteur en théologie. (*Caritas, S. S.*, XIX).

19. BOUISSON, ANTOINE, né le 18 janvier 1759, dont la déclaration est passée sous silence, toucha, comme plusieurs de ses confrères, le premier trimestre de 1791 à la date du 27 décembre 1790, puis seulement le premier trimestre de 1792. Il émigra. Le 12 mai 1795, de Naples où il était, il dressa une requête à l'effet d'obtenir du Cardinal Secrétaire d'État un

passeport pour traverser les États Pontificaux afin de se rendre à Venise. Il dit être précepteur du jeune Nicolas Samatan, orphelin d'une famille infortunée, que le Cardinal honore de ses bontés, et il rappelle à ce prince que deux fois déjà il a daigné condescendre à pareille demande. Il fait passer cette supplique, qu'il nomme *mémoire*, par les mains du P. Norbert Queyras, alors au couvent des *Santi Quaranta*. « Naples, 12 mai 1795.... Je désirerais fort que vous puissiez présenter mon mémoire au plus tard vendredi avant midi, afin qu'on fît droit à ma demande dans la Congrégation dudit jour. De vous à moi, je présume que nous arrangerons notre voyage pour nous trouver à Rome la veille de la Fête-Dieu. Je voudrais cependant être assuré le plus tôt possible de mon passeport, afin de prendre des arrangements définitifs. Mon jeune élève, qui me charge de vous présenter ses civilités, partage le plaisir que j'aurai à vous revoir. Nous avons des lettres de sa maman, qui commence à nous donner des espérances d'un prochain retour. J'écrivis, le dernier courrier, au P. Martin (1) que M. Brémon devait partir demain. Cependant, j'ai appris ce soir que son départ serait différé de quelques jours. La moitié de sa compagnie partira cette nuit. Il y aura MM. Bouffier, Dantoine, etc. Veuillez présenter mes civilités à tous nos chers confrères. Le plaisir que j'aurai à les revoir sera d'autant plus grand que je commence à espérer que nous ne nous reverrons que dans notre chère patrie. (*Caritas, S. S.*, t. XII). »

20. LOQUET, Jean-Pierre-Joseph, en religion P. SAMUEL, né le 3 septembre 1761, profès le 15 septembre 1782, déclara, le 8 octobre 1790, qu'il optait pour la vie privée. On le voit toucher seulement son premier trimestre de 1791 à la date du 24 décembre 1790, et un solde de 200 livres pour 1790 à la date du 15 juin 1791. Il figure sur les listes de l'Hérault de mai 1792, comme non assermenté et

(1) Le P. Guillaume Martin, de Pernes, que l'on verra ci-après.

habitant le district de Montpellier. Il y est encore très soigneusement noté sur la liste des prêtres sujets à la déportation qui habitent la commune de Montpellier, liste dressée en vertu d'un arrêté départemental du 2 vendémiaire an VI (Saurel, IV, pièces justif., p. VI), et il y est signifié qu'il a pris un passeport pour l'Italie.

21. TASTAVIN, André, en religion Frère GASPARD, né le 19 mars 1765, profès le 23 septembre 1788, était un simple clerc tonsuré. Il fit, le 8 octobre 1790, une déclaration non spécifiée. Nous le voyons émarger deux fois à Marseille, l'une le 24 décembre 1790 pour le premier quartier de 1791, l'autre le 4 mai 1792, où 200 livres lui sont allouées ; après quoi le registre le dit « passé dans un autre district »

22. MARTINI, Guillaume, en religion P. MARTIN, né à Pernes le 25 février 1747, avait été custode dans sa province, aumônier de la marine royale, puis professeur de théologie à l'Université d'Aix. Il n'émargea qu'une seule fois à Marseille, pour le premier quartier de la pension de 1792. Il paraît avoir émigré des premiers, ayant quitté la France en septembre suivant, pour se réfugier à Rome. Nous avons vu, à propos du P. Norbert Queyras, qu'il y fut nommé, en décembre 1792, confesseur extraordinaire des Clarisses émigrées ; il parait certain qu'après le départ du P. Norbert, le P. Martin devint leur confesseur ordinaire : cela ressort de la lettre d'adieux qu'il leur adressa lors de son retour en France, et qui est imprimée parmi ses opuscules. Son premier asile à Rome fut le couvent de son ordre à Saint-Pierre in Montorio (catalogue déjà cité). En 1795, il était à S. Francesco a Ripa, et il y demeura jusqu'à la fin de son exil. Le 9 janvier 1795, le commissaire général de son ordre sollicita pour lui la permission de faire le voyage de Naples. Le 21 août 1797, il obtint une audience du Saint-Père en compagnie du P. Marcellin Reboul, récollet dit du diocèse d'Embrun. Enfin, lorsque la paix sembla sûrement acquise à la

France, le P. Martin, encore à Rome, dressa cette requête :

« A Monseigneur Cattaneo, le P. Martin Martini, du diocèse de Carpentras, ex-custode de la province des Récollets d'Avignon, placé à Saint-François à Ripa, exposant. Monseigneur, le Père Martin Martini, lecteur jubilé, ex-custode de la province des Récollets d'Avignon, a l'honneur de vous exposer que, depuis près de dix ans qu'il est à Rome, où il a été continuellement occupé pour confesser les religieuses françaises de Saint-Laurent in Pane e Perna, de San Cosimato, de Sainte-Marguerite et de l'Humilité, il n'a reçu pendant tout ce temps d'autre vestiaire qu'un manteau et deux habits ; que depuis quelques années il a été même obligé à pourvoir à une partie de sa subsistance, surtout dans les pénibles circonstances présentes, où il est réduit à cinq onces de pain par jour, le couvent de Saint-François à Ripa, où il est placé, se trouvant dans l'impossibilité d'en fournir davantage. L'exposant ayant obtenu un Bref de la Pénitencerie pour retourner en France, aujourd'hui que le Concordat y a été publié, vous supplie instamment d'employer votre puissant crédit auprès du gouvernement, afin de lui procurer quelques petits secours pour sa route. La longueur du voyage et la faiblesse de son tempérament ne lui permettent pas d'aller à pied. Laquelle grâce Dieu, etc. » Au dos Mgr Cattaneo a écrit sans date : On lui a donné quelques subsides (*Caritas S. S.*, t. XXXIX). » Le Concordat n'était cependant pas publié ; on se flattait d'espérances qui faisaient regarder comme terminée cette grande affaire. Le P. Martin se munit encore de la pièce suivante : « Omnibus praesentes lecturis salutem in Domino sempiternam. Joannes Franciscus Falzacappa, majoris Præsidentiæ Abbreviator, Utriusque Signaturæ Referendarius, et ad regimen Ecclesiasticorum e Gallia emigratorum specialiter a sanctissimo Domino Nostro deputatus. Fidem facimus atque testamur Reverendum Guillelmum Martin, presbyterum ordinis Min. Observantium e Gallia emigratum in Romanae Sedis ditione per plures annos commoratum fuisse, ibique vitam quam decet religiosum virum, bonis moribus imbutam et ab omni sæculari negotiatione prorsus alienam duxisse, et summum prudentiae, singularisque probitatis specimen nobis praebuisse, Hinc has nostras testimoniales litteras ipsi perlibenter concessimus. In quorum fidem, etc. Datum Romae, ex œdibus nostris die trigesima aprilis 1800. Joannes Franciscus FALZACAPPA. — Camillus Aloysius de RUBEIS, a Secretis. (Loc. Sig.) (*Caritas S.S.* t. XXIV). »

Le P. Martin arriva donc à Marseille ; il y figure, sur le registre des promesses de fidélité, à la date du 28 pluviôse an VIII, qui correspond au 17 février 1800, et par conséquent ne peut pas être exacte ; d'autant que le P. Martin, page 291 de ses opuscules, raconte qu'il avait quitté la France en 1792, et qu'il y rentra en 1802. L'état nominatif du clergé d'Aix et les *Souvenirs du Clergé marseillais* de Mgr Ricard (p. 168) nous apprennent qu'il fut d'abord aumônier de l'île de Pomègue ; que, le 13 mai 1809, il fut transféré à l'aumônerie du Lazaret avec le titre de recteur de La Palud ; qu'il fut créé chanoine et vicaire-général d'Aix le 17 juillet 1810, puis promoteur métropolitain, et enfin chanoine grand-chantre de la cathédrale de Marseille. Il était membre correspondant de l'académie d'Aix et de la Société royale des sciences de Paris. Il mourut à Marseille le 2 août 1828. Nous connaissons de lui deux ouvrages : 1° *Voyage à Constantinople fait à l'occasion de l'ambassade de M. le comte de Choiseul-Gouffier à la Porte Ottomane, par un ancien aumônier de la marine royale.* Paris, Lanet, 1819, in-12 ; 2° *Collection de divers écrits du P. Martin, actuellement grand-chantre, etc.* Marseille, Achard 1824, in-12. Un des opuscules contenus dans ce livre est une défense en faveur de Mgr Louis Carli, récollet, archevêque latin de Smyrne, contre deux libelles diffamatoires ; défense appuyée par une attestation du Père Yves de Nogent, capucin, ancien préfet des missions de son ordre dans l'Archipel.

23. JOUVENC, Jean-Antoine, laïque, né le 20 novembre 1715, profès le 22 février 1739, déclara, le 8 octobre 1790, opter pour la vie privée. Il avait donc 75 ans, et nous ne le

suivons pas plus loin que le 3 avril 1792, où il toucha un second quartier de cette année-là.

24. BOTTIS, Nicolas-André, en religion F. GAËTAN, laïque, né le 17 mai 1722, profès le 29 juin 1755, toucha pacifiquement sa pension à Marseille jusqu'au 24 vendémiaire an IX (16 octobre 1800), jour de son décès.

25. ORSINIS, Antoine de, laïque, né le 10 avril 1739, opta pour la vie privée, émargea à Marseille jusqu'au troisième trimestre de 1792, après lequel il n'a pas laissé de traces.

26. PEYRE, Jean-Baptiste, laïque, né le 28 janvier 1739, opta pour la vie privée, et émargea pour la dernière fois à Marseille le 3 avril 1792. Rien n'indique sa destinée ultérieure.

27. AUDIBERT, Jean-Joseph, laïque, né le 29 octobre 1743, alias le 7 janvier 1750, profès le 12 août 1784, opta pour la vie privée le 8 octobre 1790. En recevant son premier quartier de 1792, il déclara vouloir dorénavant être payé au district d'Hyères.

28. CAVALIER, Jacques, laïque, né le 7 mars 1751, opta pour la vie privée. Il ne figure plus sur les états des Bouches-du-Rhône après le 3 avril 1792, où il touche son second trimestre de cette année-là. Peut-être même cette constatation est-elle inexacte ; car, dès le mois de mai 1792, il figure sur les listes de l'Hérault comme insermenté et habitant le district de Lodève.

29. PONS, Pierre-Arnoux, laïque, né le 11 février 1756, profès le 23 juillet 1783, fit son option de la vie privée le

9 octobre 1790. On le suit à Marseille seulement jusqu'à la fin de l'année 1794.

30. GOUT, Jean, en religion F. PLACIDE, laïque, né à Sommières (Gard), le 30 novembre 1739, fit son option de la vie privée le 12 octobre 1790. On le voit encore à Marseille, le 20 septembre 1791, recevant 100 livres pour solde de 1790. On le retrouve, le 7 avril 1792, dans son pays natal. Diverses listes d'émigrés du Gard le désignent avec la mention « déporté. » En effet, d'après M. Rouvière (*Hist. de la Révol. dans le Gard,* IV, 509) il fut arrêté par ordre du comité de surveillance de Nimes le 30 vendémiaire an II, et écroué : sans autres détails.

31. DEVAUX, Jean-Baptiste, frère donné, né le 12 mai 1749, alias 12 mars 1746, engagé au service du couvent le 2 juillet 1787, fut gratifié de la pension de 300 livres comme les frères laïques. Il la toucha à Marseille jusqu'en fin 1794.

Récollets d'Aix

(INVENTAIRE DONT LA DATE, PAR OUBLI, N'A PAS ÉTÉ RELEVÉE, ET AUTRES PIÈCES).

Tous les religieux de ce couvent, à l'exception d'un, firent primitivement option de la vie commune. Lorsqu'ils virent que cela souffrait des empêchements et des difficultés, les options varièrent ; puis, le 12 avril 1791, ils déclarèrent tous vouloir sortir. Cependant, le 18 juillet, il y avait encore au couvent les PP. Bressy, Coq, Martin, Barthélémy, Paganacce, Richaud, Sandraly, et un récollet de Montpellier, le P. Viau.

1. BRESSY, Jean-Baptiste, en religion P. JULES, né à Pernes le 20 octobre 1744, profès le 20 juin 1762, était gardien de ce couvent. Ce fut le 27 novembre 1790 que, comme les autres, il prêta le serment civique exigé par le district d'Aix comme condition au paiement de la pension. Cette date suffit à prouver que ce serment ne pouvait pas être schismatique. Le P. Jules persévéra dans son option pour la vie commune. Le 23 juillet 1792, il était encore à Aix ; mais, le 12 octobre suivant, il était à Turin, où le comte Ziucci, internonce apostolique, le munissait d'un passeport avec lequel il arrivait à Ferrare le soir du 22 du même mois (*Caritas S. S.*, t. XXXI en plusieurs endroits). Cinq jours après, il était à Forlî, de passage chez les Dominicains (Ibid,, t. XL). De là, le 7 mars 1793, il fut envoyé au couvent de son ordre à Imola, où, dans un rapport officiel du 6 février 1796, l'évêque, cardinal Chiaramonti (plus tard Pie VII), le disait résider encore.

2. MARTIN, Laurent, en religion P. LOUIS, né à Marseille le 11 février 1716, ancien custode de cette province, obligé d'opter pour la vie privée, exprima son regret en faisant observer qu'il habitait ce couvent depuis 45 ans sans interruption. On suit sa résidence dans la ville d'Aix jusqu'au 13 messidor an VII sans autre incident que sa détention notée par le concierge de la maison d'Aix, à la date du 21 thermidor an II (8 août 1794), époque où ce digne vieillard n'avait pas moins de 78 ans et demi. Une autre note des pensionnaires du canton d'Aix le dit décédé en l'an VII. Ce dut donc être entre le 1er août 1799 (13 thermidor an VII) et le 23 septembre 1800 (1er vendémiaire an VIII).

3. RICHAUD, Pierre, en religion P. TROPHIME, né à Arles le 29 mars 1738, profès le 17 février 1756, ancien définiteur, opta pour conserver la vie commune aves ses confrères, sinon, pour sortir. Il était encore pensionnaire à Aix le

23 juillet 1792; mais, le 12 octobre suivant, l'internonce apostolique de Turin l'armait d'un passeport avec lequel il arriva à Bologne le 26 du même mois (*Caritas S. S.*, t. XXXI en deux endroits). Il fut placé dans le couvent de son ordre d'Imola, où il était encore en 1794 (Ibid., t. XL) et le 6 février 1796, d'après le rapport déjà cité du cardinal Chiaramonti. Si l'on en croit les paperasses révolutionnaires, il était à Aix et y prêtait le serment de haine le 10 frimaire an VI ; un état postérieur de pensionnaires l'y dit résidant le 13 messidor an VI. Au rétablissement du culte, l'état nominatif du clergé d'Aix dit qu'il fut approuvé pour l'exercice du ministère, puis qu'il mourut le 15 décembre 1808.

4. BARTHÉLEMY, Charles-Martin, en religion Père SALVIEN, né à Saint-Zacharie le 11 novembre 1741, profès le 22 janvier 1761, opta pour la vie privée. Nous ne savons si c'est par l'effet d'une lacune dans les documents Aixois ; mais rien ne nous parle de ce Pére depuis le 27 juillet 1792 jusqu'au 13 messidor an VI, où il figure sur un tableau de pensionnaires du canton d'Aix. En l'an VIII, il est encore noté comme ayant produit toutes ses pièces pour la pension, et on voit surajoutée la mention qu'il a prêté le serment de haine le 10 frimaire an VI.

5. SENDRALY, Joseph-César-Marcellin, en religion P. JUSTIN, né à Brignoles le 6 avril 1765, profès le 30 juillet 1786, opta pour la vie privée. Il apparaît diverses fois pendant le cours de la Révolution sur les états de pensionnaires d'Aix. Le 5 janvier 1792, il se mit à exercer le ministère dans la prison d'Aix, ce pourquoi le district l'en nomma aumônier le 10 avril suivant, à l'honoraire annuel de 300 livres, ce que le département approuva. L'état du clergé d'Aix en mai 1808 le dit résidant à Aix, marié, et ayant fait régulariser son état. Une note du mois de septembre 1831 surajoutée au même document, le dit retiré à Ensué (?), où il dit la

messe et administre les sacrements, celui de la pénitence excepté.

6. COQ, Jean-Thomas, en religion P. MAXIMIN, né à Eguilles en décembre 1748, profès le 13 septembre 1770, réside présentement à Paris « où il utilise son talent pour la chaire (sic dans l'Inventaire). » Le 14 juin 1791, le département des Bouches-du-Rhône donna au receveur du district d'Aix l'ordre de lui payer 128 livres « pour frais de la rentrée d'une somme. » Puis, plus rien à son sujet, sinon son séjour au couvent d'Aix au moins jusqu'au 18 juillet de la même année.

7. MICHEL, N., en religion P. SÉRAPION. Lors de l'inventaire, le P. Gardien présenta aux officiers municipaux une lettre de lui datée de Camps (Var), 3 avril 1790. Il s'y déclarait autorisé par le Pape et par ses supérieurs à exercer le ministère dans les paroisses, à cause de sa santé, mais persistant dans la volonté d'observer ses vœux jusqu'à la fin.

8. GROS, Jacques-Michel, en religion P. MITRE, natif d'Aix et âgé de 55 ans, fut déclaré par le P. Gardien, lors de l'Inventaire, comme vivant hors du couvent et sous l'habit ecclésiastique depuis 16 ou 17 ans, en vertu d'une autorisation pontificale.

9. PAGANACE, André, en religion Père MICHEL-ANGE, né à Oleta (Corse), le 16 novembre 1765, profès le 31 juillet 1787, dit se trouver à Aix pour cause d'études, en vertu d'une obédience en règle. Le 18 août 1791, où il nous paraît que durent se séparer les religieux qui occupaient encore le couvent, il transporta sa résidence à Marseille, où il émargea jusqu'en fin 1794. Il n'est pas au nombre des abdicateurs.

10. BERNARD, Gaspard, en religion Frère DIDACE, laïque, né à La Ciotat, le 3 novembre 1727, profès le 23 juin 1758. Lors de l'inventaire, il avait été seul à opter pour la vie privée. Il se retira dans sa ville natale, et reçut sa pension au district de Marseille jusqu'au 13 messidor an VII, à notre connaissance. Il avait prêté le serment de haine le 23 fructidor an VI.

11. BRAU, Joseph, en religion frère LOUIS, laïque, né à Cassis, alias à Cuers, le 22 avril 1736, profès le 5 septembre 1774. Une note d'avril 1791 dit qu'il est allé habiter Cuers.

Récollets d'Arles

(INVENTAIRE DONT LA DATE, PAR OUBLI, N'A PAS ÉTÉ RELEVÉE.)

Ce qui ressort avec plus de clarté des documents que nous avons pu recueillir sur cette maison et son personnel, c'est que les gens d'Arles n'ont pas été commodes, et que la Révolution, dès son principe, a été chez eux empreinte d'un caractère tout spécial de fureur. Le couvent renfermait cinq religieux ; tous ont opté pour la vie privée, et tous ont reçu le premier quartier de leur pension de 1791 ; trois ont été favorisés, en surplus, d'une petite allocation dans le courant de janvier de la même année. Après cela, leur sort nous devient absolument inconnu, excepté en ce qui concerne le P. Meifre. Voici, du reste, deux délibérations du district :

« Ce jourd'hui 17 octobre 1790. Vu la demande au nom des religieux Récollets d'Arles tendant à obtenir un secours, la direction du district, le procureur syndic ouï, pense qu'il est raisonnable d'accorder des secours à ces religieux, mais qu'on peut sans injustice les réduire à une somme de 500 livres au lieu de 780 qu'ils demandent, eu égard au court intervalle de temps qu'il y a d'ici au 1er janvier prochain, de ce que le nombre de ces religieux est borné à cinq y compris un frère laïc, et enfin de ce qu'ils jouissent et peuvent retirer encore quelques petites pensions (sic). Il est d'ailleurs prudent de réserver à ces religieux quelque chose à retirer le 1er janvier prochain. » Le 6 novembre suivant, le Conseil municipal de Marseille, dont nous ne comprenons guère l'intervention en cette affaire, délibère qu'il sera alloué aux Récollets d'Arles, un secours de 800 livres, à valoir sur leur pension.

« 19 janvier 1791. Claude Chaix, Guillaume Ricard, tous deux frères convers Récollets, réclament leur traitement de 1790. La municipalité d'Arles est d'avis qu'il n'y a pas lieu à paiement pour cette année, puis qu'ils ont continué a vivre en communauté. »

Si l'on veut bien se rappeler tout d'abord que les moyens d'existence faisaient défaut aux religieux depuis le mois de mai, penser par suite que les Récollets d'Arles n'étaient point sans un peu d'arriéré contracté de mai à octobre, puis faire de tout petits calculs, on trouvera que les Récollets d'Arles étaient bien modestes en ne réclamant que 780 livres, et que Messieurs d'Arles étaient fort économes en leur en accordant 500, soit 8 sols par jour à chacun, de mai 1790 à janvier 1791. Combien n'a-t-on pas d'esprit et de vertu quand on est cordialement révolutionnaire ! Mais nous allons voir quelque chose de mieux.

1. AGNEL, Irénée âgé de 61 ans, gardien.

2. BRESSON, Ferréol, 65 ans, infirme, ancien aumônier des vaisseaux du Roi.

3. FALQUE, Julien, 42 ans.

4. MEFFRE, alias Meifre et autres orthographes, Léon, né à Châteauroux, près Embrun, le 13 mai 1764, fut muni d'un passeport à Turin par l'internonce apostolique le 10 oc-

tobre 1792, et parvint à Ferrare, à la tombée de la nuit, le 22, en compagnie des PP. Mourier, Bressy et autres (*Caritas S. S.*, trois documents différents dans le tome XXXI). Le 27, ils étaient à Forlì, placés provisoirement chez les Camaldules et les Dominicains. De là le P. Léon écrivit, le 5 décembre, au cardinal secrétaire d'État :

« Éminence, les preuves non équivoques de sensibilité et de charité que nous éprouvons depuis notre arrivée dans les États de Sa Sainteté m'enhardissent à lui demander encore une nouvelle grâce. Le commissaire général des Réformés (nom italien des Récollets), par attachement à son ordre, — en cela on ne peut que le louer, — est bien aise de placer tous les Récollets français qui étaient sous sa domination dans les couvents soumis à sa juridiction. Voici donc ce que je demande à Sa Sainteté de m'accorder. C'est de pouvoir continuer mon exil dans la respectable abbaye des Camaldules de Forlì, où Son Éminence le cardinal archevêque de Ferrare m'a placé. Voici les motifs sur lesquels est fondée ma demande.

« 1° C'est qu'en France nous n'étions pas accoutumés à une vie aussi austère que celle des Réformés de ce pays-ci, que la vie de ces bons et édifiants franciscains n'est du tout point proportionnée à mes forces. 2° Que mon tempérament, ma santé, tout mon corps, ont été délabrés, détruits, par les mauvais traitements que j'ai éprouvés de la part de mes concitoyens égarés. Voici en peu de mots le récit de mes malheurs, que personne n'ignore dans les provinces méridionales de la France, et le principal fondement de ma demande.

« Après que la malheureuse ville d'Arles eut été livrée aux ennemis de la religion et de la paix, forcé de m'évader, à l'instar de tous les honnêtes citoyens, d'un pays où je jouissais de la considération de tous les bons catholiques, dans le chemin je tombai entre les mains de mes ennemis, qui, semblables à des bêtes féroces, se disputaient à l'envie le plus cruel plaisir de me frapper de toutes les manières. J'ai eu la corde au cou pendant huit heures de temps, et traîné par les chemins l'espace de trois lieues, et, dans cette intervalle que j'ai été leur proye (sic), j'ai reçu tant de coup de pieds, de coups de poings, de coups de poignées de sabre, que mes cicatrices seules et principalement une côte enfoncée d'un pouce, peuvent en rendre compte.

« Enfin, délivré des mains de ces cannibales par un grand nombre de paysans, qui me portèrent en lieu de sûreté, j'ai vomi le sang l'espace de quarante jours. En un mot, lorsque après six mois de maladie, suite de cet accident, je commençais à respirer, l'arrêt fatal qui exile tous les prêtres catholiques du royaume arrive. Je m'embarque pour venir à Nice, quoique je fusse à peine convalescent. J'y arrive plutôt agonisant que convalescent. Cependant, par les soins d'un habile médecin français, ma santé se rétablit un peu ; mais, à peine suis-je rétabli, que je suis encore obligé de fuir de Nice, et de faire un voyage très long, très pénible, à pieds, avec la pluie, sans trouver ni gîte pour coucher ni de quoi me sustenter. Ce voyage a fait renaître mes douleurs de poitrine, qui ne me permettent pas de mener dans le couvent une vie austère ; mais j'ai besoin, au contraire, d'être dans une maison comme celle où je me trouve, qui est commode, où je trouve les secours nécessaires pour mener le régime qu'exige l'état actuel de ma santé.

« Voilà les motifs qui me portent à demander à Votre Éminence de vouloir bien me dispenser de condescendre aux vues de notre Général, mais de me permettre de continuer mon exil dans l'abbaye des PP. Camaldules de Forlí. Remplissant mes vœux, vous ne remplirez pas moins ceux de la respectable communauté où je suis.

« J'ai l'honneur....

« F. Léon Meffre, récollet.

« A Forlì, ce 5 décembre 1792 (*Caritas S. S.*, t. IV). »

Le 7 mars 1793, vint l'ordre au P. Léon de se transporter à Bologne. Il obtint un délai. Le 10 avril, Mgr Caleppi écrivait à l'évêque de Forlí ;

« Depuis que Votre Seigneurie, à la date du 21 février dernier me fournit la note des ecclésiastiques français émigrés auxquels son zèle avait procuré asile et assistance, j'ai pu y comprendre que se trouvaient hors des couvents de leur ordre, les PP. Léon Meffre, Paul Mourier (1) et Jules Bressy, tous trois Mineurs réformés ; que le premier était encore dans votre monastère de Camaldules, et les deux autres dans celui des Prêcheurs. Postérieurement, dans sa lettre du 14 mars, Votre Seigneurie me donnait avis de la mort du prêtre émigré Delord, et m'apprenait que le départ de cinq religieux français que les supérieurs de leurs ordres avaient envoyés en d'autres lieux, laissait vacantes cinq places. L'arrivée de nouveaux émigrés pouvant être imminente, j'ai besoin de savoir si au nombre de ces cinq places sont comprises celles des PP. Meffre, Mourier et Bressy, parce qu'alors je n'aurai plus à m'occuper d'eux. Si au contraire ils sont encore chez les Camaldules et chez les prédicateurs, le Saint-Père voulant absolument que tous les religieux soient colloqués dans les maisons de leurs ordres respectifs, il y aura trois places vacantes de plus, ce dont je prie votre diligence de donner avis au Cardinal Mattei, afin qu'il en puisse profiter en faveur de trois émigrés de plus, (Traduit de l'italien, *Caritas S. S.*, t. XXV). »

Il ne parait pas, cependant, que le P. Léon ait encore quitté la maison des Camaldules, car la liste présentée à Pie VI, par Mgr Caleppi en août 1793 exprime qu'il y réside (Ibid. , t. XL). Le supplément à l'état nominatif du clergé d'Aix, le dit revenu d'Italie, muni du certificat de communion avec l'archevêque, et placé à Marseille, où il est encore en l'an 1813, prêtre habitué à l'église Saint-Férréol.

5. RICARD, Guillaume, laïque, âgé de 37 ans. Le district d'Arles lui paya son premier quartier de 1791, le 1er janvier. Le 18 du même mois, il lui avança 37 livres 10 sols sur

(1) Nous ignorons d'où venait ce P. Mourier, récollet.

le suivant. En mai 1792, le bon Frère figure sur les listes de l'Hérault comme habitant le district de Lodève et non assermenté.

Capucins de Marseille.

(INVENTAIRE DES 15 ET 30 JUIN 1790).

1. RAVEL, JOSEPH, en religion P. AGATHANGE de Martigues, âgé de 62 ans, était provincial des Capucins de Provence. Il se réserva de manifester son option en temps et lieu. Il ne figure à aucune époque sur les états de pensionnaires des Bouches-du-Rhône, non plus que sur ceux du Var, où il alla se fixer dans la petite ville de Saint-Tropez. Là, le 24 août 1795, il se noya, tandis qu'il prenait un bain sur le rivage de la mer. Son cadavre fut retrouvé le lendemain.

2. ROLAND, JEAN-BAPTISTE, en religion P. CALIXTE de Brignoles, né le 22 mai 1736, de Me Joseph, notaire royal et procureur, et de demoiselle Ursule Brémond. Il avait revêtu le saint habit le 2 mai 1752, et fourni depuis lors une très honorable carrière religieuse. Studieux et savant, il s'était acquis un certain renom par ses recherches d'histoire provençale, dont il fit profiter le *Dictionnaire* d'Achard. Il publia aussi, sous le voile de l'anonyme, fort transparent dans l'espèce, une *Vie de saint Louis, évêque de Toulouse*. (Avignon, Aubanel, 1780, in-12). Il fut maître des novices et gardien. Au moment où la Révolution éclata, il servait de secrétaire au P. Provincial et en même temps de confesseur à la communauté des religieuses Capucines de Marseille. On ne le voit toucher de pension à Marseille qu'au premier trimestre de 1792. Il émigra, et il est certain que, dans sa fuite, il se rencontra à San-Remo avec les trois Capucines sœurs Marie du Verbe Incarné, Marie-

Virginie et Marie du Calvaire, car il prit place avec elles sur le navire qui les transporta de ce port à celui de Gênes. Là, le consul pontifical avait ordre de signaler à son gouvernement l'arrivée de ces pieuses filles et de les mettre en chemin vers Rome. Il le fit, et le P. Calixte, également annoncé par lui, remonta avec elles sur le même bord, qui devait les conduire au terme du voyage (*Caritas, S. S.* XXXI). Le 3 novembre 1792, Mgr Caleppi faisait savoir au lieutenant du gouverneur de Civitavecchia leur prochaine arrivée, et lui donnait ses ordres pour leur transfert immédiat dans la Ville éternelle. Il ajoutait : « Semblablement, on pourra permettre au P. Calixte, capucin, de venir à Rome, ses confrères étant prêts à l'y recevoir (*Ib.*, XXV). » Il est vrai, ce dernier fragment de minute est barré ; mais il n'atteste pas moins la présence du P. Calixte. Le 4 mars 1793, étant à Piperno avec d'autres émigrés, notamment le Frère Nathanaël d'Alençon, il signe comme eux une attestation par laquelle il réprouve les cinq propositions de Jansenius (*Ib.*, XL). En 1794, il est encore en ce même couvent, avec le même Frère, et ils y attendent le Frère Félix de Vence (*Ib.*, *ib.*) Une note écrite de sa main au même lieu est ainsi conçue ; « Fr. Callistus, oriundus a Brinonia, diœcesis Aquisextiensis in Provincia, aetatis 57, ordinis Capuccinorum, discessus a Marsiglia (*sic*) anno praecedenti, commorans Priverni, in conventu sui ordinis. » Enfin, une liste d'émigrés appelés à l'audience du Saint-Père du 14 septembre 1795, le mentionne ainsi : « Frère Calixte, capucin, natif de Brignole, de la province de Marseille, placé au couvent d'Anagni, ci-devant directeur des religieuses Capucines de Marseille, réclamé dans ladite ville (*Ib.*, XXXI). Revenu en France, il fit régler à Marseille ses titres a la pension, et fit la promesse de fidélité le 15 thermidor an IX. Mgr Ricard, dans ses *Souvenirs du Clergé de Marseille* (p. 92), dit qu'il est mort en cette ville en juin 1804.

3. VINCENT, Jean-Joseph, en religion P. VINCENT de Brignoles, né le 6 octobre 1736, profès le 15 octobre 1752,

ancien ministre provincial, était, en 1790, gardien du couvent de Marseille. Il déclara que, si on laissait subsister cette maison, ou celle d'Aix, il y resterait, pourvu que l'on n'y introduisît pas des religieux d'autres ordres, cas auquel il se retirerait. Nous ne l'apercevons plus ensuite sur aucun état de pensionnaires des Bouches-du-Rhône, ni des départements voisins, après le premier trimestre de 1791 ; mais une communication qu'il ne nous a pas été possible de contrôler, nous a appris que, sous la seconde persécution, il était signalé à la police comme caché à Bonsecours, dans la campagne Meiffred, banlieue de Marseille.

4. VIDAL, Clément, en religion P. JEAN-JOSEPH de La Garde-Freynet, né le 23 janvier 1715, par conséquent âgé de 75 ans, déclara vouloir rester en cette maison, sans mélange d'autres religieux, se réservant de faire autre déclaration si ce cas se présentait. On le voit ensuite demeurer à Marseille jusqu'au 30 septembre 1792, où il fait régler ses titres pour être dorénavant payé à Fréjus. — Il faut éviter de le confondre avec le P. Benjamin de La Garde-Freynet, nommé dans le monde Jacques-Clément Vidal, mais né bien postérieurement.

5. MANEILLE, Honoré, en religion P. JOSEPH de Marseille, né le 15 avril 1721, avait professé à Avignon, le 24 avril 1739. Absent lors de l'inventaire, il se présenta aux officiers municipaux, le 26 juin 1790, et déclara vouloir demeurer dans son ordre, et toutefois adhérer à tous les décrets de l'Assemblée nationale. Il disparaît des états de pensionnaires des Bouches-du-Rhône après le premier trimestre de 1792. Ce fut sans doute pour mettre sa conscience plus à l'aise en face de la nécessité de se résigner à la vie privée, qu'il sollicita la faveur dont il est question dans ce billet de Mgr Caleppi, daté du 22 novembre 1792 : « Le P. Joseph de Marseille, capucin, ayant obtenu du Saint-Père, le 3 juin 1791,

la faculté de vivre sous l'habit de prêtre séculier et sous la juridiction de l'Ordinaire, comme il conste par le rescrit de la Sainte-Pénitencerie qu'il m'a présenté, il semble qu'il mérite la grâce de pouvoir célébrer, bien qu'il n'habite pas avec ses frères religieux (*Caritas, S. S.*, XXIV). » Un catalogue d'émigrés, qui paraît dressé en décembre 1793 (*Bibl. Vat.*, 8,268), le dit âgé de 72 ans et logé à Rome ; chez Marco Nobili, rue de Costantinopoli.

6. ALBINOT, Jean - Baptiste d', en religion P. HYACINTHE de Marseille, né le 4 novembre 1709, profès le 26 avril 1726, avait donc plus de 80 ans lorsque la Révolution jugea devoir lui demander quelles étaient ses intentions d'avenir. Il déclara vouloir rester dans son ordre et dans le couvent de Marseille, à la condition que l'on n'y introduirait pas de religieux d'autres ordres. Nous le voyons ensuite toucher sa pension à Marseille jusques et y compris le second trimestre de 1792. La mort, ou la fuite, a dû, sans doute, le soustraire à de plus mauvais traitements.

7. VALENCE, Antoine, en religion P. CHRYSOSTOME de Draguignan, né le 23 mars 1713, profès le 18 mars 1730, déclara qu'il voulait rester dans son ordre, y vivre et y mourir. » Il fallut pourtant sortir, et même bientôt. Le P. Chrysostome, aveugle et grabataire, fit écrire à MM. du district de Marseille, le 1er janvier 1791, qu'il se retirait dans leur ville, chez M. Bernard, rue Senat, aux Allées de Meillan : ce pourquoi un état de pensionnaires du premier trimestre de 1791 dit qu'il « opta pour sortir. » Il figure donc sur les états du district comme ayant émargé régulièrement jusqu'à la fin de l'an 1794. Mais voici une des plus grandes infamies révolutionnaires que nous ayons remontrées :

« L'an second de la République Française, une et indivisible, et le quatre germinal, par devant nous administrateurs du district de Marseille, s'est présenté le citoyen Auguste

Bernard, chargé de procuration du citoyen Antoine Valence, prêtre, ex-religieux, lequel nous a déclaré, pour et au nom du dit citoyen Valence, âgé de quatre-vingt-six ans (1), natif de Draguignan, aveugle depuis dix ans et infirme, qu'il déclare abdiquer les fonctions de son état pour n'avoir à l'avenir que celle d'un bon républicain; laquelle abdication nous a été certifiée par les citoyens Jean-Pierre Granal, Joseph Quercy, Louis-Amédée Blanc et Jean Autran. et à cet effet le citoyen Bernard nous a déclaré de plus qu'il ne pouvait remettre les lettres de prêtrise, attendu qu'il n'a pas connaissance où elles pourraient être, et le dit Bernard a signé avec ses témoins. » L'état d'infirmité du P. Chrysostome, l'erreur sur son âge et la non représentation de ses lettres de prêtrise, suffisent à prouver que ce vieillard n'a été pour rien dans cet acte, auquel certainement le citoyen Bernard s'est porté pour ne pas perdre les 1000 livres du traitement de son pensionnaire.

8. BASSET, Joseph-Claude, en religion P. CLÉMENT de La Garde-Freynet, né le 24 février 1716, profès le 17 octobre 1736, déclara vouloir vivre en cette maison ou en toute autre composée uniquement de religieux de son ordre. Il toucha sa pension au district de Marseille jusques au premier trimestre de 1792 inclusivement. Après cela, on ne l'aperçoit plus ni dans les Bouches-du-Rhône ni dans le Var. Mgr Ricard, dans ses *Souvenirs du clergé marseillais*, l'a confondu avec son homonyme et compatriote le P. Jean-François Basset, né le 9 juin 1733, et mort aux Arcs le 25 août 1807, qui, en 1790, était gardien du couvent de Lorgues,

9. POURRIERES, Gabriel, en religion P. ANSELME de La Verdière, né le 18 novembre 1717, profès le 7 février

(1) Le P. Chrysostome, né en 1713, le 23 mars, ne pouvait avoir que 81 ans le 24 mars 1794, c'est-à-dire le 4 germinal an II, date de cette pièce.

1738, déclara vouloir « sortir de son ordre et profiter de la liberté que lui accordaient les décrets de l'Assemblée Nationale, » formule chère aux officiers civils, bien qu'elle n'exprimât pas toujours la pensée des optants. Le P. Anselme résida paisiblement à Marseille jusqu'en 1794, y touchant régulièrement sa pension ; il prêta le serment de liberté-égalité , et il abdiqua le 2 floréal an II (21 avril 1794). Peu après, il se retira à La Verdière ; il y toucha sa pension de 1000 livres, et prêta le serment du 19 fructidor an V. Il mourut en l'an XII, à l'âge de 87 ans.

10. MOREL, alias Maurel, MICHEL-JEAN, en religion P. FRANÇOIS de Martigues, né le 1er avril 1722, profès le 13 avril 1738, opta pour la vie privée et se retira dans la ville de Marseille, où il émargea régulièrement. Au premier trimestre de 1792, sa pension fut élevée à 1000 livres parce qu'il venait d'atteindre sa 70me année. Il mourut à Marseille le 16 avril 1793.

11. GOUIRAND, VINCENT, en religion, P. THÉODORE de Martigues, d'après son acte de profession, du Rove d'après sa signature, né le 24 janvier 1726, profès le 15 avril 1743, fit son option d'abord verbalement en des termes empreints de quelque enthousiasme révolutionnaire, puis il la répéta dans un billet ainsi conçu : « J'adhère d'esprit et de cœur à tous les décrets de l'auguste Assemblée nationale sanctionnés par le Roi, et, voulant profiter de celui du 13 février dernier concernant les religieux , je déclare, moyennant la pension que me promet le même décret, être dans la disposition de sortir et mener la vie privée. En foi de quoi j'ai signé la présente déclaration. A Marseille, le 12 novembre 1790. Signé : F. Théodore du Rove, cap., dit Vincent Gouiran. » Il émargea ensuite régulièrement à Marseille pendant les années 1792, 1793, 1794, et abdiqua le 2 floréal an II. Il faut éviter de le confondre avec le Frère Joseph-Marie du Roves (sic), également nommé Gouiran.

12. BAUDE, CHARLES-LOUIS, en religion P. PASCAL de Toulon, né le 9 novembre 1728, profès le 7 avril 1745, déclara « vouloir sortir de son ordre et profiter de la liberté que lui offraient les décrets : » formule stéréotypée. Il émargea régulièrement à Marseille jusqu'au second trimestre de 1794 inclusivement, et abdiqua le 22 ventôse an II. Nous ne l'apercevons plus ensuite jusqu'au 9 brumaire an VI, où il habite Marseille-centre, et prête le serment de haine.

13. ALEXIS, JOSEPH-ESPRIT, en religion P. AMBROISE de Toulon, né le 6 décembre 1726, profès le 6 juillet 1746, opta d'abord « pour rester dans son ordre ; » mais, la chose étant devenue impossible, dans le cours du premier trimestre de 1791, il se retira dans sa ville natale ; toutefois, au mois de mai de la même année il fut un des signataires d'une pétition adressée par plusieurs confrères au comité ecclésiastique du district, ou du département, à l'effet d'obtenir la faveur de pouvoir mener la vie commune au couvent de La Seyne. Dans le cours de l'année 1792, un état le qualifie vicaire de la paroisse Sainte-Marie de Toulon ; mais, à côté, le chiffre de ses émoluments est barré, et c'est la dernière fois que l'on rencontre son nom sur les listes de pensionnaires du Var. Il est noté ailleurs et de la façon la plus préjudiciable à son honneur. Au tome XXXVIII du *Caritas S. S.*, un état doublement intitulé, en italien et en français, *sujets vraiment mauvais ou au moins grandement suspects* ; soit *Prêtres français qui ont prêté tous les serments, ou qui sont censés les avoir prêtés par les postes qu'ils occupaient*, signale ainsi ce religieux : « Ambroise, le Père, prêtre capucin, appelé, depuis qu'il avait quitté l'habit, l'abbé Alexis, secondaire de la cathédrale de Toulon, *pessimo.* » Même chose, au même lieu, dans les listes autographes dressées par l'abbé Gras, vicaire-général de Toulon, après son arrivée à Carthagène, le 4 février 1794. Si donc l'abbé Gras n'a pas été injuste en flétrissant ainsi le P. Ambroise, ce religieux s'ajoute au nom-

bre de ceux dont la conduite prouve que l'option, même persévérante, de la vie commune, n'a pas été un indice sûr de vertu.

14. MANCHE, Fleury, en religion P. FLEURY de Tarascon, né le 30 septembre 1735, profès le 25 novembre 1752, déclara « vouloir rester dans son ordre ; » puis, quand cela fut impossible, c'est-à-dire après le paiement du premier trimestre de 1791, « il opta pour sortir, » disent les bureaucrates révolutionnaires, et c'est la dernière nouvelle que l'on ait de lui.

15. BERTRAND Pierre, en religion P. POLYCARPE de Draguignan, né le 21 février 1733, profès le 12 mai 1754, déclara « que, si on laissait subsister cette maison, ou si on lui en assignait une autre, sans mélange de religieux d'autres ordres, il resterait. » Bien entendu, à la seconde option, les bureaucrates surent dire qu'il voulait sortir. Il demeura dans Marseille jusqu'au premier trimestre de 1792 inclusivement ; puis il se retira dans sa ville natale. Il y prêta le serment de liberté-égalité, puis celui du 19 fructidor. Au rétablissement du culte, il y exerça le saint ministère, comme en font foi les listes du clergé d'Aix, dont la circonscription comprenait les Bouches-du-Rhône et le Var. Il mourut à Draguignan en avril 1811.

16. CARLES, Jean-Baptiste, en religion P. LÉONCE de Draguignan, né le 18 octobre 1740, profès le 30 août 1757. Il manifesta les mêmes options que les précédents, et nous cessons entièrement de le suivre après le premier trimestre de 1791.

17. REYBAUD (et autres orthographes aussi variées que les mains qui ont eu à écrire ce nom), André, en religion P. JUSTINIEN de Grasse, né le 12 octobre 1736, profès le

28 février 1759, déclara vouloir sortir de son ordre, et profiter, etc., suivant la formule stéréotypée. Il continua de résider à Marseille, où il émargea jusqu'au troisième trimestre de 1793 inclusivement. Nous soupçonnons que c'est lui qui se trouve visé par un mandat d'arrêt du district d'Aix, thermidor an III, « contre Reybaud, ci-devant prêtre, fanatique outré, et reconnu par la clameur publique avoir escroqué un bien appartenant à tout autre qu'à lui, n'étant ni parent, ni allié, mais prêtre et fanatique, et par ce moyen avoir fait jouer tous les ressorts pour s'approprier le bien des véritables prétendants à l'héritage. » Cette pièce témoigne tout au moins du peu de respect des révolutionnaires pour la liberté de tester, surtout quand elle procure du pain à un prêtre.

18. GIRARD, Henri-Louis, en religion P. SILVESTRE de (Marseille ?), né le 10 février 1748, profès à une date inconnue, déclara de la façon la moins équivoque « vouloir sortir de son ordre, et adhérer de bon cœur aux décrets de l'Assemblée nationale qui lui en donnent la liberté. » Après ce beau commencement, on le voit, dès le premier trimestre de 1791, faire partie du clergé constitutionnel de l'église Saint-Martin de Marseille. Il paraît, cependant, n'avoir persévéré ni dans ce poste ni dans sa faute, car, à partir du 11 avril 1792, il est absent de tous les états du clergé et des pensionnaires, pour ne se montrer de nouveau que le 23 thermidor an IX, où il habite Marseille et fait sa promesse de fidélité. Au rétablissement du culte, il fut nommé recteur de Saint-Barnabé, où il mourut le 20 messidor an IX, c'est-à-dire le 4 juillet 1803. De plus, il figure avec les qualités de capucin et de membre du com. (sic) général, et comme ayant eu son dernier domicile à Marseille, sur le premier supplément de la liste des émigrés, en vertu d'un arrêté du 1er brumaire an II. Mgr Ricard (*Souvenirs*, etc., p. 88, dit qu'au rétablissement du culte, il fut recteur de Saint-Barnabé, et fixe sa mort à la date ci-dessus.

19. ROUBAUD, Jean-Baptiste, en religion P. MAXIMIN d'Aups, né le 19 septembre 1747, profès à une date inconnue. Il était au couvent de Tarascon en 1774 lorsqu'il écrivit pour sa conduite spirituelle un règlement qui fournit la preuve de sa très éminente piété. Son neveu, M. l'abbé Laget, missionnaire très hautement estimé du diocèse de Fréjus, a publié cette pièce dans son ouvrage intitulé : *Le Thabor, ou moyen d'arriver au paradis de la vie intérieure* (2e éd. Paris et Marseille, 1862, in-8°). Le P. Maximin opta dès l'abord pour la vie privée, et les scribes Marseillais ne manquèrent pas d'exprimer cette option par la formule odieuse dont ils avaient l'habitude. Il semble ensuite que le P. Maximin continua de résider dans Marseille ; il figure comme émargeant régulièrement dans cette ville en 1792, 1793, et 1794 ; cependant, il est absent de toutes les listes de jureurs et d'abdicateurs. Les états d'émargement sont-ils sincères ? Nous en avons toujours douté, et ici les indices ne sont pas en leur faveur, car le P. Maximin courait déjà la Provence en apôtre. Un vieux registre de baptême de la paroisse d'Auriol porte la note suivante, sous la rubrique de l'année 1795, à propos d'un enfant nommé Jacques Barthélemy, né le 19 juillet 1794 : « C'est le P. Jean-Baptiste Roubaud, en religion P. Maximin, qui conféra le baptême à cet enfant et à plusieurs autres. Le P. Maximin Roubaud est mort en mai 1807, à l'âge de 60 ans, étant recteur à Pignans, ancien diocèse de Fréjus. Comme il n'est plus retourné à Auriol, après que mon prédécesseur de bonne mémoire, le sieur H.-G.-D., eut écrit ces notes, il ne les a point signées ; mais je suis certain que le P. Roubaud a baptisé tous les enfants dont il est ici question. En foi de quoi j'ai signé : J.-B.-Hip. Bringier, recteur. » L'abbé Laget, dont nous avons parlé ci-dessus, dit de lui, dans la préface du livre cité : « Expulsé de son couvent, le P. Maximin sut trouver dans son cœur de prêtre le moyen d'exercer furtivement le saint ministère dans la Provence, laissa partout sur son passage les traces de son zèle et

de ses vertus. Nommé, au rétablissement du culte, curé de Pignans, il y mourut en odeur de sainteté le jour de l'Ascension, 7 mai 1807. » La présence du P. Maximin dans le Var n'était pas inconnue aux persécuteurs de la région, puisque son nom y figure en tête d'une liste de pensionnaires, mais barré, ainsi que le chiffre de la pension. En somme, il n'y émargea point. Seulement, sur la minute d'un état envoyé au ministre des finances le 24 floréal an VIII, une note ajoutée postérieurement indique qu'il n'est point porté sur la liste des émigrés, qu'il est en communion avec l'archevêque d'Aix; enfin, sa situation est liquidée en messidor an XII.

20. DOSSOLIN, Étienne, en religion P. CHÉRUBIN d'Aups, né le 25 février 1754, profès le 27 février 1755, déclara « vouloir sortir de son ordre et adhérer de cœur et d'âme à la nouvelle constitution du Roiaume (sic) et à tous les décrets de l'auguste Assemblée nationale, spécialement à ceux concernant les religieux. » Il figure parmi les pensionnaires résidant à Marseille pendant les années 1792, 1793 et 1794, puis parmi les abdicateurs, avec le titre d'aumônier de la Vierge de la Garde, dont il exerçait les fonctions au moment où Philippe-Égalité fut détenu dans cette forteresse. Son abdication eut lieu le 22 ventôse an II. Il se retira ensuite à Aups, d'où le 25 thermidor an IV, il réclama des administrateurs marseillais un certificat de non-émigration et non-déportation. En l'an IX, on voit sa pension supprimée « attendu que les serments prêtés ne sont point rapportés », motif difficile à comprendre, puis qu'en germinal an VII, les administrateurs du Var avaient constaté leur prestation et leur non-rétractation : mais il y a tant d'âneries et de mystères dans la bureaucratie révolutionnaire ! Enfin, les états du clergé d'Aix après le rétablissement du culte portent que le P. Chérubin fut nommé curé de Fos-Amphoux le 18 juillet 1805. Il est mort à Aups le 7 mars 1835, c'est-à-dire à l'âge de 81 ans.

21. ROBERT, Louis, en religion P. BONAVENTURE de La Seyne, né le 15 juillet 1757, profès le 16 juillet 1778, déclara « vouloir rester dans son ordre. » Le 17 juin 1791, il reçut à Marseille 300 livres pour arrérages de sa pension, et se transporta dans son pays natal. Il y fut un des capucins signataires de la pétition adressée aux administrateurs du Var à l'effet d'obtenir la faculté de mener la vie commune au couvent de La Seyne. Il émargea à Toulon depuis juillet 1791 jusque dans le couvent de 1792, puis disparut.

22. PEISSEL, Jacques, en religion P. ANDRÉ de Lorgues, né le 17 février 1754, profès le 30 novembre 1779, refusa d'abord d'exprimer son option, se réservant de le faire en temps opportun. Lorsqu'ensuite il fallut de force déguerpir, les bureaucrates écrivirent qu'il « déclara vouloir sortir. » Il disparut de Marseille après avoir touché le premier trimestre de 1792, et n'a laissé aucune trace dans son département natal.

23. RAFFIN, Antoine, en religion P. AMÉDÉE d'Aix, né le 13 novembre 1765, profès le 16 octobre 1789, avait donc seulement vingt-cinq ans d'âge en 1790. Les caravanes qu'il dut faire montrent clairement combien rencontrèrent d'obstacles à leur pieux dessein les religieux désireux de rester fidèles à leur état, et illusionnés au point de croire qua la facilité leur en serait laissée par les persécuteurs. En effet, il déclara d'abord qu'il ferait connaître en temps et lieu ses projets d'avenir. En attendant, il resta dans son couvent de Marseille jusqu'au 1er avril 1791, où, cette maison étant vidée de force, il se rendit avec cinq de ses confrères dans celle d'Aix, ainsi que l'annonça le district de Marseille à celui d'Aix en une lettre officielle du 23 avril. Mais les religieux ne furent pas longtemps laissés en paix dans ce couvent affecté à la vie commune, et le P. Amédée fut contraint de revenir à Marseille le 26 août suivant. Il y resta jusqu'au moment de

toucher le premier quartier de sa pension de l'an 1792. Nous le revoyons ensuite à Aix le 23 juillet de la même année. Peu après il émigra. Une note du *Caritas S. S.*, (tome XXXI) dit qu'il a été envoyé à Pérouse muni d'un passeport le 11 octobre 1792 : silence sur l'auteur et le lieu de délivrance de ce passeport. Une autre note (ibid.) signale son arrivée à Bologne le lundi 17 décembre suivant. Il était au couvent des capucins de Faenza en août 1793 (liste présentée à Pie VI à cette date par Mgr Caleppi, et autres listes dans *Caritas S. S.*, tome XL). Le 5 février 1796, il était noté comme résidant au couvent de Macerata, mais présent pour le moment à celui d'Apiro (ib., tome XX). Le 30 juin de la même année, il écrivait à Mgr Caleppi (ib., tome XIX) : « Monsieur, eu égard aux fâcheuses circonstances présentes, je m'adresse à vous comme au père tendre et commun de tous les émigrés, pour que vous daigniés avoir la bonté de m'envoyer un passeport pour aller à Rome, si je suis obligé à prendre la fuite (1), et m'aller embarquer de là à Civita-Vecchia pour me rendre en Espagne, afin de me mettre dans un lieu de sûreté, ou en Portugal, dans les missions du Congo, si j'en suis trouvé capable. C'est là prudence, et non l'inconstance, qui me fait faire cette démarche. Soyés persuadé, monsieur, que, s'il n'y a point de danger, je ne sortirai pas de l'endroit où je me trouve. Je ne cesserai, cependant, de reconnaître vos bienfaits, et vous en aurai une reconnaissance à jamais mémorable. En conséquence, je vous prie en grâce, Monsieur, de m'honorer de votre réponse et m'accorder la grâce que je vous demande. J'ai l'honneur d'être, avec la plus parfaite considération, Monsieur, le très humble et obéissant serviteur. F. Amédée d'Aix, capucin indigne, prêtre étudiant, Macerata, 30 juin 1796. P. S. J'ai resté deux ans dans la province de Bologne, et deux ans dans celle de la Marche, où je

(1) Les armées françaises avaient alors envahi tout le nord de l'Italie, et il y avait lieu de craindre qu'elles ne s'emparassent des États Pontificaux, où, comme partout ailleurs, elles auraient fait un mauvais sort aux émigrés.

suis encore aujourd'hui en qualité d'étudiant en théologie. »
Cette démarche n'eut pas de suite. Un an plus tard, le 9 juin 1797, le P. Amédée était encore à Macerata (*Caritas S. S.*, t. XX). Il revint en France à une date que nous ne saurions fixer, et, au rétablissement du culte, il fut nommé, le 6 mai 1803, curé de Séon-Saint-André, puis des Milles, et enfin de Saint-Just. Arrivé à un grand âge, il démissionna, mais continua de résider en cette dernière paroisse, où il mourut le 13 janvier 1833. Il nous a été dit que cette mort avait eu lieu dans une campagne, au quartier de Montolivet, près de Marseille : nous n'avons pas de moyen d'accorder ces deux versions. Le P. Amédée fut un des Capucins que le P. Henri de Malaucène, aumônier des Capucines, réunit le 4 octobre 1822, et avec lesquels il résolut de reprendre l'habit de l'ordre et la vie commune, projet qui ne reçut pas d'exécution. Un souvenir empreint de grande vénération pour ce digne P. Amédée, a été conservé par son neveu, M. Roumieux, pharmacien, rue du Grand-Puits à Marseille, et par notre Frère Bonaventure d'Esguille, qui fut une des premières recrues de notre ordre en ce siècle, et par suite a été jusqu'en ces dernières années le lien qui a maintenu plus longtemps sensible et vivante notre filiation avec nos vénérables ancêtres religieux.

24. BOYER DE CHOISI, Michel-Louis de, en religion F. JEAN-BAPTISTE d'Antibes, âgé de 22 ans en 1790, était né, à une date non indiquée, de noble Louis-Joseph, ancien officier du régiment de Flandre, et de son épouse dame Jeanne-Marie Riouffe. Il avait fait profession le 16 octobre 1789, et était seulement sous-diacre. Il opta pour la continuation de la vie religieuse. Disparu de Marseille, nous l'apercevons à Antibes par le moyen de la lettre qui suit, adressée le 30 janvier 1792 par les administrateurs du district de Grasse à ceux du district de Toulon : « Nous n'avons dans notre district que trois capucins, dont deux desservant un de nos oratoires, sans, néanmoins, aucune qualité de vicaire, mais avec l'approbation du sieur curé, et le troisième était de la maison des ci-

devant Capucins de Marseille, et fait sa résidence à Antibes après avoir fait les déclarations prescrites. Il n'est point encore prêtre, parce qu'il n'a pas l'âge; mais il est parfaitement dans le sens de la Révolution, et il se prêta avec zèle à toutes les fonctions de diacre et de sous-diacre dans sa paroisse. D'ailleurs, l'objet de cette gratification indique évidemment qu'il doit y participer comme les autres (1). Nous vous prions, Messieurs, de nous faire parvenir trois ordonnances de payement, une pour le sieur Pierre Martin, de Draguignan, ci-devant religieux capucin à Grasse, l'autre pour le sieur Jacques-Grégoire Vento, de Menton, principauté de Monaco, aussi capucin à Grasse, tous les deux y résidant, et la troisième pour le sieur Boyer, ci-devant capucin à Marseille, et résidant à Antibes. » Les Toulonnais répondirent le 10 février 1792 : « Nous vous adressons, Messieurs, deux ordonnances de payement de 200 livres chacune pour la gratification, ou secours, accordé aux sieurs Martin et Vento, ex-capucins de votre district. Nous n'en avons fait expédier aucune pour le sieur Boyer, attendu qu'il était du couvent de Marseille à l'époque de la sortie; il doit donc s'adresser au district de cette ville pour réclamer le secours, d'autant mieux que nous savons qu'il a été payé à tous ceux qui s'y trouvaient. »

Puis, plus rien sur lui aux archives du Var.

25. EYGUESIER, Marc-Antoine, en religion P. JOACHIM d'Aix, né le 5 novembre 1768, profès le 7 novembre 1789, n'était que sous-diacre en 1790. Il opta pour la conservation de son état. Elle lui coûta les mêmes peines qu'au P. Amédée d'Aix : séjour à Aix après fermeture du couvent de Marseille en avril 1791; retour à Marseille le 19 août 1791; disparition de Marseille après le premier tri-

(1) L'objet de cette gratification était d'indemniser les Capucins du Var du non-paiement de pension en l'an 1790, contrairement à ce qui s'était fait dans d'autres départements. En conséquence, on alloua un secours de 200 livres aux prêtres, et de 100 livres aux autres; c'est l'objet de cette lettre.

mestre de 1792. Il émigra pareillement dans les États-Pontificaux ; nous n'apercevons pas le moment où il y arriva ; mais nous le voyons au couvent de Macerata et à celui de San-Severino, en vertu d'obédiences du Général de l'Ordre, le 24 janvier et le 5 février 1796, les 9 juin et 27 novembre 1797 (listes dressées à ces dates dans le *Caritas S. S.*, t. XX), et nous relevons à son sujet ce billet de l'évêque de San-Severino au cardinal secrétaire d'État, daté du 25 janvier 1796 : «.. Le P. Joachim Eyguesier, capucin, a été, par son général, placé de famille en ce couvent des PP. Capucins, et j'ai eu soin d'insérer son nom sur la feuille ci-jointe, à la fin de laquelle j'ai encore nommé les Capucins Symphorien Person et Pierre-Paul Lehouero, qui, depuis peu de jours, se trouvent de passage en ce même couvent, se rendant à Lisbonne, et sont, par une lettre de l'Éminentissime cardinal duc d'Yorck, assurés qu'il leur est permis de passer quinze jours à Rome avant ce voyage (*Ibid.*) » Au rétablissement du culte, le P. Joachim est à Aix ; il fait régulariser sa situation de pensionnaire et certifie sa communion avec l'archevêque d'Aix (Divers papiers et registres de l'an XII). Nous ne le suivons pas plus loin.

26. GENA, Alexandre, en religion P. JEAN-LOUIS, de Menton, né le 9 août 1722, profès le 24 juin 1743, déclara « se remettre entre la main (*sic*) de l'Assemblée nationale et de la municipalité, et se conformer à leurs ordres dans tous les cas. » Bien entendu, sa seconde option ne put être que pour la vie privée, devenue la seule possible. Il demeura à Marseille et y toucha sa pension jusques et y compris le premier trimestre de 1792, dernière date où on l'aperçoit.

27. FÉRAUD, François-Antoine-Ignace, en religion P. FERDINAND de Menton, né le 31 juillet 1734 (Mgr Ricard le dit né le 28 août 1728), profès le 10 novembre 1751. Il déclara d'abord vouloir continuer la vie religieuse ; mais, après la suppression, nous le voyons rester à Marseille, y

toucher régulièrement sa pension pendant les années 1792, 1793, 1794, et figurer parmi les abdicateurs avec les qualités d'ex-religieux et d'ex-vicaire de Saint-Victor. Son abdication eut lieu le 27 ventôse an II (17 mars 1794). Au rétablissement du culte, il fut nommé recteur du hameau des Lèques, près de Saint-Cyr, où il est mort le 27 février 1814.

28. SOLDEVILA, Joseph, en religion P. RAPHAEL de Barcelone, âgé de 63 ans, profès de notre province de Catalogne, appartenait depuis une dizaine d'années au couvent de Marseille. Il déclara remettre son sort aux mains de l'Assemblée nationale. Il émargea régulièrement à Marseille pendant les années 1792, 1793 et 1794, et abdiqua le 3 germinal an II (23 mai 1794). C'est là tout ce que nous avons pu recueillir sur ce religieux.

29. BESSE, Jean-Baptiste, en religion P. EUGÈNE d'Ors-en-Cambresis, né le 18 juin, alias janvier, 1737, appartenait à notre province de Lille, ou Flandre française. Il revenait d'une de nos missions lointaines lorsque, en septembre 1790, les Capucins de Marseille l'accueillirent en leur couvent. Le 16 novembre suivant, il exposa au district de Marseille l'impossibilité où il était de se rendre en son pays, et demanda d'être compris parmi les pensionnaires de notre couvent de cette ville. Cela lui fut accordé. A la seconde option, il déclara faire choix de la vie privée. On sait que l'Assemblée nationale avait décrété que la pension commencerait à être payée à partir du 1er avril 1790, et que, l'argent étant rare, les pensionnaires ne reçurent rien pendant cette année-là. A titre d'arrérages de 1790, le département alloua, dans l'été de 1791, 300 livres à chaque religieux de Marseille. Le P. Eugène requit la même faveur ; le district fut d'avis qu'on lui donnât 100 livres ; le département, plus économe, réduisit la somme à 75 livres, par un arrêt du 5 juillet. Le P. Eugène continua de résider à Marseille, toucha régulièrement sa

pension jusqu'en fin 1794, et abdiqua le 6 germinal an II (26 mars 1794), lorsque la tyrannie révolutionnaire fit de l'abdication la condition nécessaire pour obtenir le morceau de pain qui était le seul moyen d'existence des pensionnaires; mais, de concert avec le P. Auguste de Manosque et un autre dont le nom religieux nous est inconnu, il fit plus tard à ce sujet une réclamation énergique, d'où procéda l'acte suivant : Ce jourd'hui, 4 frimaire an IVe de la République, l'administration du district de Marseille assemblée... Vu la pétition des citoyens Bouteille, Paret et Besse, tendant à la restitution de leurs lettres de prêtrise, qu'ils prétendent avoir été forcés de déposer au secrétariat de l'administration... l'administration a délibéré que les pétitionnaires sont autorisés à retirer chacun en droit soi (sic) les lettres de prêtrise par eux réclamées. » Il est juste de dire que, dès le premier frimaire, le district avait décidé de faire toutes les restitutions semblable qui lui seraient demandées. Le P. Eugène continua d'habiter Marseille, où, le 10 ventôse an VIII, il faisait la promesse de fidélité. Mais sa réclamation en l'an IV et la restitution qui y fit droit, demeurent comme la base très ferme de la distinction qu'il importe d'établir entre des abdications plus nominales que réelles, consenties sans blasphèmes, par la dure nécessité de ne point demeurer sans pain, et celles qui étaient précédées de l'adhésion au schisme. Le 6 mai 1803, il fut nommé curé de Cuges, et le 18 juin suivant transféré à Saint-Victor comme vicaire. En 1808, nous le voyons signer un acte de notoriété au sujet d'un des Frères servants des Capucines. Il mourut à Marseille le 14 août 1813.

30. CHAUDON, François-Melchior, en religion Père MAYEUL de Valensole, né le 12 octobre 1739, profès, le 4 août 1758, de cette province de Provence, était alors à Rome en qualité de secrétaire général de l'Ordre. Il était d'ailleurs frère charnel du savant bénédictin Dom Mayeul Chaudon, ce pourquoi le nom de baptême de celui-ci lui avait été donné pour nom de religion. Très lettré lui-même,

il était membre de l'Académie des Arcades, et il donna au public une *Vie du B. Laurent de Brindes* qui a eu deux éditions, et qui se recommande par un très notable mérite. Le 6 octobre 1770, il écrivit de Rome aux Maire et Officiers municipaux de Marseille, pour leur faire savoir que son intention était de continuer la vie religieuse avec ses confrères de Provence. Quelques mois plus tard, il adressait au P. MATHIAS de Cavaillon, à Aix, ce billet sans date : « Je viens d'apprendre que notre couvent de Marseille est supprimé. Comme j'y avais choisi mon domicile, et qu'il faut aujourd'hui y renoncer, je vous prie de me faire classer au nombre de ceux de nos confrères qui espèrent pouvoir continuer à vivre en communauté dans notre couvent de la ville d'Aix. En qualité de profès de notre département des Bouches-du-Rhône, je me fixerai volontiers dans la maison de ladite ville, s'il plaît au gouvernement de nous y conserver. (Ici, un paragraphe enlevé avec des ciseaux). J'ai l'honneur, etc., F. Mayeul, capucin, secrétaire général de l'Ordre. » Le P. Mayeul vint-il par la suite à Aix ? On serait porté à le croire par cette note, malheureusement sans date, émanée du district d'Aix : « M. Mayeul, ci-devant capucin, âgé de 66 ans, a déclaré vouloir être payé de son traitement au district d'Aix. Son traitement est fixé à 800 livres. »

31. ARNAUD, Nicolas, en religion P. ANTOINE de Toulon, né le 4 octobre 1719, profès le 7 avril 1737, était absent lors de l'Inventaire ; il formula plus tard son option, qui fut pour rester dans son ordre, et il la renouvela par écrit, protestant qu'il voulait vivre et mourir dans l'observance de sa Règle. Après octobre 1792, on n'aperçoit plus trace de lui, ni dans Marseille, ni dans sa patrie ; mais un religieux nommé Antoine Arnaud, d'ordre non indiqué, a vécu à Seyne (Basses-Alpes), pendant la Révolution : il semble que ce ne peut être que lui.

32. CAUVET, Jean-Esprit, en religion F. BONAVEN-

TURE de Marseille, laïque, né le 18 mai 1709, profès le 25 septembre 1727, opta pour rester dans son ordre, où il vivait depuis 63 ans. Il est porté sur les états de pensionnaires du district de Marseille jusqu'en 1794, époque où il avait donc atteint l'âge de 85 ans. Nous ignorons sa fin.

33. VENTRE, Joseph. en religion F. FÉLIX de Signe, laïque, né le 2 septembre 1713, opta pour la vie commune, continua de résider dans Marseille, et y mourut le 30 mai 1792.

34. COURTÈS, Jean, en religion Fr. SÉBASTIEN de Claviers, laïque, né le 11 juillet 1723, profès le 22 janvier 1744, déclara, comme la plupart, vouloir rester dans son ordre, puis fut obligé d'en sortir à la date fatale d'avril 1791. En l'an II, il touche à Lorgues sa pension, qui est de 400 livres.

35. GOIRAND, Jacques-Mathias, en religion F. JOSEPH-MARIE du Rovès (sic, pour Rove), laïque, né le 24 janvier 1726, profès le 10 septembre 1745, opta dès l'abord pour la vie privée. On le voit résider à Marseille pendant tout le cours de la Révolution, jusqu'au 8 thermidor an IX, où il fait la promesse de fidélité.

36. BOUTIN, Pierre, en religion F. GERVAIS de Brignoles, laïque, né le 24 octobre, alias décembre, 1737, de Jean-Baptiste et d'Anne Chabert, profès le 30 avril 1759, se réserva d'opter en temps et lieu. Il continua de résider dans Marseille, où il fit la promesse de fidélité le même jour que le précédent.

37. GARDANNE, Jean-Baptiste, en religion F. SÉRAPHIN de Solliers, laïque, né le 6 mars 1746, profès le 5 avril 1771, déclara vouloir rester dans son ordre. Il toucha régulièrement sa pension à Marseille, depuis le premier

trimestre de 1792, jusqu'au troisième de 1793 seulement. Mgr Ricard, qui probablement a cru qu'il était prêtre, dit qu'il fut condamné à mort le 26 février 1794 (*Souvenirs du Clergé Marseillais*, p. 19). Le laconisme de ce renseignement étonne quelque peu de la part d'un auteur aussi estimable, qui ne craignait pas ordinairement d'être verbaux. La complaisance du savant M. Paul Arbaud, d'Aix, a bien voulu combler en notre faveur cette lacune, par la communication que voici :

« N° d'ordre 89. Date de la condamnation, 8 ventôse an II. Nom, J. L. Gardanne, 49 ans, de Soliers (Var), domicilié à Marseille, ex-capucin, contre révolutionnaire, fanatique, ayant prêté le serment de ne plus reconnaître les décrets de la Convention nationale depuis le 20 mai dernier ; royaliste et fédéraliste. »

38. MICHEL, Joseph, en religion F. JOSEPH de Réalon, laïque, né le 5 mars 1743, profès le 16 décembre 1772, déclara vouloir rester dans son ordre. Il disparut de Marseille après le premier trimestre de 1792. Rien ne subsiste à son sujet, pas même dans les archives des Hautes-Alpes, où est située sa patrie.

39. ISNARD, Pierre, en religion F. MODESTE de Riez, laïque, né le 1er août 1750, profès le 17 juin 1773, déclara « vouloir sortir de son ordre et adhérer de cœur et d'âme à tous les décrets de l'Assemblée nationale, spécialement à ceux concernant les religieux. » Cette formule, si souvent répétée par les bureaucrates révolutionnaires, convaincue bien des fois de fausseté, l'est ici par la conduite ultérieure du F. Modeste. Car, après le premier trimestre de 1792, il se retira de Marseille dans notre province du Piémont, alors plus abordable que dans les derniers mois de cette même année, où cette région fut envahie par des milliers de prêtres et de religieux émigrés, qu'il fallut inviter à passer plus loin. Cette retraite du F. Modeste, dont nous n'avons pas vu de preuve

écrite, nous a été fermement affirmée par des confrères qui ont vécu et conversé avec ce digne religieux. Il peut être utile aussi d'observer une erreur des mêmes bureaucrates à propos du paiement de ce premier trimestre de 1792. Il fut réglé pour le F. Modeste à raison d'une pension de 700 livres l'an, soit 175 livres pour le trimestre, ce qui ne pouvait pas avoir lieu pour un Frère laïque. Il est vrai qu'un autre état ramène ce chiffre à 75 livres payées le 29 février 1792. Le F. Modeste ne resta pas de longues années en exil ; nous l'aperçevons une fois dans sa ville natale, au cours de l'an III. Puis, le 16 thermidor an IX, nous le revoyons à Marseille-centre, où il a pris domicile, et où il fait la promesse de fidélité. Il ne cessa point de regretter son couvent, ainsi qu'en témoigne la lettre suivante, écrite par lui à son Général en une très belle langue italienne, dont voici la traduction :

« Marseille, 28 avril 1818.

« Mon Révérendissime Père, prosterné à vos pieds, je viens avec les plus vives instances solliciter de votre charité une obédience qui m'autorise à me retirer dans le couvent des Capucins de Nice, le plus voisin de cette province de Marseille. Depuis notre suppression jusqu'au moment présent, je suis resté en France, toujours occupé à quelque travail licite et honnête, et, grâce à la miséricorde du Seigneur, je ne me suis mêlé en chose aucune à cette malheureuse Révolution. L'espoir de voir notre ordre se rétablir en France m'a fait attendre jusqu'à présent pour demander cette obédience à votre R^me^ Paternité ; mais, voyant que tout espoir est perdu, et ayant atteint l'âge de 68 ans, qui m'oblige à penser désormais sérieusement au grand passage de l'éternité, je vous demande cette désirée obédience avec les plus instantes supplications. Et, pour n'être point à charge à ce pauvre couvent où l'on aura la charité de me recevoir, je me fais fort de lui procurer, à titre d'aumône, la somme annuelle de 600 francs pour ma pension pendant tout le cours de ma vie. Je ne veux pas me priver de l'honneur de vous dire que je suis Frère laïque.... P.-S. Veuillez adresser la réponse au P. Henri, confesseur des religieuses Capucines, à Marseille.»

Le Général lui fit, le 16 mai, une réponse favorable et paternelle, bénissant son voyage, et le recommandant à la sollicitude des supérieurs sous lesquels il allait se trouver. (Cette lettre et la minute de la réponse sont conservées dans les Archives de l'Ordre).

Lorsqu'ensuite, vers l'an 1824, Frère Modeste sut que plusieurs de nos religieux se réunissaient pour rétablir notre Ordre dans Marseille, il s'empressa de se joindre à eux. Là il passa pieusement les dernières années de sa vie, et mourut en mai 1829, ayant été une des pierres fondamentales de notre restauration.

40. REBOUL, Jean-Louis, en religion Frère VALENTIN de Sainte-Jalle, laïque, né le 27 août 1752, profès le 18 janvier 1775, atteint d'aliénation mentale, se trouvait placé à l'hôpital Saint-Lazare de Marseille. Il ne put donc pas formuler d'option ; mais il figure sur les registres de pensionnaires jusqu'au jour de sa mort, qui fut le 3 septembre 1793.

ARNAUD, Jean, en religion Frère DOMINIQUE d'Aix, laïque, né le 6 avril 1747, profès le 6 avril 1777. Son option n'est point mentionnée, ce qui n'est pas une bien importante lacune, vu le peu de créance que méritent les écritures révolutionnaires. Il demeura dans Marseille. En y percevant le premier quartier de pension de l'an 1792, il déclara vouloir être payé par le district d'Aix à partir du 1er avril suivant ; puis son nom, inscrit pour cela sur les registres d'Aix à cette date, ne paraît plus nulle part. En 1824, un Frère Dominique se joignit à ceux de nos premiers restaurateurs qui se trouvaient réunis à Aix : nous supposons que c'était lui ; mais sa fin nous est inconnue.

42. ÉTIENNE, alias Estienne, Marc-Antoine, en religion Frère LOUIS d'Auriol, laïque, né le 9 avril 1755, pro-

BIBLIOTHÈQUE NATIONALE R.F. IMPRIMÉS

fès le 2 juillet 1777, déclara « vouloir sortir de son ordre et adhérer de tout son ordre (sic) à tous les décrets de l'Assemblée nationale, auxquels il se conformera toujours. » On voit de plus en plus combien peu cette formule mérite de créance. Frère Louis passa dans Marseille tout le temps de la Révolution, et y fit la promesse de fidélité le 14 thermidor an IX.

Frères donnés.

Les Frères donnés n'étaient pas liés par des vœux, mais par une simple promesse, dont le P. Provincial prenait acte, avec engagement corrélatif. En conséquence, il ne leur fut pas d'abord demandé d'option ; les officiers municipaux se contentèrent de ce que le P. Gardien voulut bien déclarer à leur sujet, et de la présentation de leur acte d'engagement. Toutefois, dans le procès-verbal du congé donné à tous les habitants de la maison lors du paiement du premier trimestre des pensions de 1791, les scribes furent assez stupides pour écrire à côté du nom de chacun de ces bons Frères qu'il optait pour sortir. O paperasserie révolutionnaire !

43. TIVEL, Jean-André, né le 20 septembre 1738, donné le 24 juin 1768, ne cessa pas de résider à Marseille, où il fit sa promesse de fidélité le 16 thermidor an IX.

44. PIERRE, Joseph, âgé d'environ 75 ans, donné depuis 45 ans.

45. AUBERT, Ambroise, né le 5 mars 1730, donné le 24 février 1768, continua de résider à Marseille jusqu'en juillet 1794, où il déclara vouloir dorénavant être payé de sa pension au district de Serres. L'état du premier paiement de 1791 dit

de lui, par exception, qu'il opta « pour rester dans son ordre. »

46. BAIN, Barthélemy, né le 2 mars 1741, donné le 22 septembre 1772. Cette donation ne l'avait pas empêché de se marier, et le mariage n'avait pas interrompu son service. Il résida dans Marseille, et y fit la promesse de fidélité le 9 thermidor an IX.

47. EITHIER (et autres orthographes), Antoine, né le 17 septembre 1760. Nous reproduisons l'acte de sa donation, le seul que nous ayons rencontré au sujet de ces Frères donnés : « Nous Jean-Joseph de La Garde, provincial des Capucins de la province de Marseille, étant supplié et requis par le sieur Antoine Eithier, de Beirellos, de la paroisse Saint-Symphorien, qui de son gré, libre volonté, veut se consacrer à Dieu et se donner à notre couvent de Marseille pour y vivre en qualité de domestique, gratuitement, sans percevoir aucun gage pour le présent, renonçant à tout droit d'en exiger et d'en percevoir pour l'avenir sous quelque titre et condition que ce soit, et pour travailler dans ledit couvent à tout travail auquel les supérieurs l'employeront pour le bien et le service de la maison et des religieux. Nous inclinant à sa pieuse demande, lui accordons la grâce par lui requise. En conséquence, l'admettons pour être reçu aux Tiers-Ordre de Saint-François notre père, et ordonnons par la présente qu'il soit reçu et entretenu dans ledit couvent de Marseille, sain et malade, que les Révérends Pères Gardiens lui fourniront le nécessaire pour l'habillement, sans le laisser manquer de rien, tant qu'il persévèrera dans cette bonne volonté, et qu'il remplira ses engagements de fidélité au service, d'obéissance, d'assiduité au travail et de piété nécessaires à un vrai et bon chrétien, ne voulant qu'aucun puisse le congédier, sans qu'auparavant les raisons de congé n'aient été exposées par le R. P. Gardien dudit couvent, et juridiquement attestées par les

deux plus anciens de la communauté, nous réservant à nous de lui assigner un autre couvent, si elles ne sont pas de nature à la rendre incapable de le retenir. Fait à Marseille, le 30 octobre 1786, à notre couvent de Marseille, (sic). Signé : JEAN-JOSEPH, provincial. Par mandement de mon dit Rév. Père Provincial, F. MARCELLIN, capucin, secrétaire. » Eithier résida d'abord à Marseille, puis se retira à Vessières, commune de Saint-Symphorien, canton de Grandrieu (Lozère). Après y avoir séjourné 18 mois, il revint à Marseille le 27 pluviôse an IV. Il y fit la promesse de fidélité le 14 thermidor an IX.

48. FÉRAUD, Alexandre, né le 23 août 1746, donné le 25 octobre 1786, continua de résider à Marseille, et y fit la promesse de fidélité le 14 thermidor an IX.

49. COMBES, Étienne, né le 18 novembre 1736, était au service de la maison depuis environ 25 ans. Silence sur la date de sa donation et sur son option. On ne le voit résider à Marseille que jusqu'au troisième trimestre de 1793 ; aucune pièce ne témoigne de ce qu'il est ensuite devenu.

Capucins d'Aix.

(ÉTAT SANS DATE, CONTEMPORAIN DES INVENTAIRES, ET AUTRES PIÈCES).

Le couvent des Capucins d'Aix fut destiné par l'administration départementale à recevoir les religieux qui opteraient pour la vie commune. Un seul de ceux qui l'habitaient en 1790 se retira au commencement de 1791. Au mois d'avril suivant, six autres s'y rendirent de Marseille ; un Père Cordelier de Riez, nommé André Blanc, y vint aussi, et un capucin, Joseph Albrand, en religion P. Hyacinthe de La Roche, qui disait venir de Cahors : nous savons cependant qu'il ne faisait point partie des Capucins de cette ville, puisqu'il ne figure pas dans l'inventaire qui en avait été dressé. Il nous a été impossible de découvrir les causes pour lesquelles un très grand nombre de ces religieux, et des meilleurs, furent contraints de le quitter en août, septembre et octobre 1791. Les mystères abondent dans les papiers révolutionnaires.

Le couvent fut évalué 2867 livres, 15 sols, 10 deniers : quelle opulence !

1. BOUIS, Joseph-Alexandre, en religion P. BASILE de Flassans, né le 10 novembre 1748, de Joseph, notaire à Flassans, était gardien du couvent d'Aix en 1790. Nous avons recueilli à son sujet les renseignements qui vont suivre auprès d'ecclésiastiques recommandables du diocèse de Fréjus, puis dans sa parenté, et enfin dans les documents révolutionnaires des Bouches-du-Rhône et du Var : il y a dans toutes ses sources des contradictions, en dépit desquelles nous ferons en sorte d'arriver à la vérité.

Le P. Basile fit sa profession le 18 octobre 1767. Cinq ans plus tard, il reçut l'ordination sacerdotale. Ses débuts oratoires furent très laborieux ; mais il eut le bonheur de vivre quelques années sous l'autorité d'un gardien qui sut découvrir son talent, l'encourager et le diriger. De premiers succès s'ensuivirent, après lesquels il dut à son travail et à son zèle l'avantage de devenir un prédicateur de rare mérite. Petit, fluet, maigre, presque sans barbe, il n'offrait pas un aspect qui prévînt en sa faveur : ce fut au point qu'un jour, dans une église de grande ville, probablement la Major de Marseille, son apparition en chaire suffit à faire retirer la moitié de l'auditoire ; mais il satisfit si bien l'autre moitié, que le lendemain l'affluence fut considérable. Il occupa donc avec honneur pendant près de vingt ans les principales chaires de la Provence. Son dernier carême, avant la Révolution, fut prêché à Marseille en 1788.

La persécution étant venue, il opta pour la vie privée ; cependant, nous l'apercevons très sûrement en son couvent d'Aix à la date du 12 avril 1791, où il eut occasion de maintenir cette option. A quelle autre date quitta-t-il ce couvent ? Nous le saurons bientôt d'une manière approximative.

Aux archives du Var, un registre de paiement de pensions et honoraires ecclésiastiques de l'année 1791, porte cette note : « Bouis, vicaire au Puget, a retracté son serment le 24 juin 1791 ; remplacé par le sieur Joseph-Alexandre Bouis, ci-devant capucin, à compter du 15 août dudit. » Ceci parait indiquer clairement l'entrée du P. Basile dans le clergé constitutionnel. Après cela, silence sur lui pendant l'année 1792. En 1793, plusieurs états de pensionnaires mentionnent le paiement de sa pension pure et simple de religieux ; il y en a un qui le qualifie même *ex-capucin, ex-curé*. Mais, s'il eût fait réellement partie du clergé constitutionnel, cette pension serait majorée alors même qu'il eût renoncé à ses fonctions ; or, elle est la même, ainsi que sa résidence au Puget, jusqu'en l'an VIII. Toutes nos sources d'informations assurent uniformément que le P. Basile passa toute la durée des mauvais jours, ou plutôt des mauvaises années, à Puget-Ville. Un ecclésiastique a prétendu qu'il y avait été envoyé par Rigoard, évêque constitutionnel du Var ; sa famille et d'autres personnes assurent, au contraire, qu'il y exerçait le ministère quelquefois publiquement, mais surtout secrètement, comme tous les bons prêtres de ce temps-là. Et non seulement il prodiguait au peuple de cette paroisse les consolations spirituelles, mais, en temps de disette, il fit venir de Nice, à ses frais, des arrivages de farines et de blé pour les pauvres : cette généreuse charité le protégea contre la haine des révolutionnaires. Le 6 mai 1803, il fut nommé recteur de Solliers-Ville ; transféré à Solliers-Toucas le 10 décembre 1807 ; à Besse en 1816, avec la qualité de vicaire et l'espoir de la cure de cette localité ; enfin, en 1822, il devint curé de Flassans, et y demeura jusqu'en 1828. Accablé par l'âge, il prit sa retraite et alla se reposer à Besse ; toutefois, en 1830, il eut encore le zèle et la force de prêcher une station entière de carême. Il mourut à Besse en 1832, âgé de 85 ans.

2. MARTRE, Joseph-Louis, en religion P. IGNACE de Brignoles, né le 8 juillet 1742, de Laurent et de Anne Mélas, profès le 11 mai 1762, opta pour la vie privée, et, comme le précédent, resta au couvent pendant une année encore. Il se rapprocha ensuite de son pays ; les états de pensionnaires du Var le qualifient vicaire de Tourves depuis les derniers mois de 1791 jusqu'en juillet 1793, où il se retira à Brignolles, qu'il ne quitta plus. Au rétablissement du culte, il dit la messe à l'hôpital de Brignolles ; et bientôt devint infirme et resta détenu sur son lit ; il mourut en mai 1815.

3. BOUTEILLE, Jean-Baptiste-Auguste, en religion P. AUGUSTE de Manosque, né le 13 juillet 1735, profès du 16 septembre 1752, opta pour la vie commune, et la garda jusqu'au bout. Il se retira ensuite à Marseille, y fut vicaire de la paroisse constitutionnelle de Saint-Dominique, abdiqua et livra même ses lettres de prêtrise, le 29 germinal an II (18 avril 1794), mais alla les réclamer énergiquement le 25 novembre 1795, protestant contre l'injustice avec laquelle on l'avait contraint de les déposer. Elles lui furent rendues, comme à tous ceux qui firent la même protestation, et procès-verbal de cette restitution fut dressé.

4. COMBE, Charles, en religion P. CÉLESTIN de Draguignan, né le 14 mai 1763, profès du 27 juillet 1784, fit la même option que les précédents. Il ne quitta le couvent d'Aix que le 14 septembre 1791, pour se retirer à Draguignan, ce dont le district de la première de ces villes instruisit celui de la seconde, ajoutant que le P. Célestin était encore créditeur d'une partie de son traitement de l'an 1790. Il figure seulement en l'an II sur les états de pensionnaires du Var.

5. ISOARD, Étienne, en religion P. MATHIAS de Cavail-

lon, né le 29 décembre 1734, profès le 22 avril 1793, opta pour la vie commune, et fut obligé de quitter le couvent à la même date que le précédent, 14 septembre 1791, où le district d'Aix avertissait celui de Toulon que ce pensionnaire se retirait à La Seyne. (Les mots « sa patrie » sont ajoutés par erreur sur cet avis). En effet, on l'y voit toucher son quatrième quartier de 1791 et un de ceux de 1792. Il en disparaît dans le cours de cette année, et nous ne l'apercevons plus jusqu'au 4 février 1794. A cette date, l'abbé Gras, vicaire général de Toulon, arrivé à Carthagène sur l'escadre espagnole en compagnie de tous les prêtres fidèles de Toulon, dressait l'état du clergé Toulonnais bon et mauvais. Voici ce qu'il écrivait au sujet du P. Mathias : « Mathias, prêtre, religieux capucin, âgé de 60 ans, déporté en 1792 par son attachement à la religion catholique, apostolique et romaine, sa fidélité à son légitime souverain, et son refus constant de prêter l'infâme serment condamné par le souverain Pontife. Rentré à Toulon en octobre dernier par ordre de Mgr l'Évêque de Toulon et par la protection spéciale de Son Excellence don Juan de Langara. Parti de Toulon avec les autres qui s'y trouvaient dans les mêmes conditions ; embarqué sur l'escadre combinée de sa Majesté Catholique commandée par Son Excellence don Juan de Langara, lieutenant-général des armées navales (*Caritas S. S.*, t. XXXVIII). »

Nous faisons suivre, simplement dans leur ordre chronologique, les autres pièces que nous avons pu découvrir sur ce digne religieux :

Le card. Zelada au Nonce apostolique de Florence.

10 mai 1794.

« . . . . J'appelle toute votre attention sur la réponse que vous m'avez faite le 29 avril, au sujet du passeport accordé par le consul pontifical de Livourne aux deux capucins avignonnais P. Mathias et P. Chérubin. D'abord, les ordres que vous avez été chargé de transmettre à ce consul ont dû lui apprendre qu'il ne lui était pas permis de prendre une pareille liberté. Ensuite, nous avons de graves motifs de douter du mérite de ces deux capucins. En conséquence, que Votre Seigneurie, dès que l'occasion s'en présentera, tâche de les persuader de ne point se mettre en route avant de nouvelles instructions (*Caritas S. S.*, t. XXVIII). »

Le cardinal Zelada au consul pontifical de Livourne.

10 mai 1794.

« .... De toutes les défenses qui vous ont été faites, il vous sera facile de conclure à la surprise avec laquelle j'ai appris que vous aviez accordé un passeport pour Rome au deux capucins PP. Mathias et Chérubin, partis dernièrement de Toulon. Je ne possède encore aucune information sur leurs maximes et sur leur conduite. En conséquence, vous voudrez bien leur signifier de ne point avoir la hardiesse (azzardarsi) de se rendre dans les États Pontificaux, sans passeport du Nonce de Florence (Ibid.). »

Le cardinal Zelada au Nonce apostolique de Florence.

17 mai 1794.

« .... Quant aux deux capucins PP. Mathias et Chérubin, il serait bon qu'ils ne se fussent pas encore mis en route ; mais, en l'état de la cause, nous pouvons nous tenir tranquilles, parce que nous avons reçu à leur sujet d'excellentes informations. »

Le Nonce apostolique de Florence au cardinal Zelada.

24 mai 1794.

« Les papiers que les deux capucins Mathias de Cavaillon, ancien gardien, et Chérubin (celui-ci était le gardien du couvent d'Arles), m'ont présentés hier matin confirmaient à leur sujet les excellentes informations que Votre Éminence a daigné me transmettre par sa vénérée lettre du 17 courant. Ils avaient été appelés à Toulon par l'évêque ; et ils ont été obligés de fuir avec les autres ecclésiastiques. Actuellement, leur désir serait de se rendre à Rome pour y satisfaire leur dévotion. Ils y sont connus de l'évêque de Séez et de l'abbé Bonneval. Si la chose n'est pas possible, comme d'ailleurs ils ne peuvent pas rester en Toscane, ils demandent un passeport, ou pour Bologne, ou pour l'Ombrie. Ils sont déjà munis d'obédiences de leur Général pour quelque couvent que ce soit de ces provinces.»

Le *Caritas S. S.*, où est conservée cette pièce (t. IX), y a joint au même lieu d'autres lettres dont le seul sens qu'il nous importe de retenir est que les deux Pères doivent attendre avant d'effectuer leur entrée dans les États Pontificaux, d'autant que leur Général recueille des informations sur leur sujet.

Le Cardinal Zelada au Nonce apostolique de Florence.

31 Mai 1794.

« J'ai rendu compte à Sa Sainteté de la douloureuse situation où se trouvent les deux religieux capucins avignonais PP. Mathias et Chérubin, et lui ai fait part de ce que me dit Votre Seigneurie dans sa lettre du 24 courant au sujet de leurs maximes et de leur conduite. Le Saint-Père permet que vous leur accordiez un passeport pour Pérouse, en leur faisant bien entendre que, dès leur arrivée dans cette ville, ils aient à se présenter à Mgr l'Évêque, des mains duquel ils recevront l'obédience de leur Général pour se rendre en un couvent de leur ordre, à l'exception de celui de Rome, où il est absolument impossible de placer un plus grand nombre d'émigrés (*Caritas S. S.*, t. XXVIII). »

Le Général des Capucins à Mgr Caleppi.

7 Juin 1794.

« Le P. Mathias de Cavaillon, missionnaire capucin de

Provence, très bon et très exemplaire religieux, a été presque miraculeusement préservé et délivré de nombreux périls qui menaçaient sa vie, tout employée à faire triompher notre sainte religion en ces temps calamiteux. En septembre dernier, il fut chargé par Mgr l'Évêque de Toulon de se rendre en cette ville pour y faire la sainte mission et par ce moyen calmer l'effervescence du peuple, le ramener dans le bon sentier, lui apprendre à fermer l'oreille à la voix de l'imposture et de l'impiété, à ne plus donner créance qu'à son pasteur légitime et aux ministres de la sainte parole chargés par lui de la répandre. Arrivé à Toulon, le P. Mathias exerçait avec le plus grand zèle la fonction que lui avait confiée l'évêque. Mais la reddition précipitée de cette ville a mis fin aux travaux apostoliques du fervent missionnaire. Il a été sauvé et conduit en Espagne par l'amiral espagnol avec son fidèle compagnon le P. Chérubin. Puis, ce même amiral, seigneur de Langara, naviguant vers l'Italie, les y a tous les deux amenés. Ces deux excellents religieux ont abordé à Livourne, et se sont rendus à Florence. Mgr le Nonce leur a fait le plus charitable accueil ; il les a même honorés d'une certaine distinction, à cause des informations très avantageuses dont il était possesseur à leur sujet. Les voici donc en route vers l'État ecclésiastique, où le gouvernement leur permet d'entrer. Quant au couvent où ils seront placés, il sera indiqué dans la liste générale que l'on est en train de préparer, et pour laquelle on attend des réponses non encore parvenues. (*Caritas S. S.*, t. XIV). »

Une note du tome IX du *Caritas S. S.* porte que, le 22 juillet seulement, le Nonce de Florence avisa le Cardinal secrétaire d'État, qu'il venait de donner un passeport aux deux Pères.

L'Évêque de Pérouse au cardinal Zélada.

29 Juillet 1794.

« Vendredi matin 25, se présentèrent à moi avec un passeport de Mgr le Nonce de Florence, deux capucins avignonais, le P. Mathias de Cavaillon, et le P. Chérubin, son compagnon. Pour le moment, ils sont au couvent dit *del Luogo Nuovo* (*Caritas S. S.*, t. X). »

Il ajoute que cette maison pourra les loger, comme déjà elle a logé un P. Vincent de Menton, émigré, qui maintenant y est fixé de famille.

Le cardinal Zelada à l'Évêque de Pérouse.

2 Août 1794.

«.... Quant aux deux capucins d'Avignon, PP. Mathias de Cavaillon et Chérubin, son compagnon, il va sans dire qu'ils devront reprendre l'habit de leur ordre et demeurer sous l'obéissance de leurs supérieurs, conformément à l'article XV de la circulaire du 26 janvier 1793. Par conséquent, leur arrivée ne devra imposer aucun changement à la distribution que Votre seigneurie a fixée pour le placement des ecclésiastiques séculiers (*Caritas S. S.*, t. XXVIII). »

Après tous ces documents, qui peuvent donner une légère idée de l'administration romaine relative aux émigrés, nous ne pouvons plus signaler que la mort du P. Mathias. Elle eut lieu au couvent de Montefalisco le 3 juillet 1796, suivant le Nécrologe de notre province de Rome, qui enregistre son nom et sa fin sans autre détail que la qualification de missionnaire apostolique.

6. GUIRAN, Jean-Baptiste, en religion P. LOUIS de Saint-Tropez, né le 25 novembre 1722, profès le 28 novembre 1730, opta pour la vie commune.

Il fut élu par ses confrères économe de la vie commune, conformément aux décrets ; mais elle cessa pour lui comme pour les autres en septembre 1791. Le 21 de ce mois, il déclara au district d'Aix qu'il se transportait dans celui de Toulon. Il y toucha en effet le quatrième trimestre de 1791. Il figure comme habitant La Seyne sur les états de 1792 ; puis il disparaît complètement : signe d'émigration.

7. MARRET, Pierre, en religion P. CHARLES de Saint-Remy, né le 25 février 1733, profès le 23 avril 1748, opta pour la vie commune, quitta le couvent à la même époque, et nous le voyons également à Toulon le 24 septembre 1791. Il émigra ; mais il serait difficile de dire à quel moment. Il est probable que ce fut d'abord en Piémont, d'où, après un séjour, il dut aller plus loin. Le 24 juillet 1794, il arrivait à Ferrare, muni d'une lettre du Provincial des Capucins de Piémont, datée du 22 avril précédent, et d'un passeport fourni par le gouverneur de Turin le 20 avril (*Caritas S. S.* XL). Il n'y vécut pas longtemps : le Nécrologe de notre province de Bologne lui consacre ce peu de lignes, que nous traduisons du latin : « Le 17 septembre 1794, à Ferrare, P. Charles de Saint-Remy, français, qui, ayant fui de son pays pour conserver la foi catholique, fut reçu dans notre province, et après peu de mois y mourut pieusement. » Le *Caritas S. S.* signale également cette mort, au terme déjà cité.

8. RENAUD, Jean-Joseph, en religion P. JOSEPH-MARIE de Malemort, né le 10 avril 1720, profès le 9 novembre 1739, opta « pour rester dans sa maison d'Aix avec des religieux de son ordre. » Il se transporta, lui aussi, à La Seyne ; mais nous ne le savons que par un document postérieur, c'est-à-dire par une attestation du district d'Aix datée du 3 avril 1793, l'an II de la R. Fr., et conservée aux archives du Var. De La Seyne, lorsque le poste ne fut pas tenable, il se retira à Bandol, où il toucha sa pension en l'an II, puis à Toulon, où il est dit résider en vendémiaire an III, dernière date où nous l'apercevions.

9. PASCALIS, André-Joseph, en religion P. CYRILLE de Montferrat, né le 22 février 1737, profès le 30 janvier 1756, opta pour la vie privée, et conserva pourtant la vie commune comme les autres jusqu'au 14 septembre 1791,

où le district d'Aix prévint celui de Draguignan que les sieurs André Pascalis et Charles Combes, capucins de la communauté d'Aix, déclaraient vouloir résider à Draguignan, et y être payés du supplément de 1790, qu'ils auraient dû toucher à Aix. Nous voyons, en effet, le P. Cyrille présent à Draguignan le 6 décembre suivant. En l'an II, il réside à Montferrat, district de Draguignan. En l'an VIII, on refuse de régler sa pension, faute de quelques-unes des pièces requises pour cela : d'où l'on peut induire que le digne homme n'avait pas voulu prêter tous les serments. En l'an X, il présenta à nouveau ses titres primitifs, fit constater sa non-émigration, montra son certificat de communion avec l'archevêque d'Aix. C'est seulement en fructidor an XII que l'administration départementale du Var liquida sa pension.

10. JULIEN, Louis-Pierre, en religion P. ALEXANDRE de Brignoles, né le 23 novembre 1744, profès du 21 décembre 1763, fit une option qui révèle un cerveau mal affermi ; la voici : « Pour quitter le costume. Pour rester au couvent jusqu'à ce qu'il soit vendu, et, s'il était chagriné, par ses confrères, pour sortir. » Il parait qu'il fut chagriné, car, le 12 avril 1791, un document indique qu'il n'est plus au couvent, et qu'il dessert la succursale de Coudoux. Un document postérieur, relatif aux traitements à payer par le receveur du district d'Aix, dit à son sujet : « M. Pierre-Louis Julien, prêtre, ci-devant capucin, nommé par M. Roux, évêque métropolitain, pour desservir la succursale de Coudoux. Son traitement doit être fixé conformément à l'article 6 du décret du 12 juillet 1790 et 7 janvier 1791, savoir : comme succursaliste à 700 livres, comme ci devant religieux 350, en tout 1050, à commencer du 8 septembre 1791. » La desserte de Coudoux dut probablement aussi lui occasionner des chagrins, car, en l'an VI, il était domicilié à Auriol, et, le 22 pluviôse, il y prêtait le serment de haine.

11. CURET, Antoine, en religion P. HILAIRE de La

Seyne, né le 4 août 1754, profès le 15 août 1755, opta pour la vie commune, et la quitta, comme les autres, à la date qui paraît fatidique, du 21 septembre 1791, pour se retirer à La Seyne. Le 24 décembre suivant, une note du district de Toulon affirme que les capucins du couvent d'Aix, J.-B. Guiran, Pierre Marret, Étienne Isoard et Antoine Curet, nouvellement retirés à La Seyne, n'ont pas été payés par lui du complément de 1790. Le P. Hilaire demeura probablement dans le pays jusqu'après le siège et la prise de Toulon par les Français. En septembre 1794, il se présentait au Nonce apostolique de Florence, et le 12 de ce mois ce prélat écrivait au cardinal secrétaire d'État : « Le P. Hilaire de La Seyne, prédicateur capucin de la province de Marseille, m'a exhibé une obédience de son Général datée du 4 juillet de cette année, par laquelle obédience il est envoyé dans la province de la Marche. En conséquence, il m'a demandé un passeport, à l'effet de pouvoir entrer dans les États-Pontificaux et se rendre à sa destination. Je lui ai fait entendre qu'au préalable il était nécessaire de prévenir Votre Éminence et d'attendre sa réponse. J'ai eu à son sujet de bonnes informations, dont Votre Éminence pourra mieux s'assurer auprès de son Général. En attendant, il demeurera ici, sous les yeux des supérieurs de son ordre. »

Le Nonce renouvela cette demande le 17 septembre suivant (*Caritas S. S.*, t. IX). Le Cardinal Secrétaire d'État répondit, le 4 octobre, que l'on avait les meilleurs renseignements sur le P. Hilaire, que le Pape permettait son entrée dans ses états, où il aurait à se rendre dans la province de la Marche (*Caritas S. S.*, t. XXVIII). Le P. Hilaire fut placé au couvent de Fermo. Nous le revoyons en France en l'an X, où un supplément à l'état de liquidation des pensions le dit résidant à Évenos, « ayant présenté l'acte primitif du droit à la pension, celui de non-inscription sur la liste des émigrés, et le certificat de communion avec l'archevêque d'Aix. » La pension fut liquidée en brumaire an VIII. Le P. Hilaire est mort recteur du Pradet, près Toulon, le 22 janvier 1821.

12. GUYOL, Jean-François, dans le monde P. SÉRAPHIN de Tarascon, né le 27 mars 1715, profès le 8 avril 1752, avait donc atteint l'âge de 75 ans en 1790. Il opta pour la vie commune, et n'a pas d'abord laissé d'autre trace ; mais le *Caritas S. S.*, (tome XXXVIII) le nomme dans une liste sans date de prêtres qui ont prêté serment de liberté-égalité et qui appartenaient au diocèse de Toulon ; cette liste mentionne qu'il est mort à Carthagène. Une plus claire explication de ceci est fournie, au même lieu, par la liste autographe de l'abbé Gras, vicaire général de Toulon, dressée à Carthagène le 24 février 1794. Elle dit que le P. Séraphin est mort dans cette ville, le 24 janvier précédent à l'âge de 80 ans. Donc, ce digne vieillard avait exercé le saint ministère à Toulon, avait été soustrait à la fureur révolutionnaire par l'escadre espagnole, et avait terminé sa carrière par la mort dans l'exil, qui est un des modes de martyre sur lesquels l'Église appelle notre vénération.

13. RAYNAUD, Jean-Baptiste, en religion P. JEAN-BAPTISTE de Mons, né le 9 juin 1734, profès le 26 décembre 1761, opta pour la vie commune « dans une maison de son ordre, avec ses confrères. » Il prolongea, en effet, son séjour dans le couvent d'Aix aussi longtemps que les autres, puis se retira à Mons, où on le voit en 1793 et 1794, touchant sa pension. En l'an VIII, il résidait à Saillans, Après le rétablissement du culte, il est porté comme résidant à Mons par l'état statistique de l'archidiocèse d'Aix en mai 1808.

14. DOUDON, Charles, en religion Frère BALTHASAR de Lorgues, laïque, né le 18 novembre 1753, profès le 10 juillet 1776, opta pour la vie privée, et demeura au couvent jusque dans le courant de l'été de 1791. Il est probable qu'il se retira dans sa ville natale. Un document du 16 août 1791 affirme qu'il vient d'être payé du complément de sr pension de 1790 par le district de Draguignan. Un certificat du lendemain 17, émané du district d'Aix, dit qu'il n'y a

pas été payé de cette pension, et qu'il lui est dû 292 livres, 7 sols, 9 deniers. A la suite, le district de Draguignan atteste à la date du 29 décembre 1791, que son receveur n'a encore rien payé à Doudon pour 1790. Ces contradictions proviennent de ce que les Bouches-du-Rhône faisaient courir la pension dès 1790, et le Var, par une interprétation toute contraire de la loi, la faisait simplement courir depuis 1791. On voit cette pension, 300 livres, payée à Draguignan pour l'an II. Le 24 floréal an VIII, un état porte ces mots : « A Saint-Maximin, Charles Doudon, ex-frère capucin, n'a point produit les pièces exigées par les lois. » Le bonhomme avait dû refuser certains serments.

15. AUDIBERT, Jean-François, Frère THÉODORE d'Aix, clerc, né le 7 octobre 1715, profès le 3 mai 1735, opta pour la vie commune. Sa pension, en considération de son grand âge, fut fixée à 1000 livres. Il ne figure pendant longtemps sur aucun état de paiement ; nous l'apercevons une première fois le 23 juillet 1792, une seconde fois à la date du 13 messidor an VII, et une troisième fois le 1er frimaire an IX, parmi les pensionnaires du canton d'Aix. L'état statistique du clergé d'Aix, mentionne sa mort, qui eut lieu le 7 avril 1810. Il avait donc 95 ans.

16. FÉLEN, Étienne, en religion Frère MODESTE de Cassis, laïque, né le 13 novembre 1715, profès le 14 juillet 1735, opta « pour rester sous le titre de religieux profès, et jouir des mêmes usages dont il a joui jusqu'à présent, sinon sortir. » Le 12 avril 1791, il répéta cette option. Le 11 octobre suivant, le district d'Aix informait celui de Marseille que Félen Étienne allait fixer sa résidence dans cette ville, et que son traitement était de 500 livres. On voit ensuite ce bon Frère y toucher les deux premiers quartiers de l'an 1792 ; mais après cela son nom disparaît : ce qui donne lieu de supposer qu'il succomba vers cette époque sous le poids de l'âge et sous celui des tristesses de la situation.

17. AUDIBERT, Joseph-Michel, en religion Frère GABRIEL de Toulon, clerc, né le 28 septembre 1755, profès le 21 avril 1778, opta pour la vie privée, et maintint cette option le 12 avril 1791. Il semble qu'il se soit retiré à Toulon, puisqu'il existe une note, malheureusement sans date, adressée par le district d'Aix à celui de Toulon, disant : « Le traitement d'Audibert, capucin, doit être de 700 livres, et non de 300. Il est clerc, non lai. Michel Audibert, s'appelait en religion Frère Gabriel. » Il n'y a pas trace de lui dans les archives du Var.

18. BOYER, François, en religion Frère TIMOTHÉE de Brignoles, laïque, né le 27 mars 1757, opta « pour la vie commune, dans une maison de Capucins, avec ses confrères. » Il l'observa sans doute aussi longtemps qu'il fut possible, puis resta dans la ville d'Aix, où nous le voyons parmi les pensionnaires, le 13 messidor an VII et le 11 pluviose an X, jour où il fait la promesse de fidélité.

19. REY, René, en religion Frère ANTOINE de Riez, laïque, né le 28 janvier 1705, profès le 11 janvier 1731, opta « pour rester sous le titre de religieux profès, et jouir des mêmes usages et privilèges dont il a joui jusqu'à présent, sinon sortir. » Il renouvela cette option le 12 avril 1791, et c'est tout ce que nous avons pu savoir de ce vénérable vieillard, alors âgé de 86 ans, et probablement doyen de la province.

20. BARGÈS, alias Bergier, Laurent, frère donné en l'année 1785, né le 10 août 1736, n'eut pas à faire d'option, mais à prêter le même serment que les autres. Nous le voyons toucher sa pension à Aix, le 23 juillet 1792, puis le 13 messidor an VII, et faire la promesse de fidélité le 27 thermidor an IX.

21. PAILLERET, Joseph, né à Martigues en 1732, profès le 10 mai 1750, était enfermé à l'hospice des aliénés d'Aix.

A Aix les tristesses de l'installation de l'évêque et du clergé schismatiques, et de la suppression des maisons religieuses, furent accompagnées d'une note gaie. Une *chanson à l'usage des catholiques d'Aix* fut répandue dans le public. La police déjà se plaignait que les prêtres [fidèles] cherchaient à égarer les esprits faibles ; elle s'occupa très activement de rechercher l'auteur de la chanson. Tout le monde attribuait celle-ci à un capucin. Rien n'indique qu'on l'ait découvert. Voici son œuvre :

« Sur l'air : *On doit soixante mille francs.*

1. Deux prélats disent qu'en ce lieu
Ils sont les envoyés de Dieu :
Voilà la ressemblance.
Par la douceur l'un nous soumet ;
L'autre s'annonce en Mahomet :
Voilà la différence.

2. Notre pasteur est Jean Raymond,
Et Benoit Roux en prend le nom :
Voilà la ressemblance.
Raymond a les honnêtes gens ;
Pour Benoit Roux sont les brigands :
Voilà la différence.

3. Tous deux sont crossés et mitrés,
Et tous deux ont été sacrés :
Voilà la ressemblance.
Le premier par de vrais prélats,
Le second par des apostats :
Voilà la différence.

4. Raymond donne des mandements,
Et Benoit Roux des documents :
Voilà la ressemblance.
L'un suit le Pontife Romain
Et l'autre Luther et Calvin :
Voilà la différence.

5. Ils sont tous les deux secondés
De vicaires et de curés :
Voilà la ressemblance.
Pour Raymond sont les vrais pasteurs,
Pour Roux les intrus, les jureurs :
Voilà la différence.

6. Des deux clergés l'empressement
Reçoit un juste traitement :
Voilà la ressemblance.
L'un a la grâce et les vertus,
L'autre préfère les écus :
Voilà la différence.

7. L'Europe et l'Église ont jugé,
Et sur tous deux ont décidé,
Voilà la ressemblance,
Que l'un au ciel nous conduira,
Et l'autre au diable mènera ;
Voilà la différence.

Capucins d'Arles.

(INVENTAIRE DU 25 JUIN 1790).

Quatre religieux composaient la communauté. Ils protestèrent d'abord vouloir vivre et mourir dans leur ordre. Le Frère Fabien spécifia qu'il entendait ne pas quitter ce couvent ; les autres, en une circonstance ultérieure, se joignirent à son avis, et en dernier lieu réservèrent de plus amples déclarations pour le cas où on les contraindrait de sortir :

1. ROQUES, JOSEPH, en religion P. XAVIER de Draguignan, né le 24 février 1739. Sans doute par l'effet de lacunes relatives au district d'Arles dans les Archives des Bouches-

du-Rhône, nous ne l'apercevons, après l'inventaire, qu'au 17 mai 1792, par le moyen de cette délibération du district : « Vu la pétition du sieur Joseph Roque, prêtre, ci-devant capucin, domicilié à Arles; en date du 2 courant, à nous renvoyée par le Directoire du département, à qui elle avait été adressée sans l'intermédiaire du district. Les administrateurs composant provisoirement le Directoire du district d'Arles, considérant que cette pétition offre une violation manifeste des formes consacrées par la Constitution même, puisqu'il y est dit que le pétitionnaire réclame la justice et l'humanité du département sur le refus qu'il éprouve du paiement de son traitement *de la commune d'Arles*, ce qui démontre évidemment que ledit sieur Roque s'est complètement pourvu. Considérant encore que la manière dont il a usé en s'adressant *recta via* au département est une infraction formelle des lois préservatrices de la hiérarchie graduelle des pouvoirs constitués. Sont d'avis, le procureur syndic ouï, qu'il doit être dit n'y avoir lieu à délibérer en l'état sur la pétition dudit sieur Roque, sauf à celui-ci de se pourvoir complètement pour obtenir, s'il y a lieu, le traitement qu'il réclame. Observant subsidiairement que le pétitionnaire devrait être plus circonspect dans la manifestation de ses principes, qui paraissent ouvertement outrager la nation, dans la partie de sa pétition où il est dit : « *Ce payement n'est que la juste indemnité des biens de son ordre que la nation s'est appropriés.* Fait à Arles, en Directoire, jour et an que dessus, 17 mars 1792, an IV de la liberté ». Ainsi donc, les gens d'Arles étaient fort désireux de donner une autre destination aux deniers révolutionnaires, et trouvaient mauvais que les pétitionnaires, pour réclamer leur part, rappelassent en quelle intention l'Assemblée Nationale l'avait fixée. Le P. Xavier fut plus généreux ; il fit faire à la nation l'économie de sa pension, et émigra dans les États pontificaux, où il fut placé au couvent de Bologne. Il réapparaît en l'an X à Draguignan, où il présente son titre primitif à la pension, son certificat de communion avec l'archevêque d'Aix, et autres pièces, parmi lesquelles on ne voit point l'attestation de non-émigration exigée des autres. Sa pension fut liquidée en pluviôse an XIII. Son sort ultérieur nous est inconnu.

2. DUC, François-Xavier, en religion P. CHÉRUBIN d'Arles, né le 19 décembre 1738, ne nous apparaît d'abord sur aucun état de pensionnaires, pour la même cause sans doute que le P. Xavier ci-dessus, et peut-être pour d'autres moins honorables aux révolutionnaires de la ville d'Arles. La première note que nous rencontrions à son sujet après l'Inventaire est celle qui fut dressée le 4 février 1794 par l'abbé Gros, vicaire général de Toulon, comme il a été dit à propos du P. Mathias de Cavaillon. Elle est ainsi formulée : « Le P. Chérubin, capucin, âgé de 57 ans, déporté en 1792, rentré à Toulon sur l'ordre de l'évêque en octobre 1793, réembarqué sur l'escadre espagnole le 18 décembre 1793. » Il n'y a pas lieu de répéter ici ce que nous avons dû dire, en parlant du P. Mathias, du temps de patience que ces deux religieux durent subir en Toscane avant d'entrer dans les États pontificaux. Nous avons vu comment leur arrivée à Livourne et à Florence fut annoncée au Cardinal-Secrétaire d'État. Celui-ci se hâta d'inviter le Général de l'ordre à lui procurer des renseignements sur eux. Par un billet du 13 mai 1794, ce supérieur requit le loisir nécessaire à cette première recherche d'abord, puis à celle du lieu où il pourrait bonnement les placer. Or, nous avons rencontré, dans le *Caritas S. S.*, l'information plus explicite, et écrite en langue française, qui a fourni au Général le thème de son petit mémoire. Malheureusement, elle n'est ni datée, ni signée ; mais il semble qu'elle doive émaner de l'abbé Gros. La voici : « Le P. Mathias de Cavaillon, missionnaire capucin, qui demande de venir pour quelques jours à Rome, pour se retirer ensuite dans quelque couvent de l'État ecclésiastique, est un excélent *(sic)* religieux. Son zèle à soutenir la bonne cause lui a attiré les plus grandes persécutions, et l'a exposé plus d'une fois à perdre la vie. Toulon s'étant rendu aux Anglois, l'évêque de cette

ville engagea le P. Mathias à le précéder et à partir, pour aller disposer les esprits à reconnoitre et à bien accueillir le légitime pasteur. Le P. Mathias, entrainé par le désir constant de faire le bien, partit aussitôt pour Toulon avec le P. Chérubin d'Arles, son fidèle compagnon, qui est également un très bon religieux. Toulon ayant été occupé par les Sans-Culottes, l'amiral de Langara sauva le P. Mathias, qu'il estimait singulièrement, le fit embarquer sur son bord, et le conduisit à Cartagène, d'où il l'a ramené à Livourne. La santé du P. Mathias ayant souffert par tant de courses, il demande une maison de retraite dans les États de Sa Sainteté, qui est son légitime souverain. Il supplie encore pour la permission de venir visiter le tombeau des SS. Apôtres, pour s'embraser de plus en plus de ce zèle apostolique qui est aujourd'hui si nécessaire pour mettre une digue à ce torrent d'iniquité qui menace de submerger et de dévaster toute la terre. » Il n'y a pas de doute que le P. Chérubin ne doive bénéficier largement des éloges faits à son chef de file. Il fut placé comme lui au couvent de Pérouse. Il eut l'avantage de rentrer en France. Deux registres de l'an XII, aux Archives des Bouches-du-Rhône, mentionnent qu'il a présenté à l'administration : 1° son acte de naissance ; 2° un certificat de vie ; 3° un certificat du ci-devant receveur d'Arles et du secrétaire de la Préfecture qui constatent sa qualité ; 4° un certificat de communion avec l'archevêque d'Aix ; 5° une déclaration de non-succession. Le tout est suivi des mots : « En règle ». L'état du clergé d'Aix dressé en mai 1808, dit qu'il réside à Arles, où il est chargé d'un catéchisme et de l'instruction des enfants. Nous ignorons sa fin.

3. FOURNIER, Antoine, en religion P. CÉSAIRE d'Arles, né le 16 novembre 1726, disparaît complètement pendant tout le cours de la Révolution, pour ne se montrer qu'en l'an XII, où il fait reconnaître ses droits à la pension. Dès lors il réside à Arles. Le 1er août 1809, il y est nommé vicaire de la Major. Il meurt en 1810, parvenu, comme on voit, au bel âge de 84 ans.

4. GUICHARD, CHARLES, en religion Frère FABIEN de La Ciotat, né le 22 mars 1729. Il toucha régulièrement sa pension au district de Marseille en 1792, 3 et 4. Dans un registre du même lieu, en l'an XII, il est simplement désigné comme résidant à La Ciotat.

Capucins de Tarascon.

(INVENTAIRE DU 7 AOUT 1790 ET RECOLEMENT DU 22 MARS 1791)

L'Inventaire du couvent de Tarascon n'a pas été dressé avec les mêmes détails personnels que la plupart des autres ; de là certaines lacunes que l'on observera, surtout au sujet des noms religieux. Les quatre habitants de cette maison optèrent uniformément pour la vie privée, se réservant de faire connaître en temps convenable la résidence qu'ils auront choisie.

Pendant le cours du XVIIIe siècle, le P. Chérubin de Noves, spécialement affectionné à cette maison, avait enrichi son église de reliques et de tableaux de maîtres. Deux circonstances l'y avaient aidé : l'une fut un très long séjour à Rome. Placé parmi les sommités de l'ordre, il mérita une considération véritablement universelle, et en profita pour obtenir de nombreuses et précieuses reliques : une chapelle spéciale les reçut, et pour ce motif fut appelée la *Sainte Chapelle* des Capucins. L'autre circonstance fut ses relations amicales avec un des Vanlo, qui sur sa demande exécuta sept tableaux représentant autant de traits de la vie de sainte Marthe. A la suite d'un arrêté du département, le district de Tarascon prit, le 19 mars 1792, une délibération par laquelle les reliques de la Sainte-Chapelle des Capucins étaient adjugées au curé de la paroisse Sainte-Marthe, qu'elle autorisait à en faire la translation. Le maître-autel de l'église fut adjugé à la paroisse Saint-Jacques. Les tableaux furent également tous portés à

Sainte-Marthe, mais à une époque que nous ne saurions fixer. A leur sujet, nous rappellerons la sollicitude qu'à un certain moment ils inspirèrent au gouvernement républicain, qui par erreur écrivit au district de Tarascon de l'Ariège. Celui-ci, à la date du 9 ventôse an III, transmit en ces termes la demande du ministère au district de Tarascon des Bouches-du-Rhône : « Nous vous faisons passer cy-joint, citoyens, une lettre que le Directoire de la Commission temporaire des Arts, adjointe au Comité d'Instruction publique, nous a fait parvenir. Par erreur elle nous demande des renseignements sur la conservation des tableaux concernant l'histoire de sainte Marthe qui étaient déposés dans la cy-devant église des Capucins. Nous vous observons qu'il n'en a jamais existé dans cette commune, et qu'il n'y a jamais eu aucune église de Capucins. Veuillez donner à la Commission les renseignements qu'elle demande. Salut et fraternité. Signé : ROQUES, ESTÈBE. »

1. GIBRE, Balthasar, en religion P. BERNARDIN de..., gardien, âgé de 49 ans en 1790, se porta candidat pour le clergé schismatique du Gard. L'Assemblée électorale du 19, al. 29, mai 1791 l'élut curé de Valabrègues. L'Assemblée des 24-25 septembre suivant le transféra à Montfrin (Rouvière, *Hist. de la Révolution dans le Gard*, II, 477, 478). Le 19 juin 1792, le tribunal criminel de Nimes destitua de ses fonctions et priva pour deux ans de ses droits de citoyen actif le citoyen Alteyrac, juge de paix de Montfrin, pour avoir pris part à un attroupement qui s'est porté chez Gibre, curé constitutionnel. C'est tout ce que nous avons pu savoir de ce malheureux.

2. ISSERT, ou Isert, Paul, né le 16 janvier 1737. Nous estimons inexacte cette date, car ce religieux était, ou ne tarda pas à devenir septuagénaire. Il se retira dans le canton d'Uzès, où nous le voyons émarger le 1er vendémiaire an V, à raison d'une pension de 1.000 livres.

3. ROSSELIN, Joseph, né à Arles le 2 novembre 1735, ne figure sur aucun état des Bouches-du-Rhône, de Vaucluse, du Gard et du Var jusqu'au 2e semestre de l'an VI, où il touche à Tarascon 133 livres d'arrérage. En l'an XII, il fait reconnaitre ses droits à la pension, et fournit son certificat de communion avec l'évêque.

4. MOULIN, Jacques, laïque, né à Carpentras, le 21 avril 1742, paraît résider à Tarascon jusqu'au 3 mai 1792, où il fait observer au district qu'il vient d'atteindre l'âge de 50 ans, ce qui désormais lui donne droit à la pension de 400 livres. Le 29 septembre suivant il se retira dans sa ville natale, dont le district, un an plus tard, le 1er octobre 1793, l'envoya se faire payer par celui d'Avignon, probablement parce qu'il y avait transporté son domicile. En effet, dès le 17 vendémiaire an II, il y est compté parmi les pensionnaires, et nous l'y revoyons, pour la dernière fois, au commencement de l'an IV.

Capucins de Salon.

(ÉTAT DU 29 SEPTEMBRE 1790, CERTIFIÉ PAR LE P. PROVINCIAL)

1. DAUVERGNE, Jean-Antoine, en religion P. VICTOR de Marseille, né le 11 janvier 1741, profès le 3 mai 1757, était gardien du couvent de Salon. Il écrivit son option en ces termes, au bas de l'état ci-dessus indiqué : « Père Victor de Marseille a déclaré et déclare vouloir sortir de son ordre et profiter de la liberté que nos augustes représentants veulent bien lui accorder. En foi de quoy j'ai signé la présente déclaration. A Salon, le 5 novembre 1790, F. Victor de Marseille, capucin, gardien. » Il dut ne pas tarder à quitter son couvent, puisque, le 15 mai 1791, il écrivait de Marseille au district de Salon pour réclamer le remboursement d'avances

faites par lui pour nourrir ses confrères. En même temps, il donnait son adresse à Solliers par Toulon. Le 22 août suivant, un solde de 25 livres était acheminé vers lui. C'est sans doute pour la même affaire que, le 25 février, an IV de la liberté, il écrivit encore de Solliers au même district, le priant de lui faire parvenir une allocation de 300 livres. Il toucha à Toulon le quartier de juillet 1791 de sa pension. Le 1er décembre suivant, on le voit vicaire à Solliers-Farlène. En 1792, il dut probablement renoncer à cette fonction, puisqu'on le voit résider à Toulon cette même année et la suivante, et y recevoir sa pension de 800 livres. Un arrêté du 30 avril 1792, du district d'Hyères, porte que « le sieur Auvergne (*sic*), ci-devant capucin, se retirera devant le curé de la paroisse de Cuers pour être payé d'un sermon qu'il a prêché le Vendredi-Saint dernier. » Une pièce du 28 germinal an VII affirme qu'il a prêté les serments du 14 août 1792 et du 19 fructidor an V, et qu'il n'y a eu ni rétractation, ni succession. Un état nominatif des religieux qui ne sont attachés à aucun service, dressé le 6 fructidor an II, le fait résider à Solliers, « non marié, d'une moralité et d'une conduite agissante et patriotique ».

2. MARTEAU, Michel, en religion P. MALACHIE de Tarascon, né le 25 janvier 1735, avait fait profession le 10 septembre 1752. Il écrivit, ou dicta, en ces termes la formule de son option : « Je déclare que, me voyant obligé de quitter le couvent que j'habite, et où j'avais été placé par mes légitimes supérieurs, et considérant que ce n'est point par dégoût de mon état et de la retraite, que j'ai toujours regardée comme un asile à la piété et à la régularité des mœurs, mais seulement pour me conformer et obéir aux sages décrets de l'Assemblée Nationale ; observant encore que la condition la plus impérieuse qui me détermine à profiter de la liberté que nos dignes représentants de la nation me laissent, c'est que, ne connaissant pas encore le régime et l'organisation des maisons dites de retraite que l'Assemblée Nationale se propose

de conserver, et que probablement celui qui y est établi sera parfaitement différent de celui auquel je m'étais volontairement consacré et que j'avais promis d'observer tout le temps de ma vie dans les maisons de mon ordre, cette faculté n'existant plus pour moi, j'imagine qu'il me sera plus facultatif de remplir à mon particulier mes anciens engagements. En conséquence, je déclare que je suis déterminé à préférer la vie privée à la vie commune, me proposant de vivre à mon particulier suivant les obligations que mon âme et ma conscience me commanderont, sous l'espérance de la pension promise par le décret du 19 février 1790, rendu par l'auguste Assemblée Nationale. Toujours attaché de cœur et d'âme à la loi, à la nation et au Roi. Fait à Salon, le 8 novembre 1792. Père Malachie, capucin, vicaire ». Nous rencontrons ensuite le P. Malachie à Salon aux dates du 12 décembre 1791 et 1er avril 1792. Un an plus tard, le 6 avril 1793, le district de Martigues - Salon donne avis à celui d'Apt que le P. Malachie se retire à Saint-Martin-de-Castillon, où il a un emploi, et que la pension à laquelle il a droit est de 800 livres. En l'an II, en effet, il figure parmi les pensionnaires du district d'Apt comme résidant à Lubron-la-Montagne, nom laïcisé dudit Saint-Martin. Que faisait-il là ? Nous ne savons.

3. ARNAUD, Césaire, en religion Frère SAUVEUR de Salon, laïque, né le 7 août 1744, profès le 16 octobre 1761, déclara d'abord vouloir rester dans son ordre. A cet effet, il se rendit au couvent d'Aix ; mais, le 12 septembre 1791, le district d'Aix fit savoir à celui de Salon que Césaire Arnaud, qui voulait vivre en communauté à Aix, se retirait dès ce jour à Salon, sa patrie, où dorénavant il devrait être payé. Là, ce bon Frère trouva moyen de se mettre au service des pauvres, ainsi que l'affirme ce certificat de patriotisme, à lui délivré par les officiers municipaux le 9 fructidor an II : « Césaire Arnaud, ex-capucin. Nous l'avons toujours reconnu patriote, remplissant avec zèle les fonctions d'économe à la maison de secours. »

Capucins d'Auriol.

(ÉTAT DU 12 AVRIL 1791, ET AUTRES RENSEIGNEMENTS)

1. VAILLE, JACQUES, en religion P. FÉRRÉOL de Lorgues, gardien, avait fait profession en 1753, et était âgé de 58 ans en 1791. Il opta pour la vie privée. Il se retira en sa ville natale. On l'y voit toucher paisiblement sa pension jusque dans le courant de l'an II : puis on ne rencontre plus trace de lui dans les papiers révolutionnaires. Il mourut à Lorgues le 10 avril 1809.

2. DEPEILLE, JEAN-JOSEPH, en religion P. PHILLIPPE du Val, était profès de l'an 1750 et âgé de 60 ans en 1791. Dès le 1er janvier 1791, puis jusqu'en l'an III, on le voit desservir la chapelle rurale de Caudumi, sur la paroisse du Val, où il réside. Un état de paiement du 28 janvier 1792, certifie qu'il a prêté serment en qualité de prêtre desservant dans la paroisse du Val. En 1793, son traitement est fixé à 950 livres, dont 400 représentent la moitié du prix de pension qui doit subsister chez les pensionnaires pourvus d'emploi, et 550 sont l'honoraire de sa desserte. En octobre 1793, et en nivose an II, il ne touche plus que sa pension de 800 livres ; puis il disparaît. Serait-il mort, ou revenu à résipiscence ; et dans ce second cas, faudrait-il voir en lui un « P. Philippe de Saint-Maximin en Provence, capucin, » qui en pleine Terreur « s'établit à Chamousses (hameau de la commune de Châteauroux, près Embrun) en compagnie d'un P. MARTIN, son ami, plus tard décapité à Orange ? » Ceci est rapporté par les *Annales de N.-D. du Laus et Quinzaine religieuse de Gap* du 15 février 1879, p. 31 ; mais nous hésitons d'autant plus à y accorder créance que l'indication est tout-à-fait trop sommaire, et que l'on ne voit pas de P. Martin figurer parmi les 332 victimes bien avérées de la commission populaire d'Orange.

3. GUITTON, Jean-Pierre, en religion Frère BERNARDIN d'Auriol, laïque, né le 16 avril 1726, avait fait profession en 1744. Parmi les papiers relatifs aux pensionnaires du district d'Aix, on trouve ainsi formulé le choix du lieu de sa retraite : « Moi soussigné, Jean-Pierre Guitton, du lieu d'Auriol, diocèse de Marseille, en Provence, religieux capucin laïc, appelé Frère Bernardin du nom de religion, vu le décret de l'Assemblée nationale, je déclare choisir le village et lieu d'Auriol, ma patrie, pour ma résidence. Fait à Auriol, le 26 décembre 1790. *Signé* : Frère Bernardin d'Auriol, religieux capucin. »

Le 9 janvier suivant, on lui fit prêter en grande pompe le serment civique dans l'église paroissiale d'Auriol, en présence du clergé et du peuple, et les officiers municipaux lui délivrèrent une attestation où on lit : « Prions en conséquence le receveur du district de payer audit sieur Guitton son traitement. » Les bonnes gens d'Auriol eurent une sorte de culte pour ce serment. Le 20 mai 1790, on fit une fête populaire à laquelle prirent part les prêtres, les magistrats, les Capucins et toute la population. Le clou de la solennité consista dans ce serment civique, avec promesse d'accepter les décrets de l'Assemblée et la Constitution qu'elle allait enfanter. On en dressa un procès-verbal, que chacun signa (Bargès. *Hist. de l'église d'Auriol*, p. 46). Le 14 juillet 1791, nouvelle fête à l'occasion du second anniversaire de la prise de la Bastille, avec serment et signature, et le Frère Bernardin ne fut pas exempté d'y prendre part (ibid., p. 77). Tout ceci fut sans préjudice du serment schismatique ; les trois prêtres de la paroisse le prêtèrent de bonne foi, et le rétractèrent publiquement le 7 février 1791, voyant le sens fâcheux que lui attachaient les administrateurs (p. 51). Quant à notre Frère Bernardin, nous ne le rencontrons plus qu'à Aix, où il réside, le 13 messidor an VII, puis à une date non indiquée de l'an IX, où il y fait sa promesse de fidélité.

Capucins de La Ciotat

(ÉTATS ET DOCUMENTS DIVERS 1790, 1791, 1792)

Les trois religieux qui vont suivre paraissent avoir composé tout le personnel de la maison, et avoir continué à l'habiter jusqu'en septembre 1792.

1. PLEZENT, JEAN-FRANCOIS, en religion P. BRUNO de Toulon (?), né le 1er mai, alias le 6 septembre, 1718, était gardien. Il toucha sa pension réglementaire de 1000 livres au district de Marseille, jusqu'au troisième quartier, inclusivement, de 1792 ; alors il déclara qu'il se transportait à Toulon. On le voit, en effet, dans cette ville, émargeant paisiblement depuis le 14 février 1793 jusqu'au 8 germinal an VIII, qui fut le jour de sa mort. Il dut sans doute à son grand âge la tranquillité que les Révolutionnaires semblent lui avoir laissée.

2. FÉRAUD, JEAN-FRANCOIS, dont le nom religieux ne nous est point connu, était né le 8 février 1727. Il toucha sa pension à Marseille jusqu'au troisième quartier de 1792. Pour le quatrième, un ordre spécial de paiement du 10 octobre dit qu'il doit être versé aux mains d'Ignace Féraud, son héritier, la somme de 22 livres, 4 sols, 5 deniers, représentant dix jours dûs. Ce digne religieux était donc mort le 1er octobre 1792.

3. SARDOU, FRANÇOIS, laïque, dont le nom religieux n'est point rapporté, demeura dans le même district, probablement à La Ciotat, jusqu'à la fin de l'an 1794 ; après quoi nous cessons de le suivre.

Capucins de Martigues-Jonquières

(État certifié par les officiers municipaux le 13 janvier 1791).

1. JONQUIER, Louis, en religion P. MICHEL de Toulon, était âgé de 47 ans, ou mieux, de 50 ans en 1791 : ces deux âges figurent dans deux états différents. Il avait fait profession le 4 mai 1769. Il opta pour la vie privée, et choisit d'abord toute la ville de Martigues pour le lieu de sa retraite. Il y toucha le premier quartier de sa pension de 1791 ; le troisième lui fut payé par le district d'Hyères, mais des deniers de celui de Martigues-Salon. Le 3 août suivant, il était premier vicaire de Cuers, ce qui prouve qu'il avait embrassé le schisme. Peu après, il fut transféré à Saint-Louis de Toulon, où il paraît être resté en 1792 et 1793. Mais ensuite, à partir de l'an II on le voit demeurer sans emploi dans le district d'Hyères et de Solliers.

2. JULIEN, André-Dominique, en religion P. PIERRE de Cuers, né le 7 février 1737, avait fait sa profession le 14 juillet 1753. Il opta pour la vie privée, et déclara vouloir se retirer à Cuers ; toutefois, il était encore à Martigues le 1er avril 1792, et y figurait sur l'état des pensionnaires. Par la suite, il se transporta à Cuers. Un état nominatif des religieux du Var qui ne sont attachés à aucun service, l'y fait résider le 6 fructidor an II, ajoutant qu'il n'est point marié, qu'il n'y a eu lieu de faire aucun reproche à son civisme, et qu'il s'est toujours conduit comme un honnête citoyen. Bien entendu, il avait prêté le serment de liberté-égalité et plus tard il prêta celui du 19 fructidor. Il était encore à Cuers en germinal an VII et en floréal an VIII.

3. GIRAUD, Pascal-Joseph, en religion Frère ALEXIS de Malemort, était né le 16 avril 1754, et avait fait profes-

sion le 9 mai 1775. Il opta pour la vie commune, et dit attendre l'ordre qu'on voudrait bien lui donner pour se rendre en tel couvent qu'on lui indiquerait. Cet ordre ne vint probablement jamais, puisque nous voyons le séjour de ce bon Frère à Martigues se prolonger pendant tout le cours de la Révolution. La dernière date où nous rencontrons son nom est celle du 2 frimaire an VIII, où il fait la promesse de fidélité.

Capucins de Martigues-Ferrières.

(INVENTAIRE DU 1er JUIN 1790, ET ÉTAT CERTIFIÉ DU 13 JANVIER 1791).

FRANC, JOSEPH, en religion P. APOLLINAIRE de Brignoles, était l'unique religieux de cette maison, ce pourquoi il allait prendre ses repas chez ses confrères de Martigues-Jonquières. Il était né le 7 février 1735, et avait fait profession le 11 avril 1752. Il se réserva d'abord de formuler son option en temps opportun ; puis il choisit la vie privée, et fixa son domicile à Martigues. Peu après, le 26 avril 1791, il déclara le transporter à Aix. Nous ne l'y rencontrons pourtant jamais sur les listes de pensionnaires ; mais, à la date du 8 fructidor an II, il apparait sur celles du district de Martigues, comme résidant à Salon, avec cette mention : « Franc, Jean-Joseph, ex-capucin, 59 ans, 700 livres (sic). Observation : Détenu à Salon. Célibataire, ayant abdiqué ses fonctions, s'étant toujours porté à égarer les esprits faibles. Certifié par nous officiers municipaux de Martigues. » On remarque la contradiction qui existe ici entre la qualité d'abdicateur attribuée au P. Apollinaire, et l'affirmation du zèle religieux par lequel il avait mérité la détention : mystères de la paperasserie révolutionnaire! Le P. Apollinaire habitait Marseille-centre le 7 pluviose an VIII et y faisait sa promesse de fidélité. C'est là qu'il est mort, paroisse de Saint-Vincent-de-

Paul, où il exerçait son ministère, en avril 1816, à l'âge de 81 ans.

Picpus de Marseille.

(INVENTAIRE DU 6 MAI 1790).

Tous les religieux optèrent pour rester dans le couvent s'il était conservé, et pour la vie privée s'il était supprimé.

1. BELLENET, CLAUDE-FRANÇOIS, en religion P. LAURENT, né et baptisé à Charier, en Franche-Comté, le 11 mars 1738, vêtu à Trévoux, le 22 novembre 1756, profès au même lieu le 25 novembre 1757, était gardien des Picpus de Marseille, semble-t-il, depuis l'an 1770 : du moins on recueille cette conclusion des papiers relatifs aux constructions y effectuées pendant ce temps. Il toucha sa pension au titre simplement religieux jusqu'au second trimestre de 1792 inclusivement, où après avoir mentionné ce dernier versement, le registre porte la note : « Mort. »

2. MERLAT, PIERRE, en religion P. THADDÉE, né à Vienne le 17 septembre 1716, vêtu à Lyon le 6 août 1737, profès le 7 août 1738, demeura pensionnaire à Marseille pendant tout le cours de la Révolution. Il abdiqua le 6 germinal an II 26 mars 1794), et prêta le serment de haine le 5 brumaire an VI. Sa mort eut lieu le 30 pluviose an X (19 février 1802) : on voit qu'il avait atteint l'âge de 86 ans. A-t-elle été chose sérieuse l'abdication de ce vieillard décrépit ? Nous n'avons pas le courage de le penser.

3. BELLEVÊQUE, PIERRE, dit Roche (d'après sa signature), en religion P. HILAIRE, né et baptisé le 17 août 1714, vêtu le 30 mai 1741, profès le 10 juin 1742. Il fut héritier testamentaire de son confrère le P. Eustache ci-après, dont la

fortune consistait dans les deux premiers quartiers impayés de sa pension de 1791 ; ils furent versés au P. BELLEVÊQUE le 28 mars 1792, sauf une retenue de 48 livres, 14 sols, 8 deniers au bénéfice de la nation. Il émargea, du reste, tranquillement à Marseille jusqu'à sa mort, qui eut lieu le 22 nivose an II (22 janvier 1794) : il avait 80 ans.

4. EUSTACHE, ÉTIENNE, en religion P. JOSEPH, né et baptisé à Trévoux le 1er juillet 1749, vêtu au couvent de La Guillotière le 21 août 1765, profès le 22 août 1766, était vicaire et économe du couvent. Il n'eut pas à profiter de la pension, puisqu'il ne toucha pas les deux premiers trimestres de 1791, et que par testament il laissa au P. Bellevêque ses droits sur eux. Cela donne lieu de supposer qu'il mourut vers la fin de juin 1791.

5. MAZUYER, GABRIEL, en religion Frère BLAISE, laïque, né le 21 janvier 1730 à Grigny en Lyonnais, et baptisé le lendemain au même lieu, vêtu en qualité de Frère oblat le 12 juin 1755 au couvent de La Guillotière, profès après deux ans de probation au même couvent le 13 juin 1757. Nous le voyons toucher 100 livres à Marseille en janvier 1791 ; puis plus rien.

6. AGIER, alias Augier, JEAN, ne figure pas sur l'inventaire, parce qu'il n'était pas religieux, mais seulement affilié à la maison. Le district de Marseille, à une date non indiquée, lui alloua 27 livres 10 sols, faisant observer que les Pères ne lui donnaient que 150 livres par an. Le 28 octobre 1792, le district arrête qu'il lui sera donné la même somme de 150 livres annuelle à compter du 1er janvier 1791. On le voit payé de la sorte jusqu'au quartier d'octobre 1793 inclusivement.

Frères donnés des Capucines

Les religieuses Capucines avaient à leur service, dans un petit couvent situé à l'extérieur mais dans le voisinage de leur clôture, des Frères donnés, chargés de faire pour elles la quête et tous autres travaux pénibles impossibles à elles-mêmes, surtout en raison de leur réclusion. Cette institution avait été apportée de Paris par les fondatrices, dans les premières années du XVIIe siècle. Ces Frères portaient publiquement le grand habit du Tiers-Ordre séraphique, qui diffère de celui du premier ordre uniquement par l'absence du capuchon. Trois des cinq Frères qui existaient en 1790, Joseph, Jean-François et Paul, demeurèrent fidèles aux Capucines, et reprirent leur service auprès d'elles, dès que ces dignes filles eurent été rendues à leur patrie, en 1803. Les bureaucrates révolutionnaires ont inscrit sur leur état de versement du 1er trimestre de 1791, la prestation du serment civique par ces cinq pauvres Frères, quelle gloire pour la patrie !

1. MARRON, DOMINIQUE, en religion Frère JEAN-FRANÇOIS, né le 30 janvier 1724, fut payé à Marseille à raison de 400 livres pour le premier trimestre de 1792 seulement ; puis il fixa sa résidence dans le district de Serres (Hautes-Alpes), où on le voit payé en l'an IV, à raison de 400 livres annuelles.

2. VACHON, ÉTIENNE, en religion Frère JOSEPH, né le 14 janvier 1742, à Pont, en Dauphiné, fut régulièrement payé de sa pension, à raison de 300 livres d'abord, puis de 400, jusque dans le courant de 1794. Il semble que par la suite il ait évité d'émarger. Cela seul peut, nous paraît-il, expliquer cette pièce, dont il se munit en 1808 :

« Nous soussignés, attestons et certifions que le nommé Étienne France (sic) de Saint-Laurent-du-Pont en Dauphiné, diocèse de Grenoble, ex-frère capucin, était, depuis l'année 1775 jusqu'à la dissolution du couvent, au service des Dames religieuses Capucines en qualité de frère convers. En foi de quoi nous avons signé la présente, à Marseille, 27 septembre 1808. Benoit Arnaud, prêtre, ex-capucin. Jean-Baptiste, ex-capucin, prêtre. Décugis, prêtre, ex-capucin. Paret, prêtre, ex-capucin. Chaix, prêtre, ex-capucin. »

3. GAUTIER, Jean, en religion Frère PAUL, né à Bardonnèche le 5, alias le 8, avril 1756. toucha sa pension à raison de 300 livres par an jusqu'en 1794, où elle fut élevée à 366 livres, 13 sols, 4 deniers. Il disparait quelque temps à nos yeux après cette date, puis reparait à une époque non indiquée pour exhiber toutes ses pièces et faire valoir ses droits à la pension ; mais il lui manque encore l'acte de notoriété ; peut-être est-ce pour cela que les Pères qui ont fourni la précédente déclaration en faveur du Frère France, en dressèrent une semblable pour le Frère Gautier, et à la même date (1).

4. DEPEYRE, Jean-Baptiste, dont nous ignorons le nom religieux, né le 15 novembre 1737, émargea régulièrement à Marseille jusqu'en fin 1794.

(1) Le P. Benoît Arnaud, en religion P. Bérard de Marseille, n'a point figuré sur les rôles de nos communautés des Bouches-du-Rhône, parce qu'il avait été le premier à quitter le couvent. Il était né à Marseille le 10 mars 1734, alias 1736. Avant de se retirer, il avait eu soin de se munir d'un bref de sécularisation, puis était parti après avoir reçu à Marseille le premier trimestre de son traitement de 1792. Il figure, le 3 avril 1793, sur une liste de 199 émigrés résidant à Rome, envoyée par Mgr Caleppi au Secrétaire de la Sacrée Congrégation d'État, sur laquelle le P. Benoît Arnaud s'est inscrit de sa propre main, se disant logé au quartier des Avignonais, rue Saquelli, chez Giovanni Eslaghi. Indications identiques dans le catalogue des émigrés de la Bibliothèque Vaticane (Lat. 8, 268), et dans le *Caritas S. S.*, tome XXIV. Le P. Arnaud revint à Marseille, où il fit la promesse de fidélité le 5 pluviose an VIII. Au rétablissement du culte, il fut chapelain du pensionnat de Mme Brossard, et mourut en octobre 1815, à l'âge de 81 ans. On le verra plus loin rendre, avant son exil, quelques services au monastère de Sainte-Claire, et s'offrir à les continuer au péril de sa vie, ce qui ne fut pas accepté.

5. SAURELLY, Joseph, en religion Fr. Jean-François, né le 19 septembre 1755, à Embrun, émargea régulièrement jusqu'en fin 1794. Il habitait Marseille-centre lorsqu'il fit la promesse de fidélité le 16 thermidor an IX (1).

Note préliminaire à la partie de ces Études relative aux religieuses.

Voici une pièce qui est de nature à faire connaître l'esprit, la justice et la valeur morale des malheureux à qui la Révolution confiait la protection des pauvres religieuses dans le département des Bouches-du-Rhône :

« A l'Assemblée Nationale.

« Le décret de l'Assemblée Nationale du 13 février dernier, qui prohibe en France les vœux monastiques de l'un et de l'autre sexe, porte, à l'article 2, que tous les individus de l'un et de l'autre sexe existant dans les monastères et maisons religieuses pourront en sortir en faisant leur déclaration devant la municipalité du lieu, et qu'il sera incessamment pourvu à leur sort par une pension convenable.

« Les décrets des 19 et 20 du même mois de février ont fixé le traitement des religieux qui sortent de leurs maisons. Aucun décret n'a encore pourvu au sort des religieuses qui voudront profiter du bienfait que leur accorde celui du 13 février.

(1) « Dès que les Frères Joseph, Jean-François et Paul, qui s'étaient conduits comme des anges pendant la Révolution, apprirent l'arrivée de nos Mères, ils s'empressèrent de se réunir au corps auquel ils appartenaient, et furent autorisés par l'Ordinaire à faire la quête, sans cependant qu'il leur fût permis de porter le costume religieux (Note fournie par les Mères Capucines) ». C'est, semble-t-il, un devoir de reconnaissance des Capucins de rappeler que l'humble communauté de ces bons Frères prêta un aide puissant à notre rétablissement en 1824, et nous transmit plusieurs de ses recrues, notamment le P. Léon de Cériana, le Frère Bonaventure d'Esguille, et autres.

« Dans le département des Bouches-du-Rhône (pays méridional), il y a un très grand nombre de religieuses disposées à user de la liberté qui leur est offerte ; mais partout le désir est étouffé par la crainte. L'incertitude du sort réservé aux religieuses, le soupçon d'instabilité de la caisse destinée à fournir à leur traitement, voilà les raisons puissantes qui, dans certains lieux, imposent aux religieuses le plus morne silence.

« Ce sont encore là les armes dont le fanatisme se sert pour inspirer à des esprits souvent trop faibles et trop crédules des finances (sic) injurieuses à la nation et à nos sages législateurs.

« Ils ne réussissent malheureusement que trop, les odieux suppôts du despotisme cérical, les vils agents d'une autorité qui, toute spirituelle, s'écarte de son institution lorsqu'elle pèse sur la société politique, lorsque surtout elle cherche à en contrarier les mouvements, à en briser les ressorts.

« Nous éprouvons l'effet de ces inspirations sourdes, d'autant plus contagieuses que la source en paraît plus pure aux yeux des personnes qui en sont les victimes.

« Les religieuses du chef-lieu de ce département n'ont osé manifester le désir, que nous présumons formé par la plupart d'entre elles, de quitter leurs maisons. Dans les autres districts, ce vœu a été manifesté, et nous a été transmis par les directoires, qui provoquent notre pétition. Nous croyons voir l'origine de tous les moyens employés pour empêcher la désertion des monastères dans le silence de l'Assemblée Nationale sur le sort des religieuses qui les quitteront.

« Il est instant, sans doute, de fixer, sinon définitivement au moins provisoirement, 1°, le traitement dont jouiront les religieuses qui quitteront leurs maisons ; 2° sur quels fonds elles seront indiquées à prendre ce traitement.

« En sollicitant auprès de l'Assemblée Nationale une décision prochaine sur ces objets importants, nous nous acquittons d'un devoir bien cher à nos cœurs. Ils ne sont pas moins dignes de l'humanité et de la sagesse de nos représentants,

« A Aix, le 20 août 1790.

« Les administrateurs composant le Directoire du département des Bouches-du-Rhône.

« Collationné sur la minute : DESCENE (?), secrétaire.»

Clarisses d'Aix.

Comme on le verra ci-après, le monastère de Sainte-Claire d'Aix avait été supprimé par ordonnance royale du 13 février 1788, ses biens attribués à une maison d'éducation établie à Lambesc, à la charge d'une pension viagère à payer à chacune des survivantes. Huit d'entr'elles existaient encore en 1790 et années suivantes, lorsque la suppression des ordres religieux et l'incamération de leurs biens vint modifier la situation de ces pauvres filles, dont voici les noms :

1. FAYE, Marthe, née à Aix, paroisse Sainte-Madeleine, le 29 juillet 1720.

2. DISDIER, Marie-Magdeleine, demeura à Aix, ou dans le district.

3. BALDONY, Élisabeth, née le 25 février 1724, ex-abbesse. Nous la voyons payée de sa pension à Aix jusque dans le courant de l'an VII.

4. MATHERON, Anne-Françoise, demeura à Aix ou dans le district.

5. MICOLIN, Jeanne, née le 6 décembre 1721, se retira à Marseille, paraît-il, et y fut payée de sa pension assez longtemps. On la revoit à Aix le 5 pluviose an VIII, où elle fait sa promesse de fidélité, et en l'an XI, où elle émarge encore.

6. ARNAUD, Marie, payée à Marseille jusqu'en 1794.

7. BARBAROUX, Suzanne-Claire, née le 4 janvier 1723, payée à Marseille depuis le 1er octobre 1792 jusque dans le courant de l'an XI.

8. BERGERON, Laurence-Geneviève, en religion sœur Marie de Saint-François, née, le 13 juillet 1726, à La Tour-du-Pin, d'abord professe du couvent de Sainte-Claire de Grenoble, venue à celui d'Aix depuis de longues années alors que sa sœur y était abbesse, se retira, après la suppression de cette communauté, dans le second monastère de la Visitation d'Aix dit les *Petites-Maries*.

Les pièces ci-après diront tout ce qu'il nous a été possible de recueillir sur ces dignes filles.

I. *Aux citoyens membres et administrateurs du directoire de district de cette ville d'Aix.*

Claire-Marthe Faye, Marie-Magdeleine Disdier, Élisabeth Baldony, et Anne-Françoise Matheron, ci-devant religieuses de Sainte-Claire, ordre de Saint-François, et Jean-François Ollivier, clerc de l'église de ladite abbaye, ont l'honneur de vous exposer que, leur ayant été défendu par le feu ci-devant Roi Louis XV de recevoir des novices, attendu leur petit nombre et avancées en âge (*sic*), et dont la plus grande partie était remplie d'infirmités habituelles, qu'elles ne pouvaient déjà plus, sans une très grande peine, satisfaire aux offices divins, ni même remplir toutes les obligations de leur état.

En conséquence de ce, le citoyen Boisgelin, ci-devant archevêque d'Aix, ayant eu connaissance que l'emplacement de ce monastère Sainte-Claire pourrait servir en grande partie pour les embellissements de la construction du palais de justice et du corps des prisons, dont Louis XVI, ci-devant roi de France, avait déjà ordonné la construction, qu'alors la clôture de ce monastère serait rompue, et qu'il y aurait de la cruauté à laisser les religieuses exposées à tous les inconvénients résultant de toutes ces démolitions, et qu'il était donc convenable de faire supprimer le susdit monastère, ainsi que l'hospice des religieux desservant l'église des susdites religieuses, il ne fut pas bien difficile audit citoyen Boisgelin de faire consentir les dix religieuses qui restaient alors dans ladite abbaye d'en sortir et d'acquiescer à toutes ses vues, surtout d'unir et de faire transporter tous ses biens ecclésiastiques, ainsi que toute l'argenterie, linge, meubles et tous les ornements de l'église et de la sacristie à la ci-devant maison d'éducation établie tout récemment à Lambesc par le ci-devant archevêque d'Aix. Ensuite de quoi il aurait rendu un décret le 3 février 1788, revêtu de toutes les formalités nécessaires en pareil cas ; lequel fut confirmé par des lettres patentes du mois de décembre suivant, qui furent ensuite enregistrées au ci-devant parlement le 21 mars 1789 (1).

Il ne restait qu'à fixer une pension viagère et alimentaire auxdites ci-devant religieuses. Elle fut réglée, sur le pied des revenus nets et fixes qu'elles avaient, à 913 livres 13 sols, 4 deniers, quoique le ci-devant archevêque leur avait toujours promis celle du 1200 livres. Et celle du citoyen clerc de ladite église, attendu son long service de dix-huit ans, fut fixée à la modique somme de 50 livres annuellement.

Cette pension, citoyens et administrateurs du district, doit avec d'autant plus de raison leur être conservée et portée sur l'état à la dite somme de 913 livres, 13 sols, 4 deniers, attendu leur grand âge, leurs infirmités corporelles, et la mort de la citoyenne Baldony ainée depuis la sortie dudit couvent.

Cette pension viagère et alimentaire leur a été exactement payée. Mais, comme leur régisseur n'a plus l'administration de leurs biens ni celui de la ci-devant maison d'éducation de Lambesc, elles ont toutes recours à vous autres administrateurs, pour leur conserver le même traitement qu'elles avaient et qui leur devrait plutôt être augmenté que diminué, attendu l'augmentation des denrées et la perte sur les assignats. Elles espèrent tout de votre équité et de votre justice. En atten-

(1) Le décret de l'archevêque portant suppression du monastère de Sainte-Claire d'Aix et mesures opportunes en la circonstance, forme un imprimé de 21 pages, dont un exemplaire subsiste aux Archives des Bouches-du-Rhône, série L, Liasse 16, nº 30.

dant, elles ne cessent d'adresser des vœux au ciel pour la conservation de vos jours.

Signé : Focachon, procureur fondé de la citoyenne Matheron.

Dumas, procureur fondé des citoyennes Disdier et Faye.

Ollivier.

Baldony.

Je soussigné, procureur fondé de la ci-devant maison d'éducation établie à Lambesc par acte du 4 mars 1789, notaire André audit Lambesc, à laquelle tous les biens du ci-devant monastère de Sainte-Claire de cette dite ville ont été réunis par lettres patentes de sa Majesté ci-jointes, je déclare et atteste que, par ordre des ci-devant vicaires généraux de l'archevêque d'Aix, il m'avait été ordonné de faire la composition de tous les revenus du ci-devant monastère Sainte-Claire, et que, la répartition faite à chacune des individues, je leur ai toujours payé constamment, depuis leur sortie dudit monastère, la somme de 913 livres, 13 sols, 4 deniers à chacune d'elles par année, et 48 livres à Ollivier, leur ancien clerc, aussi par année. En foi de quoi j'ai fait la présente déclaration pour servir et valoir ce que de raison.

A Aix, le 9 novembre 1792, l'an Ier de la République Française.

Esp. Arquier.

Nous Maire d'Aix certifions que le citoyen Arquier est tel qu'il se qualifie, et que foi doit être ajoutée à sa signature.

Fait à Aix, le 9 novembre 1792, l'an Ier de la République Française.

En absence du citoyen Maire
Michel, officier municipal
Contreseing illisible

II. Vu la pétition des citoyennes Baldony, Matheron, Disdier et Fay, ci-devant religieuses du ci-devant monastère de cette ville d'Aix, tendant à être payées du traitement qui leur fut accordé par le ci-devant archevêque d'Aix lors de la suppression de leur monastère, celle du citoyen Ollivier, clerc dudit monastère, tendant à ce qu'il lui soit conservé la pension de 48 livres dont il jouissait, le décret du ci-devant archevêque d'Aix portant suppression et extinction dudit monastère de Sainte-Claire et union de ses biens, droits et revenus à la maison d'éducation de Lambesc, du 13 février 1788 ; les lettres patentes confirmatives dudit décret du mois de décembre 1788, enregistrées au ci-devant Parlement d'Aix le 21 mars 1789 ; le certificat du citoyen Arquier, ci-devant procureur fondé de la ci-devant maison d'éducation établie à Lambesc, portant que la pension de chaque religieuse du ci-devant monastère de Sainte-Claire a été fixée à 913 livres, 13 sols, 4 deniers, et qu'il la leur a toujours payée sur ledit taux depuis leur sortie dudit monastère, et celle du sieur Ollivier à la somme de 48 livres.

Considérant que les pétitionnaires, n'étant sorties de leur couvent que pour cause de suppression de leur maison, doivent être traitées comme les religieuses qui ont professé la vie commune, conformément à l'article 3 du décret du 7 août dernier.

Que leur traitement, ayant été fixé, lors de ladite suppression, à raison des revenus dont elles jouissaient, à la somme de 913 livres, 13 sols, 4 deniers, doit leur être conservé d'après l'art. 1er dudit décret.

Que les biens dépendant de la ci-devant maison d'éducation étant biens nationaux, et leur procureur fondé n'étant plus chargé de les payer, vu le défaut de fonds, leur traitement doit leur être acquitté par le receveur du district conformément à l'art. 7 dudit décret, à compter du 1er octobre dernier, époque à laquelle ledit citoyen Arquier a cessé de le leur payer.

Considérant qu'ayant été accordé au citoyen Ollivier, clerc dudit monastère de Sainte-Claire une pension annuelle de 48 livres, attendu ses longs services dans le ci-devant monastère et son peu de fortune, elle doit lui être conservée sur le même taux à compter dudit 1er octobre dernier (1).

Le directoire du district, ouï le Procureur syndic, est d'avis que le traitement des citoyennes Baldony, Matheron, Disdier et Faye, ci-devant religieuses au ci-devant monastère de Sainte-Claire de cette ville, soit fixé à la somme de 913 livres, 13 sols, 4 deniers pour chacune d'elles, et celui du citoyen Ollivier, ci-devant clerc dudit monastère, à celle de 48 livres, et qu'elles soient portées par supplément sur l'état des ci-devant religieuses à payer par le receveur du district, à compter du 1er octobre dernier.

Fait à Aix, en séance publiqne du district, le 26 novembre 1792, l'an Ier de la République française.

Collationné : Bermond, v. pr.

Lieutaud, secrétaire.

Vu la pétition ci-dessus et les pièces y jointes, l'avis du Directoire du district d'Aix, sur le rapport et ouï le Procureur général syndic en absence, l'administration du département des Bouches-du-Rhône, délibérant conformément à l'avis du district d'Aix, arrête que le traitement des citoyennes Baldony, Matheron, Disdier et Faye, ci-devant religieuses clairistes, demeure fixé à 913 livres, 13 sols, 4 deniers pour chacune d'elles, et celui du citoyen Ollivier, clerc dudit monastère à 48 livres, et qu'elles (sic) seront portées par supplément snr l'état des ci-devant religieuses à payer par le receveur du district d'Aix, à compter du 1er octobre dernier. Et sera le présent envoyé au directoire du district d'Aix, pour être remis aux parties intéressées.

Fait à Marseille, en l'administration du département, en séance publique, le 12 décembre 1792, l'an Ier de la République française. Présents six membres.

Martin, pr.

(Illisible), serétaire général.

(1) La mort de ce brave homme est notée postérieurement comme ayant eu lieu le 30 germinal an VII.

III. Vu la pétition des citoyennes Jeanne Micolin, Marie Arnaud et Claire Barbaroux, religieuses du ci-devant monastère de Sainte-Claire de la ville d'Aix, tendant à ce que le traitement de 913 livres, 13 sols, 4 deniers, qui avait été fixé en leur faveur à l'époque de la suppression de leur monastère, qui leur était payé par le citoyen Arquier, procureur fondé de la ci-devant maison d'éducation établie à Lambesc, en faveur de laquelle les revenus du monastère de Sainte-Claire avaient été unis, leur fussent continués (*sic*) à dater du 1er octobre dernier, et qu'elles seront comprises à l'avenir dans l'état des ecclésiastiques à payer par le receveur du district de Marseille, attendu la résidence des pétitionnaires audit Marseille.

Vu toutes les pièces y jointes, l'avis du Directoire du district d'Aix, du 31 décembre 1792.

Sur le rapport et ouï le Procureur général syndic en absence, l'Administration du département des Bouches-du-Rhône, délibérant conformément à l'avis du Directoire du district d'Aix, arrête que le traitement des citoyennes Micolin, Barbaroux et Arnaud, religieuses clairistes, fixé à 913 livres, 13 sols et 4 deniers leur sera continué.

En conséquence, autorise le receveur du district de Marseille à payer à chacune d'elles la comme de 228 livres de leur trimestre d'octobre dernier, et, attendu leur résidence en cette ville de Marseille, arrête qu'elles seront comprises sur l'état des pensionnaires payés par le même receveur du district ; et pour la somme de 913 livres, 13 sols, 4 deniers, à compter du 1er janvier 1793. Et sera le présent envoyé au Directoire du district d'Aix pour être remis aux parties intéressées.

Fait et arrêté à Marseille en séance publique de l'Administration du département, le 3 janvier 1793, l'an second de la République.

IV. Vu la lettre de l'Administration du district de cette ville du 5 du courant, écrite à l'Administration du département, tendant à ce que la loi du 16 août précédent fixant, à l'article Ier, le maximum du traitement des religieuses à 700 livres, l'arrêté du 3 du courant qui fixe le traitement des citoyennes Micolin, Barbaroux et Arnaud, ex-religieuses Claristes du monastère supprimé par lettres patentes dûment enregistrées au ci-devant parlement avant l'époque de la suppression générale des corps religieux, à 913 livres, 13 sols, 4 deniers, ne peut être qu'une erreur. Vu de nouveau la pétition des citoyennes Micolin, Barbaroux et Arnaud, tendant à ce que leur traitement leur soit continué et payé par le receveur de cette ville de Marseille, attendu leur résidence en cette dite ville, à dater du 1er octobre dernier. Vu ledit arrêté. Sur le rapport ouï le procureur général syndic.

L'administration du département des Bouches-du-Rhône, s'étant fait représenter l'arrêté par elle rendu le 13 décembre dernier en faveur des citoyennes Baldony, Matheron et Faye, également ci-devant religieuses claristes au monastère de ladite ville d'Aix, portant que leur traitement fixé à 913 livres, 13 sols, 4 deniers leur serait continué.

Considérant que le traitement des religieuses ne peut excéder 700 livres d'après la loi du 16 août 1792.

Arrête que le traitement fixé par arrêté des 12 décembre dernier et 4 janvier mois courant aux dénommées dans lesdits arrêtés, sera réduit au maximum de 700 livres conformément à la loi ci-dessus relatée, et que le surplus desdits arrêtés sera exécuté suivant sa forme et sa teneur. Et sera le présent arrêté envoyé aux Directeurs des districts d'Aix et de Marseille pour son exécution, et remis à leurs receveurs pour s'y conformer.

Fait et arrêté à Marseille, en séance publique de l'administration du département, le 10 janvier 1793, l'an II de la République française.

Dans un état de pensionnaires du district d'Aix, dressé et signé le 12 avril 1791, on lit au bas.

« On n'a pas compris, dans cet état général des religieux, sept religieuses et converses du ci-devant monastère de Ste-Claire qui sont sorties depuis la suppression de leur maison, et dont les pensions leur sont payées par la maison d'éducation établie à Lambesc, à qui on transmit les revenus dudit couvent de Sainte-Claire, à charge de payer les pensions revenant à chacune d'elles. »

V. Laurence-Geneviève BERGERON, née à la Tour-du-Pin, le 13 juillet 1725, ex-religieuse clairiste, aveugle et infirme, pétitionne d'Aix en date du 24 octobre 1792 pour demander augmentation de pension.

« Vu la pétition de la citoyenne Geneviève Bergeron, ci-devant religieuse, professe au couvent de Grenoble, et agrégée à celui d'Aix depuis 1761, et son extrait baptistaire.

« Considérant que la citoyenne Bergeron ne se retira dans le couvent de Sainte-Claire de cette ville que pour suivre sa sœur qui fut nommée abbesse en 1752 ; que, quoiqu'elle n'eût pas fait profession au couvent de cette ville, elle y fut cependant agrégée en 1761, et reconnue comme telle lors de la dite suppression dudit couvent, puisqu'il lui fut adjugé une pension de 500 livres, qui lui était payée par l'économe de la maison d'éducation de Lambesc, à qui les biens et revenus du monastère de Sainte-Claire furent réunis lors de ladite suppression ; que, les biens et revenus de ladite maison d'éducation de Lambesc ayant été déclarés biens nationaux, la citoyenne Geneviève Bergeron, doit jouir du bénéfice de l'article 1er du décret du 7 août dernier, conformément à l'article 3 dudit décret, et son traitement fixé à la somme de 700 livres à raison de son âge, qui est de 66 ans.

« Le directoire du district, ouï le procureur syndic, est d'avis que le traitement de la citoyenne Geneviève Bergeron, cidevant religieuse Clarisse, soit fixé à la somme de 700 livres, conformément à l'article 1er du décret du 7 août dernier, à raison de son âge, qui est de 66 ans, et qu'elle soit portée par supplément sur l'état des ci-devant religieuses payées par le receveur du district d'aix.

« Fait en séance publique du directoire du dictrict d'Aix, le

27 octobre 1792, an Ier de la Républ. Présents quatre membres et le procureur syndic.

Collationné : Noé.

Loutaud, *secrétaire.*

Pourvu à la pétition ci-dessus. Marseille, le 29 octobre 1792, an Ier de la République.

Le secrétaire général (?)

La pauvre sœur Anne Bergeron alla ensuite prendre résidence au pays natal, où elle figure, parmi les pensionnaires de l'Isère, sur un état, sans date mensuelle, de l'an 1794, avec la mention « donné exéat pour Valence. » En effet, le registre des délibérations du district de Valence pour la fixation des pensions, porte ces lignes, à la date du 16 vendémiaire an III (7 octobre 1794) : « A comparu la citoyenne Anne Bergeron, ci-devant religieuse de Sainte-Claire de Grenoble, âgée de soixante-et-treize ans, laquelle a déposé au secrétariat de ce district le certificat à elle délivré le 28 fructidor dernier par les administrateurs du directoire du district de Grenoble, portant que ladite Bergeron a prêté le serment prescrit par la loi, et qu'elle n'a reçu aucun quartier depuis le dernier fructidor de l'an IIe, son traitement annuel étant fixé à la somme de 700 livres, eu égard à son âge, de conformité à la loi, et qu'elle désire être payée désormais dans le district de Valence, où elle va fixer sa résidence : ce qui lui a été accordé. »

Clarisses de Saint-Rémy

C'est par des renseignements épars et isolés que nous avons pu former un état de la communauté de Sainte-Claire de la ville de Saint-Rémy. Nous avons bien aperçu, aux archives municipales de Tarascon, mention d'un ordre du district à la municipalité de Saint-Rémy de procéder avec le plus grand détail à l'inventaire de ce couvent. Cette invitation est sans date, et le procès-verbal de l'opération ne subsiste pas. Il paraît certain que ces bonnes filles demeurèrent ensemble dans leur monastère jusqu'en décembre 1791 et même au-delà, ainsi qu'on le peut inférer de cette pièce, dont nous évitons de reproduire l'orthographe :

« V. † J.

« Monsieur, la charité avec laquelle vous vous êtes prêté à nous rendre service, nous fait prendre la liberté de vous adresser la pétition nécessaire pour obtenir le remboursement de 600 livres que nous avions empruntées en 1790. M. Germanus, qui nous força à lui envoyer nos arrérages, qu'il avait déjà vus lorsqu'il régla le compte, avait aussi vu qu'il y avait alors mille livres de dettes. Nous en avons contracté de nouvelles. Il nous assure que tout sera payé, et la municipalité de Saint-Rémy n'a pas été satisfaite, quoique ce soit celle qui pressait davantage. Nos religieuses ont payé de leur pension une partie desdites dettes. Ce serait exiger l'impossible que de vouloir nous faire payer celle-ci, et il serait également juste que les religieuses fussent remboursées de ce qui leur est dû. Mais ce qui nous intéresse le plus, ce sont les 600 livres dont ces Messieurs ont bien voulu se faire caution pour nous procurer du blé, qui nous manquait pour notre nourriture. Je me flatte que vous voudrez bien vous-même la présenter au district et appuyer notre demande.

« Je vous adresse encore l'autre pétition, qu'on nous a demandée pour être payées de ce qui nous devait revenir de notre traitement en 1790.

« Pardon, Monsieur, de tant de peine. J'espère que le Seigneur vous en récompensera, et en particulier j'en aurai une reconnaissance qui est au-delà de toute expression, ainsi que le profond respect avec lequel j'ai l'honneur.....

« Sœur Marie Mablanc, supérieure de Sainte-Claire.

« A Saint-Rémy, le 15 décembre 1791. »

Les bonnes religieuses étaient donc encore ensemble, maigrement pensionnées par l'État, et victimes de l'erreur départementale qui avait pendant un temps fait refuser le paiement de la pension de l'an 1790. Le 22 décembre 1791, les dames Marie Mablanc, supérieure, et Catherine Chabraud, économe, pétitionnèrent encore pour le même objet.

Leur expulsion dut avoir lieu à une époque voisine du 1er août 1792, où le district de Tarascon prit la délibération suivante, empreinte d'un certain esprit de commisération et d'humanité :

« L'administration du district, considérant les maladies habituelles des dames Anne Bonnaud, Marie Mablanc et Magdelaine Verneuil, leur âge avancé et le manque de secours auquel les réduit leur traitement de 300 livres, estime que les demoiselles Mablanc, Lieutaud, Corivard et Thumin doivent être autorisées à rester dans le couvent des dames de Sainte-Claire en qualité de pensionnaires, pour consoler et adoucir le sort desdites trois religieuses infirmes qui y mènent la vie commune. »

Quel fut le sort de cette délibération auprès du directoire du département, et quelle exécution reçut-elle, nous l'ignorons. Il paraît seulement évident que les quatre demoiselles que l'on désirait autoriser à soigner les trois infirmes, étaient des religieuses.

Voici donc le personnel que nous avons pu découvrir :

1. MABLANC, Marie, supérieure.

2. BONNAUD, Anne.

3. VERNEUIL, Magdelaine.

4. BAIGNE, Jeanne-Louise, née le 14 mars 1722, habitait Arles dès l'an 1793, avec sa sœur, ou parente, ci-après. Elles y touchèrent 175 livres chacune pour leur second trimestre de cette année-là. On se rappelle que, en octobre 1792, les administrateurs du département avaient reconnu et réparé

l'erreur qui les avait fait n'allouer que 300 livres par an à chaque religieuse de chœur. En l'an XI, Jeanne-Louise Baigne paraît seule ; elle est encore à Arles, et sa pension est de 700 livres.

5. GRANIER, Hélène, née le 8 janvier 1723.

6. GRANIER, Marie-Thérèse, née le 18 octobre 1732. Elles furent payées pour la dernière fois en septembre 1792, par le district de Tarascon, qui, faisant droit à leur requête le 10 janvier 1793, fit savoir à celui d'Aix qu'elles transportaient leur domicile à Lambesc, leur pays natal. On les voit en effet figurer sur un état du district d'Aix, qui malheureusement est sans date.

7. CHAVAGNAC, Théotiste, née le 14 décembre 1729, se retira à Eyguières, où elle vivait encore en l'an VII et était payée à raison de 700 livres.

8. CHABRAUD, Catherine, économe, née le 6 juillet 1729, vivait encore à Saint-Rémy en l'an XI, et recevait la même pension.

9. MILLAUDON, Anne, née le 17 avril 1734, habitait Saint-Rémy en l'an XI ; sa pension était de 600 livres.

10 BAIGNE, Catherine, ne nous est apparue qu'à Arles, le 29 avril 1793, comme il a été dit ci-dessus.

11. MATHIEU, Magdeleine, née le 26 mars 1735, à Aix, vint se fixer dans sa patrie, et fit, le 2 mars 1793, la déclaration que depuis le 18 septembre précédent elle y habitait la maison de Constantin Mathieu, son frère. On l'y voit encore en l'an VII et en l'an XI. Sa pension est de 600 livres.

12. GAUTIER, Adélaide, née le 17 avril 1723, fut munie par le district de Tarascon de cette pièce : « Nous soussignés, administrateurs du district de Tarascon (B.-d.-R.), certifions

et attestons que la citoyenne Adélaïde Gauthier, ci-devant religieuse clairiste du couvent de Saint-Rémy, est inscrite sur le tableau de cette administration pour la somme de 500 livres, montant de son traitement annuel, et, comme elle nous a déclaré vouloir fixer sa résidence dans le district de Marseille et y être payée à l'avenir par le receveur dudit district, nous lui avons délivré le présent. A Tarascon, le 12 mars 1793. » En effet, elle fut payée à Marseille à raison de 500 livres au premier trimestre de 1793, puis à raison de 600 livres aux trois suivants et pendant l'année 1794 ; puis plus rien.

13. ROMAN, MARGUERITE, née le 17 juillet 1762, habitait Saint-Remy en l'an XI. Sa pension était de 500 livres.

14. MABLANC, N.

15. CORIVARD, N.

16. THUMIN, N.

17. LIEUTAUD, N.

18. PÉLEGRIN, MARIE, converse, alla se fixer à Rognes le 25 septembre 1792. Le 10 janvier 1793, le dictrict de Tarascon transmit à celui d'Aix attestation de ses qualités et droits. Nous la voyons ensuite au moins deux fois figurer sur des états du district d'Aix, qui n'avait pas, paraît-il, l'habitude de faire usage des dates.

Clarisses de Marseille (1)

Un document resté inédit jusqu'ici nous montrera les préliminaires et nous conduira jusqu'au vif des persécutions

(1) Sauf indication différente, nous devons tous nos renseignements sur cette communauté à l'extrême bienveillance de sa supérieure actuelle, qui nous a libéralement communiqué ses archives. Toutefois, sans que nous ayons besoin de citer les archives des Bouches-du-Rhône, le lecteur n'aura aucune peine à distinguer ce qui en émane.

éprouvées par la pieuse maison des clarisses de Marseille. Une de ses habitantes, sœur Sainte-Pélagie Roumieux, en a laissé le récit que nous reproduisons ici, non seulement avec fidélité, mais avec le plus souverain respect :

« Des personnes respectables, dit-elle, m'ont priée d'écrire ce qui s'est passé dans notre monastère de Sainte-Claire pendant les troubles de la Révolution de France. Elles ont pensé que, religieuse de cette maison, je pourrais plus facilement que toute autre rapporter des faits dont j'ai été témoin, et décrire des vicissitudes que j'ai partagées avec mes compagnes. Je sens que ce travail, tout petit qu'il soit, demanderait une plume plus exercée que la mienne, et il faudrait que les évènements y fussent fixés par des dates précises ; mais je ne puis dire que ce que je sais, et rendre mes idées que selon la manière dont je les conçois. Cette relation, malgré tous ses défauts, pourra peut-être contribuer à la gloire de Dieu et m'obtenir quelque part aux prières de mes lecteurs. C'est tout le fruit que j'en espère.

« L'Assemblée nationale de France ayant porté, en 1790, un décret qui suspendait la réception de nouveaux sujets dans les communautés religieuses, il ne fut pas difficile à celle de Sainte-Claire de prévoir ce que la municipalité de Marseille, si dévouée à la nouvelle Constitution, serait capable de faire. On notifia ce décret à toutes les communautés avec autant d'indécence que de précipitation. Cela commença à nous épouvanter ; mais, convaincues que *les yeux du Seigneur sont attachés sur les justes, et que ses oreilles sont attentives à leurs prières*, nous mîmes en lui toute notre confiance.

« Après quelques mois, fut publié l'insidieux décret de la liberté, et on nomma des députés pour solliciter les religieuses à sortir de leurs couvents. Quatre de ces Messieurs nous furent envoyés. Ils mirent en œuvre tous leurs talents pour nous catéchiser sur la nature, l'esprit et les avantages du décret qui nous rendait, si nous le voulions, à notre première liberté : un tel discours était trop opposé à nos sentiments pour que nous n'en fussions pas révoltées. Leurs sollicitations nous trouvèrent inébranlables ; nous répondimes avec courage que nous ne reconnaissions d'autres libertés que celle des enfants de Dieu, que nous avions le bonheur d'en jouir, et qu'aucune autre n'était capable de nous tenter. Ces Messieurs ne durent pas être fort glorieux du succès de leur première tentative.

« Vint ensuite l'examen, où chaque religieuse fut interrogée en particulier ; nos sentiments étant identiques, nos réponses furent les mêmes. M. Brémond, un des députés, fut forcé d'avouer qu'il aimait nous voir aussi attachées à notre état, et qu'il était impossible de nous refuser des éloges justement mérités sur ce point.

« Ces éloges n'empêchèrent pas que peu de jours après on vint toiser notre maison. Cette démarche ne pouvait être qu'un présage funeste. Nous vîmes dès lors que nos maux allaient en empirant, et que le jour ne tarderait pas à venir où notre couvent cesserait d'être l'asile de la piété et de l'innocence.

« Le décret de l'Assemblée nationale qui chargeait les municipalités de la direction des maisons religieuses fournissait trop de moyens de vexation à nos ennemis pour qu'ils ne s'empressassent pas de les mettre en œuvre. Quatre députés furent nommés pour présider à nos élections : M. Besson, officier municipal, en était le chef. Nous eûmes à supporter la douleur de l'entendre parler avec la dernière indécence, d'abord de la liberté, puis de nos noms de religion ; il les appelait des noms de guerre, qu'il fallait absolument proscrire. Ce fut alors qu'un sentiment commun d'indignation nous fit dire à toutes, dans le secret de l'âme : « Grands saints, où « êtes-vous ? On ne veut plus que nous portions vos noms « vénérables ! O Séraphique fondateur, venez au secours de

« vos enfants. » Grâces en soient rendues à Dieu, ces propos impies ne servirent qu'à nous tenir plus en garde contre ces insinuateurs perfides, et à nous inspirer plus d'attachement à nos devoirs.

« Cette fermeté de notre part déconcerta les commissaires ; aussi, sans perdre plus de temps en propos superflus, ils nous signifièrent le décret qui nous forçait d'élire une nouvelle supérieure sous l'autorisation de la Municipalité. Cette nouvelle vexation ne leur réussit pas davantage. Instruites qu'une nouvelle élection, présidée par la Municipalité, serait une acceptation indirecte du décret qui l'ordonnait, nous nous assemblâmes pour confirmer seulement notre élection canonique. En effet, Mme Théodore Jullien, Mère Saint-Maurice, fut confirmée et Mme Catherine, sœur Saint-André, resta notre économe. L'élection faite, le sieur Besson n'eût rien de plus empressé que d'exiger notre signature pour attester que nous serions fidèles à la nation, à la loi et au Roi, et que nous soutiendrions la Constitution de tout notre pouvoir. A cette proposition, il ne fut pas difficile de connaître le piège qu'on nous tendait : « C'est le serment, s'écria la plus jeune des religieuses ! C'est le serment qu'on voulait faire prêter aux prêtres ! » Madame Saint-Maurice, incapable de trahir sa conscience et d'engager ses filles dans une démarche que l'Église avait déjà condamnée, répondit avec une fermeté héroïque qu'elle n'avait rien à signer, et moins que toute autre chose la destruction de sa maison.

« Cette réponse rendit le sieur Besson plus acharné contre nous et plus actif à saisir l'occasion d'aggraver nos maux. Un nouveau décret vint bientôt favoriser sa rage : c'était celui qui abolissait tout costume religieux. Ce fut par une lettre de la Municipalité qu'il nous l'intima. Quelle lettre, grand Dieu ! Il n'est pas possible d'y penser sans frémir : la décence nous impose un silence rigoureux sur les abominations qu'elle renfermait ; je dois dire en passant que les partisans de la Révolution en ont eux-mêmes rougi.

« Ce décret n'eut d'autre effet que d'exciter parmi nous

une consternation passagère. Il fut ordonné, par un décret subséquent, de nous laisser subsister avec notre costume et de ne pas nous troubler dans nos retraites.

« Ce calme était à peine revenu, que nous le vîmes encore disparaître. Notre conduite heurtait trop de front les principes de la Municipalité pour qu'elle ne saisît pas toutes les occasions de nous tracasser. Avertie de la prochaine arrivée de l'évêque intrus, elle nous enjoignit de sonner la cloche pour honorer son entrée. Cet ordre ne pouvait que nous faire horreur : il nous commandait le schisme. Me voyant, en qualité de sacristine, exposée à y tremper pour quelque chose, je m'opposai fortement à cette demande. Cependant l'avis commun fut d'écrire une lettre à la Municipalité, par laquelle nous lui déclarerions que nous ne reconnaissions pour notre légitime pasteur que Monseigneur Jean-Baptiste de Belloy. Cette lettre fut signée de nous toutes (1). Ce fut seulement après cette déclaration, qui mettait nos consciences en sûreté, que Madame l'Abbesse m'ordonna de sonner la cloche, pour soustraire notre couvent à la fureur du peuple.

« Mais, juste ciel ! cette sage précaution, qui nous avait sauvées de la fureur populaire, ralluma celle de la Municipalité. Elle répondit à notre lettre en nous signifiant qu'elle allait nous déclarer rebelles à la loi et perturbatrices du repos public, si dans vingt-quatre heures nous ne rétractions pas nos sentiments. Ces menaces n'eurent rien d'étonnant pour nous, qui connaissions le caractère des personnages ; d'ailleurs, par la grâce de Dieu, nous nous faisions un honneur d'être rebelles à une loi que l'enfer avait suggérée, et nous

(1) En voici le texte : « A Marseille, le 12 mai 1791. Messieurs, nous nous conformerons, pour la sonnerie, aux ordres précis que vous nous donnez par votre lettre du 12 et la proclamation qui y était jointe. Mais permettez-nous, Messieurs, de vous déclarer que par cette démarche nous n'entendons point reconnaître le nouvel évêque, demeurant toujours soumises à M. de Belloy, notre seul pasteur légitime. Nous sommes avec respect, Messieurs, vos très humbles servantes. Sœur Saint-Maurice Jullien, supérieure, etc. »

disions hardiment que la loi sainte, que Jésus-Christ a signée de son sang, était la seule à laquelle nous voulions nous soumettre.

« Notre constance était un crime aux yeux des municipaux ; il fallait bien nous attendre à en subir le châtiment. Ne pouvant nous tirer de nos asiles, ils imaginèrent de nous priver de notre église. La malice leur fit choisir le temps où cette privation devait nous être plus sensible : la demande nous en fut faite pendant l'octave du Très Saint-Sacrement. Ne pouvant résister à la force, nous dûmes céder. Dieu permit que l'église ne pût pas leur convenir, et ils se désistèrent de leur projet.

« Les actes d'autorité et de violence allaient croissant de jour en jour. On nous signifia une proclamation du département des Bouches-du-Rhône qui ordonnait de fermer toutes les églises qui n'étaient pas desservies par des prêtres constitutionnels ; peu après, nous fûmes obligées de nous y conformer.

« Nos ennemis, excédés de notre résistance, crurent devoir s'en prendre aux prêtres catholiques qui nous dirigeaient. Ils espéraient que, livrées à nous-mêmes, nous serions plus flexibles à leurs iniques desseins. Ces projets d'iniquité ne leur réussirent pas mieux : assistées de la grâce de notre divin Époux, qui d'un seul acte de sa volonté soutient l'univers entier, nous ne pouvions être ébranlées.

« Parmi les sages conducteurs que Dieu avait suscités pour nous aider de leurs lumières et pour nous entretenir dans l'amour de nos devoirs, je ne puis passer sous silence le nom du vénérable Père Nuiratte, religieux minime. Après avoir fourni une carrière des plus laborieuses dans les fonctions du saint ministère, il fut arrêté et incarcéré avec le Père Tassy, religieux du même ordre, comme réfractaire aux lois nouvelles. Les menaces, les chaînes, la perspective d'une mort prochaine ne l'empêchèrent pas de soutenir, en présence de l'évêque intrus et d'un peuple innombrable, les intérêts de notre sainte religion, de rejeter l'odieux serment qu'on lui demandait, et de déclarer expressément qu'on ne pouvait le prêter sans se séparer de l'unité de l'Église. Confesseur de la foi, il la scella de son sang et reçut la palme du martyre avec son digne compagnon, à Marseille, le 23 juillet 1792 (1).

« Je dois encore parler du P. Jansolin, du même ordre et de la maison de Marseille, homme d'un grand mérite, qui, toujours ferme dans les principes de notre sainte religion, nous soutint et nous conduisit à travers les dangers qui naissaient à chaque instant.

« Je ne dois pas non plus passer sous silence M. André Laurent, prêtre séculier de la même ville, qui, après nous avoir donné de sages conseils et des secours spirituels, fut obligé de s'expatrier pour se soustraire à la rage des ennemis de Jésus-Christ, les siens et les nôtres. C'est dans ce moment que je l'ai vu moi-même, les larmes aux yeux, nous prédire les malheurs qui devaient être notre partage. Ce ne fut pas sans peine que nous nous vîmes privées de ses secours précieux.

« Il nous restait cependant notre aumônier, le respectable P. Norbert, homme d'une grande prudence, et aussi ferme dans la foi que tous ceux qui venaient à notre couvent (2). Aucun décret ne l'interdisait dans ses fonctions, il ne devait pas sans doute nous être enlevé ; mais, la liberté constitututionnelle laissant les gens malintentionnés maîtres de faire ce qui leur plaisait, un jour que nous étions plus tranquilles on vint brusquement nous demander au parloir. O Dieu ! qu'aperçûmes nous ? Une troupe de scélérats payés par de plus scélérats encore, qui, pour nous forcer à recourir aux

(1) Le P. Louis-Thomas Nuiratte était né à Marseille le 21 décembre 1724 ; il avait donc 68 ans. Le P. Tassy était un jeune homme de 23 ans. Leur martyre eut pour cause unique le refus de la prestation du serment schismatique. Au sortir d'une longue séance où ils opposèrent ce refus aux instances de l'évêque constitutionnel et du maire, ils furent massacrés par le peuple sous les yeux même de ce maire.

(2) Jean-Joseph Queyras, en religion P. Norbert, récollet du couvent de Marseille, de qui nous avons parlé ci-devant.

prêtres schismatiques, viennent nous signifier que nous n'avons qu'à faire partir notre aumônier. Il fallut nous résoudre à cette nouvelle privation. Mais nous éprouvâmes que Dieu peut tenir lieu de tout autre bien à ceux qui le servent. Nous ne cherchâmes pas en vain. Nous fûmes ce jour-là, il est vrai, privées pour la première fois du bonheur d'entendre la sainte messe ; nous nous dédommageâmes par la prière. Le lendemain, le R. P. Nuiratte nous donna la consolation de l'entendre, et quelques jours après la divine Providence nous envoya M. Eymin, prêtre séculier du Bon-Pasteur de notre ville, qui voulut bien nous donner ses soins pendant quelque temps.

« L'orage qui avait fondu sur nous avec tant de violence se dissipa enfin : nous eûmes la consolation de voir reparaître ces dignes confesseurs de Jésus-Christ qui avaient cru devoir se dérober pour un temps à la persécution. Nous leur procurâmes, non sans beaucoup de peine, les moyens de célébrer les saints mystères. Je les vis profiter des ténèbres de la nuit pour se procurer cette consolation. Leurs pas étaient effectivement épiés de tout côté, et l'abord de notre église était précisément le plus dangereux. Je les entendis soupirer, gémir ; je les vis verser des larmes sur la destruction de notre culte public et sur les malheurs qui devaient en être la suite.

« Le jour de la fête de notre séraphique Père S. François, notre fondateur, ces pauvres prêtres vinrent me demander, comme une grâce des plus grandes, de vouloir bien les laisser dire la sainte messe. L'épouvante avait saisi notre communauté depuis quelques jours. Les scélérats avaient fait dire qu'ils auraient le plaisir d'arrêter quelqu'un de ces prêtres et d'en faire un exemple. Pour moi, pleine de confiance en Dieu, qui veille sur ceux qui lui appartiennent, je les rassurai et leur dis qu'ils pouvaient venir sans crainte. Le succès de leur tentative les anima à revenir plusieurs fois. Déjà M. Pellet, vicaire de Saint-Laurent de notre ville, s'attachait à nous donner de temps en temps des secours spirituels et à nous guider par de sages conseils ; mais nos abominables patriotes, voyant que toutes leurs menaces n'opéraient aucun changement, eurent recours à une nouvelle tracasserie.

« Notre église, comme je l'ai déjà dit, ne leur avait pas convenu pour y tenir leurs assemblées. Ne trouvant donc aucun prétexte pour nous en priver, ils imaginèrent de la faire ouvrir pour y placer un prêtre constitutionnel. Ce projet, je l'avoue, fut à mes yeux le plus malin de tous ceux qu'ils avaient conçus jusqu'alors. Je prévoyais avec effroi qu'étant sacristine j'allais être exposée plus que toute autre à communiquer avec des prêtres schismatiques. Cependant, résolues à mourir plutôt que d'aquiescer à aucun acte contraire à notre sainte religion, nous commençâmes une neuvaine en l'honneur de la très sainte Vierge et des saints Rois Mages : nous avions confiance que ceux-ci, ayant été les premiers gentils appelés à la foi, mettraient un intérêt particulier à nous préserver, par leur puissante protection, de la contagion du schisme. Je ne me souviens pas avoir jamais prié avec plus de ferveur.

« Nous flottions entre l'espérance et la crainte lorsqu'on vint nous annoncer que quatre députés, accompagnés d'un officier municipal, demandaient à parler à l'Abbesse. A cette annonce, nous nous dîmes : « Voici le schisme avec son cortège. » Madame l'Abbesse, sa vicaire, et moi, sacristine, nous nous présentâmes et demandâmes à ces Messieurs quel motif les amenait. Ils nous dirent assez honnêtement qu'ils désiraient ouvrir un appartement pour y tenir leurs assemblées. A cette demande, mon cœur se sentit soulagé. Nous nous empressâmes de les introduire dans le seul appartement que nous pouvions leur offrir, mais qui par sa situation ne pouvait être à leur convenance. Il ne leur convint pas en effet. L'un d'eux osa demander notre église, afin qu'une fois par mois la messe militaire y fût célébrée par un prêtre schismatique. « Pauvre sacristine, tu t'étais trop réjouie, me dis-je ! » Cependant, Dieu ne permit pas que cette proposition étrange me déconcertât. Voyant qu'on ne me la faisait qu'à demi mot, je leur répondis d'un air assuré que, notre église ayant été fermée par ordre du département, personne n'avait le droit de la faire rouvrir, qu'elle était et devait par conséquent être comptée au nombre de celles qu'ils appelaient « non conformistes », que je les priais de nous laisser tranquilles. A cette réponse ils répliquèrent qu'ils avaient un ordre de la Municipalité pour nous la faire ouvrir. « Non, « Messieurs. La Municipalité n'a dans ce moment aucun droit « sur notre église ; c'est le Département qui l'a fait fermer, « ce n'est que par son ordre qu'elle peut être rouverte. Con« tentez-vous, ajoutai-je, de tout ce que vous nous avez fait. « Hélas ! Messieurs, quel mal faisons-nous à la patrie ? Nous « prions tous les jours pour la paix, pour le bien public, pour « la prospérité de Marseille. On nous a tout pris ; nous n'a« vons pas dit un mot. Nous vous demandons, comme par « charité, la grâce de nous laisser jouir paisiblement de notre « église. D'ailleurs, si vous voulez vous servir d'un prêtre « catholique, nous y consentons avec plaisir. »

« Soit que ces paroles eussent touché ces Messieurs, ou non, ils nous répondirent que le peuple voulait une messe constitutionnelle, dite par un prêtre assermenté, que sans cette considération ils accepteraient tel prêtre que nous voudrions, et qu'ils feraient tout ce qui dépendait d'eux pour qu'on nous laissât tranquilles. Ce peuple, dont on nous annonçait la volonté suprême, était animé contre nous plus que jamais, et nous appréhendions bien qu'il fît venir quelque ordre pour faire ouvrir notre église malgré nous. Nous n'ignorions pas que l'abbé de Ribes, cet homme dont le nom transmettra à la postérité les écarts et les excès, travaillait le peuple de notre quartier pour échauffer sa haine contre nous.

« Nos ennemis, n'ayant pu nous ébranler par leurs menaces, tentèrent de nous épouvanter par l'apparence d'une mort prochaine. Ils introduisirent du soufre dans les conduites de nos lavoirs, et y mirent le feu. Dieu fit que nous nous en aperçûmes à temps, et nous nous hâtâmes de l'éteindre.

« Quelques jours après, un particulier dont nous n'avions aucune connaissance vint de son propre mouvement nous demander si nous ne voulions pas nous décider à prêter le serment de fidélité à la nation. Notre première réponse fut de lui demander de quelle autorité il était revêtu pour nous interroger de cette manière. Cette réponse le porta à nous accabler des injures les plus atroces. Il nous donna en même temps à connaître que dans peu de jours nous aurions une autre alerte, à raison des armes que nous tenions cachées dans notre maison. Quelle fausseté, grand Dieu ! Nous religieuses, occupées à louer nuit et jour votre saint Nom, garder secrètement des armes pour les livrer, dit-on, aux ennemis de la patrie ! Nos armes étaient la prière et les gémissements : les Marseillais n'en avaient rien à craindre.

« Cependant, la persécution s'était rallumée très fortement contre les prêtres catholiques. Vers les fêtes de Noël, les furieux allèrent dans les maisons particulières chercher ceux qui pouvaient célébrer le saint sacrifice. Plusieurs furent saisis et conduits en prison. Effrayées de ces recherches, nous fûmes forcées de prier les prêtres qui avaient coutume de dire la messe chez nous de s'en abstenir. J'ai vu le P. Martin, religieux (1), répondre à notre refus par un torrent de larmes. On se persuade aisément combien il était douloureux pour nous d'en venir à ces extrémités. Quelle situation pénible, pour des prêtres pieux, de chercher inutilement un autel pour exercer la plus sainte fonction de leur ministère, et pour des religieuses à la veille de se voir privées de tout secours spirituel ! Adorons les desseins de Dieu : il savait qu'il nous restait de plus grands sacrifices à faire, et il voulait nous y préparer.

« Nous commençâmes l'année 1792 sous de sinistres auspices. Dès les premiers jours, le Directoire du département nous envoya un député pour se saisir des livres qui conte-

(1) Probablement le P. Martin de Pernes, récollet du couvent de Marseille, duquel il a été parlé ci-devant.

naient l'état de notre maison. Déjà dès le commencement de la Révolution tout ce qui servait à notre nourriture et à notre pauvre entretien nous avait été pris ; on nous avait ôté jusqu'à la liberté de faire la quête. L'Assemblée nationale, pour nous dédommager, nous donnait un morceau de pain au bout d'un papier timbré au coin de la nation : pain distribué avec une telle parcimonie, qu'il ne pouvait nous donner de vie que pour supporter de plus lentes approches de la mort. Mais nous comptions cette disette pour peu de chose en comparaison de la privation des secours spirituels. Fidèles à l'avis de saint Paul, qui nous dit d'obéir à ceux qui sont préposés pour commander, fussent-ils même infidèles, pourvu que leurs lois ne soient pas en opposition avec celles de la conscience, nous nous empressâmes de donner les livres que le Directoire du département nous demandait. Familiarisées par notre sainte Règle avec le détachement des biens de ce monde, nous n'eûmes aucun lien à rompre.

« Cette déférence ponctuelle aux ordres du Directoire méritait, pour le moins, qu'on nous laissât quelque tranquillité. Mais point du tout. Peu de jours après, un jeune homme, sans caractère, se présente à notre porte et demande à parler à l'Abbesse. Le seul motif qui le conduisait, était le plaisir de nous outrager. Il nous traita de fanatiques, nous reprocha de receler des prêtres réfractaires ; il ajouta que le temps arriverait bientôt où l'on couperait jusqu'à la racine de nos préjugés abominables, et que, s'il fallait des prêtres pour victimes, il saurait les trouver dans notre maison. Cette menace regardait trop directement notre aumônier pour qu'il ne s'empressât pas de se soustraire au danger. Il nous dit de nous disposer à faire nos Pâques le lendemain. Son éloignement nous laissa dépourvues de tous les secours qu'il avait coutume de nous donner.

« Dénuées de toute protection et de tout crédit, n'ayant plus auprès de nous ni soutiens ni amis, il ne nous restait que la faiblesse inséparable de notre sexe. Mais on trouve toujours Dieu quand on le cherche avec sincérité : il nous arma de sa force, et nous envoya bientôt après le P. Bérard, capucin. Ce bon religieux s'offrit généreusement à nous administrer les secours de la religion jusqu'à la mort. Nous rendîmes à Dieu les actions de grâces que nous lui devions pour une aussi grande faveur. Mais, hélas ! qu'elle fut courte ! On vint nous apprendre que nos ennemis pensaient à le saisir, et nous aurions eu à nous reprocher de l'avoir exposé au danger, si nous ne l'avions pas prévenu. Il voulait le braver ; mais, malgré sa résistance et son courage apostolique, l'Abbesse et une grande partie de la communauté ne voulurent plus consentir à ce qu'il nous donnât ses soins.

« Nous nous trouvâmes, pendant la semaine sainte, sans messe. Nous passâmes le jeudi saint à fondre en larmes au pied du saint autel. Pendant que nous étions en adoration, un officier municipal demanda à nous parler. Nous redoutions avec juste raison les visites de ces messieurs ; grâces à Dieu, celle-ci n'eut rien qui pût nous mettre en peine, pour le moment.

« Du reste, les secours ne nous manquèrent pas pendant les fêtes de Pâques : le P. Ami, de l'ordre des grands Carmes, eut la bonté de nous confesser ; un prêtre étranger, arrivé à Marseille pour s'embarquer, vint nous dire la sainte messe pendant les trois fêtes.

« Nous étions à nous féliciter les unes les autres d'une faveur si inattendue, lorsqu'une horde de brigands armés de bâtons vint fondre sur notre monastère. La fureur dans les yeux, ils nous demandèrent si nous avions entendu la messe. A cette question, plusieurs de nos sœurs se troublèrent, et, craignant qu'ils ne se prévalussent de leur aveu pour faire des recherches dans notre maison, elles ne répondirent que sous l'impression de la crainte. Dieu me donna plus de courage. Je répondis sans hésiter que nous l'avions entendue, et que j'étais curieuse de savoir pour quels motifs ils nous faisaient une pareille question. Ils s'irritèrent de cette réponse, et annoncèrent qu'ils ne tarderaient pas à faire célébrer dans notre église par un prêtre constitutionnel, et qu'ils sauraient bien nous guérir de notre fanatisme. Je leur répliquai que nous étions trop attachées à la religion de Jésus-Christ et à ses véritables ministres pour exposer ceux-ci à leur fureur, et que leurs poursuites réitérées décelaient assez leurs mauvais desseins. A ces mots, les menaces redoublèrent : « Nous viendrons de grand matin dimanche, dirent-ils, pour savoir si vous avez acquiescé à notre volonté. » Je ne sais si c'est la gloire de Dieu ou l'impatience qui m'emporta, mais je m'écriai : « Nous, acquiescer à votre volonté ! Quelle autorité avez-vous donc, Messieurs, sur nous et sur notre maison pour parler avec tant d'impertinence ? » Ils nous répondirent que le monastère était à la nation ; qu'ils ne voulaient qu'un parti dans Marseille ; que nous étions ses ennemies jurées ; que si nous ne nous mettions pas à recevoir un prêtre constitutionnel, ils se porteraient à des extrémités ; que nous pourrions préparer nos sacs et nos valises ; que nos grilles seraient mises à bas, etc. Notre réponse fut qu'il leur serait libre de faire ce qui leur plairait ; que nous attendions notre sort avec patience, et que, s'il fallait des exemples de fermeté et de constance, nous espérions, avec la grâce de Dieu, pouvoir leur en donner. En répétant sans cesse ces paroles du Prophète : *In te, Domine, speravi, non confundar in æternum,* notre courage se soutenait.

« Cependant, les preuves multipliées que nous avions sous les yeux des extrémités auxquelles ces gens-là s'étaient déjà portés, nous faisaient penser aux moyens de nous en préserver. Nous priâmes plusieurs personnes de notre connaissance et de nos parents de vouloir bien venir le dimanche suivant à notre monastère sous prétexte de nous voir. Il n'est pas sans vraisemblance que leur présence déjoua les projets des méchants.

« Nous restâmes environ deux mois sans jouir du bonheur d'entendre la sainte messe ; nous nous contentions de nous unir d'esprit et de cœur aux sacrifices qui étaient légitimement offerts. Ce fut dans cet intervalle que nous apprîmes qu'on poussait la malice jusqu'à enlever les cloches des communautés, et nous pensions bien que la nôtre ne serait pas oubliée (1). En effet, peu de jours après, l'ordre nous en fut signifié. Tout odieux qu'il était, il fallait s'y soumettre. Nous conduisîmes les ouvriers au clocher. Leur adresse les servit mal ; ils furent obligés de briser la cloche pour l'emporter. Hélas ! mon Dieu, quelle journée ! Chaque coup de marteau nous meurtrissait le cœur ; nous pleurions du regret de voir tomber aux mains des ennemis de la religion une cloche qui servait depuis longtemps à régler les heures de nos saints exercices.

« Une usurpation de cette nature donna beaucoup d'inquiétude aux gens de bien qui avaient pour nous quelque attachement. Ils voyaient que les dangers devenaient chaque jour plus grands pour nous, et les propos qu'ils entendaient augmentaient leurs craintes. Les motions horribles que l'on faisait dans les clubs jetaient l'épouvante dans les cœurs. De ces lieux abominables sortaient tous les arrêts de vexation et même de mort qu'on faisait ensuite exécuter par une populace effrénée. Les projets les plus iniques y étaient proposés sans pudeur, et tout ce qui portait le caractère de la scélératesse y recevait des éloges. Ces motions horribles ne pouvaient que ranimer dans nos parents les sentiments de la na-

(1) Cette cloche était si précieuse aux yeux de nos Mères, qu'elles conçurent le généreux projet de la soustraire aux profanations d'un gouvernement sacrilège : elles ne pouvaient se résoudre à voir cet organe de la voix du Seigneur porté à l'hôtel de la monnaie pour y être réduite en pièces de billon. Sœur Sainte-Pélagie et sœur Sainte-Claire, alors jeunes professes, ne consultant que leur zèle, parvinrent à la descendre, et même à la rouler peu à peu jusqu'à un endroit secret où elles espéraient la mettre à l'abri des investigations criminelles de la police. Hélas ! leur joie ne pouvait être de longue durée. Toutes de feu pendant l'opération, elles auraient transporté non seulement la cloche mais tout le monastère s'il leur avait été possible ; mais bientôt, au moment où elles se félicitaient de leur succès, une crainte vint les saisir, soit scrupule de violer une loi, quelqu'injuste qu'elle fût, soit de compromettre la communauté, elles comprirent qu'il valait mieux ne pas achever leur œuvre, et, pour une cloche, si précieuse qu'elle fût, ne pas exposer davantage celles qui, hélas ! ne devaient plus la sonner. On la remit donc à sa place, où elle ne devait plus rester longtemps (Note de la communauté).

ture ; ils nous sollicitaient à sortir pour prévenir les coups qu'on allait nous porter. Dieu nous inspira assez de courage pour attendre l'évènement. Nous redoublâmes nos prières ; nous fîmes de nouveau une neuvaine au Sacré-Cœur de Jésus ; nous implorâmes l'assistance de la Sainte Vierge notre bonne Mère, nous plaçâmes son image sur les portes de la clôture et de nos chambres : notre confiance nous donnait une certaine tranquillité. Le P. Ami eut la charité de nous donner les secours spirituels dont nous avions besoin dans les temps les plus périlleux ; il osa passer des nuits entières dans notre église pour nous procurer l'avantage d'entendre la sainte messe à la fin de notre office.

« Le premier projet de nos ennemis s'évanouit en menaces. Ils pensèrent qu'il était plus beau d'abattre les têtes des prêtres que les grilles des religieuses, et, comme on les avait persuadés que nous tenions un prêtre caché dans notre maison pour nous dire secrètement la messe, un ordre émané du club et confirmé par la municipalité enjoignit à la garde nationale d'investir notre monastère, et de ne laisser entrer ni sortir personne. Nous ignorions, dans notre sainte retraite, ce qui se passait au dehors ; ce ne fut qu'au moment où la portière eut ouvert la porte que nous apprîmes que notre couvent était investi de soldats. Nous nous empressâmes de leur demander quel était le sujet de leur commission ; ils nous répondirent avec politesse qu'ils ne le savaient pas, mais que leur ordre était de ne laisser entrer ni sortir personne.

« A cette nouvelle, je me sentis dans l'embarras plus que jamais. Depuis quelque temps, pour plus grande sûreté, nous avions fait transporter le Très-Saint-Sacrement dans l'intérieur du monastère. Ma plus grande crainte était que nos adorables mystères fussent profanés. Cependant, j'avais eu la précaution de me munir d'une permission particulière d'un de nos pieux grands vicaires, afin que, dans le cas d'une nécessité urgente, l'Abbesse ou la sacristine pût cacher ou consommer les saintes hosties. Pendant que nous étions à délibérer sur celui de ces deux partis auquel il convenait de se déterminer, on nous annonça que les officiers municipaux étaient au moment d'entrer dans notre couvent. Je me décidai tout de suite à cacher la sainte Réserve. Je la pris d'une main tremblante, et la portai dans un lieu qui me parut à l'abri des recherches. Je mis dans cette action toute la décence qui me fut possible. J'étais toute couverte de larmes en considérant que, dans un pays autrefois si catholique, des religieuses se trouvaient réduites à cette extrémité inouïe et que la postérité aura peine à croire.

« Vers l'heure de midi du même jour, un officier municipal, suivi de deux notables et de quelques gardes nationaux, se présenta pour entrer dans notre monastère. Nous leur demandâmes seulement ce qu'ils avaient à faire et ce qu'ils pouvaient désirer : « Cela ne vous regarde pas, répondirent-« ils ; nous avons autorité pour faire une recherche exacte « dans votre maison ; vous n'avez qu'à nous ouvrir toutes « les portes des chambres, des cabinets et des armoires. » Ces messieurs ayant la force en main, c'eût été une imprudence de leur résister ; nous leur ouvrîmes donc les portes du monastère. Ils commencèrent leurs recherches, mais de quel air ! Une religieuse fut menacée d'être enfermée pour leur avoir seulement adressé une parole.

« Je compris que leur perquisition était trop exacte pour que la boîte où était le corps adorable de Jésus-Christ ne tombât pas entre leurs mains. Je m'empressai de la soustraire à leurs yeux. Mon Dieu ! que fus-je obligée de faire ! Tremblant de tous mes membres, je pris ce gage précieux de notre rédemption ; je l'enveloppai d'un corporal, puis d'un autre linge, et je le mis dans ma poche. Je me rappelai en ce moment ce trait de l'histoire de notre sainte Mère, la glorieuse Claire, qui, animée d'un courage au-dessus de son sexe, se contenta d'opposer aux Sarrasins le corps adorable de Jésus-Christ. Et moi, dans un siècle des plus corrompus, moi, misérable créature, j'étais obligée de transporter plusieurs fois d'un endroit à l'autre le corps de mon Sauveur, pour le sauver des mains des ennemis de notre sainte religion !

« Le trouble où m'avait jetée cette opération ne pouvait rester caché ; il s'était fait un changement si marqué sur mon visage qu'on s'en aperçut bientôt. L'un de ceux qui faisaient la visite, m'adressant la parole, dit que je paraissais toute troublée. Je lui répondis que sa visite ne pouvait que nous épouvanter. Une religieuse (1) qui n'ignorait pas mon embarras lui dit, pour faire diversion, que ce qu'il cherchait était certainement bien petit, puisqu'il fouillait jusque dans des boites, et que, si c'était un prêtre, il serait d'une bien petite taille. Cette raison était trop piquante pour qu'elle n'excitàt pas le ressentiment de l'impie. Se tournant vers elle, les yeux enflammés, il lui dit : « Vous ne savez pas ce que nous cherchons ; mais vous verrez la fin. »

« Nous attendions avec impatience cette fin si fièrement annoncée ; nous ne savions pas à quoi aboutirait une vexation de cette nature. Livrées à la discrétion de ces scélérats, entourées de soldats et d'une populace effrénée, nous étions dans la plus grande perplexité.

« Après avoir fini leur recherches, ces messieurs, las, dégoûtés, honteux d'avoir pris tant de peine en pure perte, cherchèrent à s'en dédommager en nous signifiant de nous assembler. Ils étaient alors dans le chœur ; nous leur dîmes que c'était là le lieu de nos prières, que nous les invitions à passer dans un appartement plus convenable, et nous les conduisîmes dans la salle capitulaire. Leur première démarche fut de faire signer à notre Mère Abbesse une déclaration portant que nous n'avions aucune pension usuelle (sic). Ils voulaient, à quelque prix que ce fût, avoir un prétexte pour nous dénoncer et pour nous perdre, et s'épargner la honte d'une entreprise d'autant plus ridicule par son inutilité, qu'elle avait été faite avec plus d'appareil. Cela se voyait dans le maintien de l'officier municipal : il avait les yeux hors de la tête ; tantôt rêveur, tantôt furieux, il se levait, il s'agitait, il ne savait à quoi se déterminer. Son cœur était plus fécond en malice

(1) Sœur Marie-Claire Bouès.

que son esprit en lumière. Il renonça aux petits expédients, dans lesquels il n'était pas heureux, et saisit le grand moyen que voici : « Vous n'aurez qu'à sortir d'ici en vingt-quatre « heures, nous dit-il, et vous retirer dans vos maisons par- « ticulières, si vous n'aimez mieux passer dans les couvents « des Carmélites ou des Ursulines, les seuls qui soient conser- « vés. »

Ces paroles furent un coup de foudre; notre pauvre Mère Abbesse en tomba évanouie. Une religieuse fit cette observation : Messieurs, montrez-nous le décret qui nous enjoint « de sortir. » L'officier municipal, embarrassé, s'écria de toutes ses forces : « Ne parlons pas de décret ! Ne parlons pas de « décret ! » Nous comprîmes alors que cet ordre n'était émané que de la municipalité, et, comme elle n'était pas compétente pour le donner, nous protestâmes que nous ne sortirions pas, quand même nous devrions être ensevelies sous les ruines de notre maison. La plus jeune des religieuses (1) ajouta : « Pour « moi, je suis la plus jeune ; mais, dût-on me couper la tête, « je ne sortirai pas. »

« Irrités plus que jamais de notre résistance, les impies accumulèrent menaces sur menaces, et vomirent contre nous toutes les injures que la rage peut suggérer. Ma cousine, religieuse de notre monastère (2), osa les rappeler à leur devoir : « Prenez garde, leur dit-elle, que la main de Dieu ne s'appe- « santisse sur vous. Vous avez un grand exemple dans la per- « sonne de M. Pascal, qui, pour avoir injurié une religieuse, « fut frappé peu de temps après d'une mort précipitée (3). » Cette juste semonce fut regardée par eux comme une grande injure : ils s'en plaignirent hautement : « On ne vous injurie « pas, leur répondis-je dans l'instant. Vous devriez compren- « dre que votre conduite à notre égard est indigne, et combien « il doit nous être sensible que vous vouliez nous arracher « de nos chères retraites. »

(1) Marie-Claire Bouès.

(2) Sainte-Félicité Roumieu.

(3) Il s'agit probablement du maire précédent de Marseille, qui avait fait souffrir d'indignes obsessions aux religieuses Capucines.

Le départ de l'officier municipal et de ses adjoints nous laissa respirer un moment, après tous les assauts que nous venions de soutenir ; mais nous ne pouvions pas nous promettre un long repos. La calomnie est l'arme des âmes lâches : ils répandirent partout que nous les avions outragés ; la populace, toujours disposée à suivre leur impulsion, ne cessait de le répéter. Être en butte aux fureurs de la population, c'était ce qui pouvait nous arriver de pire. Nos parents et nos amis en furent alarmés, et ils vinrent nous exhorter à sortir de notre monastère, nous représentant le danger imminent auquel nous étions exposées, le nombre, la force, l'acharnement de nos ennemis et l'inutilité de notre résistance.

« Nous nous serions rendues à leurs sollicitations si nous n'avions écouté que la voix du sang et de l'amitié ; mais, toujours plus attachées à notre saint état, nous répondîmes à leurs prières et à leurs larmes que notre vocation venait de Dieu et non des hommes; que, pour les choses temporelles, nous nous soumettrions toujours aux puissances séculières quelles qu'elles fussent ; mais que, pour notre saint état, il n'appartenait qu'à Dieu de rompre des liens qu'il avait formés lui-même.

« Résolues de rester dans notre monastère, nous nous consultâmes sur les précautions que nous avions à prendre. L'avis commun fut d'informer les tribunaux supérieurs de ce qui venait de se passer ; en conséquence, nous représentâmes à l'Assemblée nationale et au département des Bouches-du-Rhône que, suivant les décrets, nous étions libres de sortir ou de rester dans notre couvent ; que cependant notre municipalité s'efforçait, au mépris des lois, de nous faire sortir de notre maison ; qu'après nous avoir tout enlevé, jusqu'à nos cloches, elle se permettait contre nous les vexations les plus odieuses ; que nous nous étions soumises à faire tous les sacrifices que notre conscience pouvait permettre, et qu'il était juste que nous eussions la sécurité commune à tous les citoyens.

« Toutes les communautés de Marseille envoyèrent de semblables requêtes. Une réclamation si générale fit impression sur l'esprit du ministre de l'intérieur ; il manda au département de signifier à notre municipalité qu'il était juste qu'on nous laissât tranquilles dans notre monastère, que la loi était expresse sur cet article.

« Cette réponse arriva dans le mois de juillet 1792. Elle fit du bruit dans la ville. Les honnêtes gens, voyant leur indignation contre la municipalité justifiée par la décision de l'Assemblée nationale, la firent éclater encore plus ouvertement :

« Tout cela intriguait nos ennemis. Flottant entre leur devoir et leur haine, n'osant résister aux ordres de l'Assemblée, ni se départir entièrement de leurs projets destructeurs, ils tinrent conseil pour délibérer s'ils laisseraient subsister notre monastère. Après bien des débats, il fut décidé qu'on conserverait quatre maisons religieuses, savoir : celles de Sainte-Claire, des Carmélites, des Ursulines et le second monastère de la Visitation, où l'on transporterait les religieuses des autres monastères. Informées de cette délibération, nous ressentîmes la plus vive joie ; nous croyions y voir le garant de notre existence et de notre repos, et nous attendîmes avec patience les compagnes que le ciel nous destinait.

« Nous eûmes le bonheur de recevoir dans notre maison les respectables religieuses Bernardines, et nous trouvâmes en elles l'assemblage de toutes les vertus. Quoiqu'elles fussent soumises à une règle qui paraissait plus mitigée que la nôtre, nous ne vîmes en elles que des exemples de mortification et de pénitence. Nous ne pouvions nous lasser d'admirer leur résignation héroïque dans le sacrifice qu'elles avaient été contraintes de faire en abandonnant le plus beau monastère de Marseille. Nous nous appliquions à adoucir leurs peines par tous les égards que la politesse, l'amitié et la charité peuvent inspirer. De leur côté, elles ne cessaient de nous témoigner le plaisir qu'elles avaient d'être avec nous. Madame Saint-Ambroise Roussier, leur supérieure, joignait à toutes les vertus de son état le talent de se faire aimer.

« Il s'était déjà passé un mois entier depuis la réunion des religieuses Bernardines, sans que nous eussions reçu aucun secours des ministres de l'Église ; notre unique consolation était l'adoratiou du Très Saint Sacrement, la prière et l'office divin, que nous avons toujours récité à minuit. La Providence inspira à M. Cartier, prêtre, le dessein de venir chez nous. Nous profitâmes de cette occasion pour nous approcher du sacrement de pénitence ; mais nous ne crûmes pas devoir permettre qu'il célébrât la sainte messe, ni qu'il nous donnât la sainte communion, de peur de mettre sa vie en péril. Il nous parla comme un apôtre ; il nous consola dans nos malheurs ; il nous exhorta à soutenir constamment les intérêts de Jésus-Christ et l'unité de son Église. Ce saint prêtre eut le bonheur de remporter la palme du martyre. Nous apprîmes, bientôt après, qu'il était tombé entre les mains des ennemis de la religion ; qu'il avait été conduit à Antibes, et qu'il y avait été mis à mort pour avoir voulu rester ferme dans la foi et dans l'unité de l'Église.

« L'incorporation des religieuses Bernardines à notre monastère et les dépenses que nous avions été autorisées à faire pour les recevoir, devaient, ce semble, donner de la consistance à notre état et nous rassurer. Mais comment se rassurer ? Nous savions que nos ennemis sollicitaient de Paris un décret pour nous mettre toutes dehors. Comme leur plus grand plaisir était de nous rendre malheureuses, ils n'attendirent pas l'arrivée de ce décret pour commencer une nouvelle scène. M. de Bausset, prêtre, chanoine-comte de Saint-Victor, le déshonneur de cette noblesse respectable, de cette insigne collégiale de la ville de Marseille, membre du Directoire, président du club, officier municipal lors du massacre du chevalier de Bausset, son oncle, major du fort Saint-Jean, se présenta au parloir pour nous demander des effets qui appartenaient aux religieuses Bernardines. Nous vîmes bien, à cette demande, que nous approchions de notre dernière heure. Sur l'étonnement que nous lui marquâmes, il nous dit que dans quinze jours nous serions forcées de sortir de notre maison ; que le local était nécessaire à la nation ; qu'il fallait nous décider à obéir. C'était là son refrain. « Hé quoi ! monsieur, « lui dis-je, n'avons-nous pas assez obéi ? Vous n'ignorez pas « tout ce qu'on nous a pris, et les vexations auxquelles nous « sommes journellement exposées. Nous demandons pour « toute grâce qu'on nous laisse finir nos jours dans la retraite « où Dieu nous a appelées. » Il me répondit, avec cette hypocrisie qui est si naturelle aux hérétiques, que le saint Évangile ordonne d'obéir. Hélas ! pensais-je en moi-même, mon divin Rédempteur, votre saint Évangile dans la bouche de ceux qui n'y croient pas ne peut pas tarder à être démenti ! En effet, il nous fit enlever les images du Sacré Cœur de Jésus que nous avions mises sur les portes de notre monastère et de nos chambres, nous disant que c'étaient là des signes de contre-révolution. On peut juger par ce propos de quel caractère était cet homme.

« Dans cet état de choses, notre unique ressource fut la prière. Nous recommençâmes une neuvaine aux Sacrés Cœurs de Jésus et de Marie ; nous implorâmes la médiation de notre séraphique Fondateur et de notre glorieuse Mère sainte Claire, pour obtenir la fin de nos maux ou la grâce de les supporter avec une entière résignation. Nous ne pouvions nous dissimuler le péril où nous étions. Les menaces de nos ennemis disaient trop qu'ils mettraient bientôt le comble à leurs horreurs.

« Mais que dis-je ! Non, mon Dieu, point d'horreurs : il était bien juste que nous partageassions les rigueurs de votre Croix avec vos généreux confesseurs et vos fidèles disciples. Quelque amer que nous parût le calice, il fallait qu'à votre exemple nous l'acceptassions, et que nous le bussions jusqu'à la lie, trop heureuses de pouvoir vous ressembler en quelque chose. Soyez à jamais béni du courage que vous nous avez inspiré !

« Nous avions encore la réserve du Très Saint-Sacrement, et c'était dans son adoration continuelle que nous puisions les consolations et les forces qui nous étaient nécessaires. Cependant, voyant notre fin plus prochaine qu'elle n'avait paru jusqu'alors, et ne voulant pas exposer les saints mystères aux profanations des prêtres schismatiques, qui n'étaient que trop communes ; d'autre part, ne pouvant plus appeler aucun prêtre catholique, nous nous déterminâmes à consommer les saintes Hosties. Nous sentions vivement ce que nous allions perdre en prenant ce parti ; mais il fallait s'y résoudre. Je fis la fonction du prêtre ; je pris la boîte qui renfermait le Saint-Sacrement ; je la posai sur l'autel de notre chœur ; nous récitâmes l'office divin ; nous passâmes le reste de la nuit prosternées aux pieds de Jésus-Christ pour profiter des derniers moments de sa présence.

« Le matin étant venu, je mis les saintes Hosties sur une patène, ainsi qu'il m'avait été prescrit. Toutes les religieuses, ayant récité le *Confiteor*, vinrent l'une après l'autre se communier avec leur langue. Jamais on ne vit un spectacle plus attendrissant. Cet acte de piété et de désolation étant fini, je me tournai vers les religieuses, et leur dis : « Tout est consommé ! »

« Et n'avais-je pas raison de le dire ? Privées désormais de ce gage adorable de l'amour de Jésus-Christ, tout n'était-il pas consommé pour nous ?

« Ce fut en ce moment que nous nous donnâmes le baiser de paix, triste avant-coureur de notre séparation.

« En effet, quelques jours après, vers le milieu du mois de septembre, nous reçumes du Directoire du district une lettre qui nous notifiait le décret rendu par l'Assemblée Nationale, portant que, dès le premier jour d'octobre, toutes les maisons religieuses fussent évacuées. Il ne nous fut pas difficile de juger que cet ordre serait le dernier que nous aurions à recevoir. Je faisais moi-même la lecture de cette fatale lettre ; il me fut impossible de la continuer ; les sanglots entrecoupaient chaque parole, à la pensée que j'allais être arrachée de mon aimable retraite, et ramenée dans ce monde pervers où l'on ne croit pas même à la vertu.

« Ce que je trouvais de plus déchirant pour une âme sensible, c'était de voir des religieuses dans la caducité de la vieillesse, sans ressources, forcées d'abandonner un lieu où, quoique vivant sous l'étendard de la pauvreté, elles avaient pourtant trouvé jusqu'alors leur absolu nécessaire. Elles versaient des larmes, et en arrachaient de tous les yeux. Notre pauvre Abbesse, malade dans son lit, cherchait à nous donner des consolations, et semblait oublier qu'elle en avait besoin autant que nous. Nos chères dames Bernardines n'ouvraient la bouche que pour soupirer et gémir. Notre maison était devenue un de ces séjours lugubres, où le silence de la tristesse n'est interrompu que par les accents de la douleur. Le seul avantage qui nous restait, c'était de pouvoir sans témoins rendre Dieu confident de nos peines.

« Mais dans le moment se présenta de nouveau M. de Bausset, qui revenait à la charge. Il était accompagné d'un député du Directoire ou du club. C'était à notre argenterie qu'ils en voulaient cette fois. Notre Mère Abbesse, quelques religieuses et moi nous nous empressâmes de satisfaire à leur demande ; mais il me paraissait révoltant que des vases sacrés passassent dans des mains si profanes. Je dis à M. de Bausset, en les lui remettant : « Monsieur, je vous prie qu'au moins quelque prêtre les accompagne, pour éviter toute profanation jusqu'à ce qu'on les ait mis dans le feu. » Lui, sans aucune marque de son état, eut le front de me répondre qu' i était prêtre. Quel prêtre ! Que Dieu ait pitié de son âme selon sa grande et sa plus grande miséricorde !

« Fiers de la conquête de nos vases sacrés, dans l'ivresse de leur joie, le sieur de Bausset et son compagnon se permirent de nous tenir des propos indécents, disant que notre état n'était plus rien, et que nous pouvions, nous jeunes surtout, en prendre un autre. La sœur Saint-Joseph Niel lui témoigna l'indignation qu'un tel langage, dans la bouche d'un prêtre, nous inspirait. Elle lui dit d'un ton ferme et digne : « Prenez garde à vous, Monsieur, *tu es sacerdos in æternum,* » voulant lui faire entendre que, comme lui, malgré son apostasie, serait toujours prêtre, de même nous, malgré tout ce que l'Assemblée nationale pourrait dire ou faire, serions toujours religieuses.

« Cet avis le rendit plus retenu ; brisant sur cet article, il finit par nous proposer le second serment, disant qu'il n'y avait rien qui intéressât la conscience ; qu'il ne portait que sur l'égalité et la liberté. Nous lui répondîmes que nous n'avions aucun serment à faire, que ce second serment, tout modifié qu'il paraissait, ne valait pas plus que le premier, puisqu'il était proposé par des personnes dont les sentiments n'étaient que trop suspects. Il partit comme un furieux, en disant que nous n'aurions point de pension, et que nous verrions ce qui nous arriverait. Nous lui repondîmes que, pour la pension, cela nous était fort égal, et, pour ce qui nous arriverait, qu'il ne pouvait rien nous arriver de pire que d'être chassées de nos couvents ; que, quand même nous serions assurées d'y rester en prêtant le serment, comme il nous le promettait, nous préfèrerions en être privées plutôt que de souiller notre conscience par un serment insidieux ; que nous ne nous déciderions jamais à violer le second commandement de Dieu, car nous étions chrétiennes avant d'être devenues religieuses. Et, comme il nous menaçait encore de la mort, « Ah ! que nous serions heureuses, lui répondîmes « nous, de donner notre vie pour la défense de la foi et pour « l'unité de la sainte Église catholique, apostolique et romai- « ne, et de mériter d'être associées à tant de saints prêtres « qui ont donné leur sang pour une si belle cause ! »

« Deux ou trois jours après l'enlèvement de vos vases sacrés, nous étions à réciter Vêpres en commun quand un bruit affreux se fit entendre à notre porte de cloître. Nous accourûmes pour en connaître la cause. C'étaient les agents de la municipalité et du club, c'est-à-dire la plus vile populace, qui avaient forcé notre porte. Nous frémîmes en voyant cette horde de brigands se disposer à ravager notre sainte demeure. Nous leur demandâmes, les larmes aux yeux, quel motif pouvait les porter à forcer notre porte de clôture. Ils nous dirent qu'ils ne prétendaient nous faire aucun mal, mais qu'ils voulaient voir le couvent. Nous leur répondîmes : « Attendez que nous en soyons sorties, et puis vous ferez ce qui vous plaira. » Nous recourûmes à Dieu, nous réclamâmes aussi le secours de la puissance séculière ; nous priâmes la municipalité de nous donner une garde, afin que la populace ne dévastât pas notre monastère.

« Après une telle épouvante, nos parents de la ville accoururent pour nous déterminer à sortir. Ils nous dirent que notre résistance était de la plus grande imprudence, et que vouloir lutter contre la populace c'était s'exposer à quelque chose de pire que la mort. Cette idée nous fit frémir ; il n'y eut plus à hésiter. Nos parents revinrent le lendemain pour prendre les effets qui étaient à notre usage, et nous conduire dans leurs maisons. Le moment etait venu où les pauvres filles de sainte Claire devaient se séparer pour ne se retrouver peut-être que dans le ciel, ou plutôt pour être réunies sur le Calvaire, au pied de la croix de notre aimable Sauveur. Aussi, en demandant à Dieu que ce calice passât loin de nous, nous ajoutions, avec notre divin Maître : « Que votre volonté s'accomplisse et non la nôtre!» Nous nous fîmes les derniers adieux ; nous nous embrassâmes avec des démonstrations de tendresse qui excitèrent la sensibilité de tous ceux qui en furent témoins. Nos gémissements et nos larmes furent l'expression de l'union et de la tendre charité qui régnaient parmi nous, et le signe de la douleur qui déchirait nos âmes dans cette cruelle séparation.

« Sur ces entrefaites, un député du Directoire se présenta pour faire l'inventaire des effets du couvent et de la sacristie. Il nous dit de ne pas sortir ce jour-là, qui était le 27 septembre 1792, mais d'attendre le lendemain pour signer l'inventaire et attester que nous n'avions rien pris des effets du couvent ni de la sacristie. Nous n'étions plus que huit dans le monastère ; toutes les autres étaient déjà chez leurs parents, et nous répondîmes que nous resterions volontiers. Cet incident nous procura la douce consolation de passer une nuit de plus dans notre retraite. Nous récitâmes comme nous pûmes Vêpres et Complies. L'heure de l'office nocturne étant venue, nous nous levâmes comme à l'ordinaire pour le réciter en commun dans le chœur. Ce chœur retentissait plus de nos gémissements que de nos paroles. L'état de notre maison nous retraçait la destruction de Jérusalem ; il semblait que Jérémie avait voulu parler de nos malheurs quand il disait : *Les rues de Sion pleurent ; les vierges sont désolées, abreuvées d'amertume et oppressées de douleur.*

« Le lendemain matin, nos parents se présentèrent avec des chaises à porteurs, et nous conduisirent chez eux. Quant à nos pauvres anciennes qui n'avaient point de parents, de de braves gens en prirent soin. Arrivées dans nos maisons paternelles, nos parents et nos amis s'appliquèrent à distraire notre douleur par les soins les plus empressés ; mais la retraite, la vie commune et les douces habitudes de notre sainte Règle avaient formé dans nos cœurs des liens trop forts pour que les caresses de nos parents pussent nous les faire oublier. Nous ne portâmes que nos corps dans les maisons paternelles; nos cœurs restaient toujours à notre monastère, à notre vocation, à nos compagnes (1). D'ailleurs le séjour de la ville, où régnaient l'irréligion et la tyrannie, ne nous convenait pas ; il ne nous offrait aucune sécurité. Il nous fallait un lieu où

(1) Privées des saints exercices de la vie religieuse, ces pieuses filles n'en conservèrent pas moins un sentiment profond de leurs obligations et de leur dignité d'épouses d'un Dieu. Malgré les persécutions, les recherches, les visites domiciliaires dont elles étaient l'objet de la part des autorités révolutionnaires, elles ne consentirent jamais, ni chez leurs parents, ni chez leurs bienfaiteurs, à se dépouiller du vêtement religieux. Tout ce qu'elles accordèrent aux circonstances et aux nécessités de leur position transitoire, fut une sorte de robe ample et légère, qui recouvrait le saint habit. Elles furent pour cela secondées par le digne M. Portes et par sa pieuse épouse, dont il sera encore parlé plus loin, et l'on verra comment le souverain Rénumérateur récompensa la généreuse piété de ces fervents chrétiens, si compatissants au sort des vierges persécutées (Note de la communauté).

nous pussions chanter les cantiques du Seigneur à pleine voix : c'est ce qui nous fit concevoir le dessein de nous expatrier.

« Nous n'étions d'abord que deux de cet avis ; nous nous trouvâmes bientôt dix, et notre très digne Abbesse fut du nombre. Nos vues se tournèrent tout naturellement vers la capitale du monde chrétien. Déjà plusieurs généreux confesseurs de la foi qui nous avaient aidées de leurs conseils, y avaient trouvé un asile ; la charité avec laquelle on les avait accueillis animait notre espérance, et le conseil que l'un d'eux nous donna acheva de nous déterminer. Quant à nos parents, loin d'y consentir, ils opposaient la plus grande résistance. Ils nous représentaient que nous serions bientôt les tristes témoins d'une invasion dans les autres pays, et que le meilleur parti pour nous était de rester où nous étions. Ils ajoutaient que nous allions les priver du plaisir qu'ils avaient à adoucir nos peines, et que notre départ allait peut-être opérer entre eux et nous une séparation éternelle. Nous répondîmes le mieux que nous pûmes à leurs raisons, et, craignant de succomber dans une lutte où la tendresse combattait contre nous, nous allâmes nous cacher dans la maison d'une de nos religieuses dont les parents étaient disposés à favoriser notre départ. De deux que nous étions au commencement, nous nous trouvâmes bientôt vingt-six, des différents ordres de Marseille, réunies pour le même projet.

« Dieu permit que nous trouvassions un capitaine de vaisseau aussi honnête que nous pouvions le désirer. Nous partîmes le 17 octobre 1792, par un temps favorable (1). Après

(1) Le navire venait à peine d'être lancé sur les flots, qu'une religieuse Bernardine nommée Sœur Saint-Dominique accourut sur le rivage, tout éplorée et inconsolable d'être arrivée trop tard pour se joindre aux saintes fugitives. Ses larmes et ses prières touchèrent un bon et honnête batelier qui consentit à la conduire jusqu'au navire, qui s'éloignait rapidement. La Providence permit qu'elle pût enfin le rejoindre et se réunir à ses sœurs. Sa joie était inexprimable ; elle ne savait comment témoigner sa reconnaissance à Dieu et au charitable guide qui l'avait secourue. Le navire se remit en route. On vit alors une multitude d'oi-

un jour et demi, notre estomac ne sentit plus les nausées que le ballottement de navire lui avait d'abord causées. Le second jour, nous aperçûmes un vaisseau de la marine royale qui courait après nous, et nous craignîmes qu'il ne voulût nous ramener à Marseille. On nous avait averties avant notre départ que, si l'on venait à nous saisir sur mer, nous serions reconduites en France et punies comme traîtres à la patrie. Je n'ai pas besoin de dire comme nous nous recommandâmes à Dieu, à la très sainte Vierge et à tous les saints. Heureusement, notre crainte fut bientôt dissipée : le vaisseau ne courait après nous que pour savoir des nouvelles de France, d'où il était absent depuis longtemps.

« Nous entrâmes dans les eaux de Toscane, où un temps calme nous retint pendant trois jours. Du reste, notre bâtiment ressemblait à une clôture : la prière y était presque continuelle ; nous récitions en commun l'office divin, et faisions nos exercices de piété en pleine liberté. Notre capitaine, M. Laugier, faisait lui-même faire matin et soir la prière commune à son équipage, tout composé de braves gens. Enfin, malgré le calme, nous abordâmes dans six jours à Civitavecchia : c'était le mardi 23 octobre 1792.

« Arrivées dans cette terre heureuse et hospitalière, où le sacrifice auguste de notre Rédemption était offert par des ministres fidèles, et où l'on chantait en pleine liberté les louanges de Dieu, nous crûmes être dans un monde nouveau. Les spectateurs en grand nombre s'empressaient de nous baiser les mains ; ils versaient sur nous des larmes d'attendrissement ; ils ne cessaient d'exalter notre attachement à la foi et à notre sainte vocation, qui nous avait inspiré tant de sacrifices et fait affronter tant de dangers. Nous arrivâmes, au milieu des applaudissements, à un palais où le luxe avait prodigué toutes les commodités et tous les agréments possibles. Cette demeure était peu convenable à la simplicité et à

seaux suivre les pieuses vierges, comme pour leur dire un dernier adieu. Ils les accompagnèrent ainsi pendant une partie de la traversée ; leurs tristes et plaintifs gazouillements semblaient être un écho prolongé des gémissements des cœurs catholiques restés dans notre pauvre France (Note de la communauté).

la pauvreté de notre saint état ; mais on exécutait à notre égard les ordres du Souverain Pontife, et on nous annonça que nous serions traitées dorénavant à ses frais. On voulait même payer notre voyage depuis Marseille, et on se chargea de nous transporter avec nos effets jusqu'à Rome. (1)

(1) Sœur Sainte-Pélagie avait écrit au cardinal Zelada la lettre suivante, très fermement datée du 15 octobre à Civitavecchia. Nous supposons que ce mot de Civitavecchia a dû être surajouté par une autre main, et que la lettre était partie de Marseille à la date ci-dessus. Celle de la réponse confirmera cette opinion : « Monseigneur, arrachées par force et par violence à nos chères solitudes, nous nous sommes déterminées à venir chercher un asile dans la capitale du monde chrétien. Persuadées de votre amour pour la religion, nous n'avons mis aucun doute de l'accueil favorable que vous voudrez bien nous faire. Et, ne pouvant y pénétrer que par votre agrément, nous espérons que vous voudrez bien nous accorder cette grâce, qui sera le motif de notre juste reconnaissance, avec laquelle nous ne cesserons d'être toute notre vie de Votre Eminence..... Sœur Pélagie ROUMIEU, au nom de ses Mères et sœurs les religieuses de Sainte-Claire de Marseille (*Caritas S. Sedis*, tome supplémentaire). Mgr Caleppi fut chargé de la réponse ; il l'adressa à *Madame la Mère Pélagie Roumieu, religieuse de Sainte-Claire, à Civitavecchia*, le 20 octobre, et dit : « Le Saint-Père ayant déjà donné les ordres pour votre réception et pour celle des autres religieuses arrivées maintenant à Civitavecchia, Monseigneur le Gouverneur de cette ville donnera les dispositions nécessaires pour votre voyage. Je vous le souhaite heureux, et que vous puissiez, ainsi que toutes vos sœurs, être bientôt dédommagées des peines que vous avez souffertes jusqu'ici. En attendant, je vous prie d'agréer l'intérêt que je prendrai à votre situation, et l'assurance de ma véritable estime (Lettre dans le tome xxv, et sa minute identique dans le tome supplém. du *Caritas S. Sedis*). » Il suit évidemment de ces deux lettres, que l'arrivée des pieuses émigrées était attendue et que les ordres du Pape pour leur réception avaient précédé leur arrivée. Le jour même où elle eut lieu, 23 octobre, le notaire Joseph Fari, secrétaire du bureau de santé du port de Civitavecchia, dressa une liste bien datée et authentiquée portant en langue italienne tous leurs noms écrits de cette façon comique : « Santa di S. Maurizio ; Santa di S. Elisabeth, etc. (*Caritas S. Sedis*, tome xxxvi). » Le 27 octobre, le sieur Bartolomeo Ambrogio, chef des portefaix du même port, dressa un état des bagages des sœurs, soussigné par un autre officier dit « patron Cardone, » qui certifie, avec signature de témoins, avoir reçu lesdits bagages des Clarisses et des deux Capucines venues avec elles. (Ibid.)

Le 29 octobre, le Délégué, ou Commissaire général, de l'Araceli, écrit à Mgr Caleppi qu'il se propose d'aller en personne recevoir, à leur arrivée à Rome, les religieuses émigrées (Ibid). Le même jour, Mgr Joseph Morozzo, gouverneur de Civitavecchia, écrit à Mgr Caleppi : « Demain, s'il plait à Dieu, partiront les dix religieuses de l'ordre de Saint-François et la Tertiaire (Ibid.). »

« A des soins si tendres et si généreux de la part du Saint-Père, nous vîmes bien que l'histoire de nos malheurs avait prévenu notre arrivée dans ses États, et que ses entrailles paternelles en avaient été émues. Sensibles aux effets de sa prévoyance et de sa générosité, nous nous écriâmes : « Heureux le peuple qui est gouverné par un tel souverain ! » Depuis longtemps la renommée avait publié en France ses talents, ses vertus et les grands événements qui ont illustré son pontificat. Nous admirions cet heureux mélange de bonté et de courage, de fermeté et de condescendance, de zèle et de prudence qui forment le caractère du chef de l'Église universelle. Nous prêtions une oreille attentive quand on nous parlait de l'air majestueux de sa personne, qui appelle la confiance et commande le respect ; de l'empreinte de sa grandeur et de sa noblesse, à laquelle les générations futures distingueront les monuments de son règne ; de sa passion pour le travail, que l'âge n'a pu dompter ; de ses courses apostoliques, entreprises pour retenir dans le bercail de Jésus-Christ des brebis prêtes à s'échapper, et pour y ramener celles qui s'en étaient écartées. Nous nous félicitions de pouvoir produire en nous-mêmes des preuves particulières de son attachement pour la France, des sacrifices qu'il a faits pour subvenir à nos besoins ; de ses efforts soit pour prévenir soit pour arrêter le schisme, et des tentatives réitérées que son zèle lui a inspirées pour dessiller les yeux que l'erreur et le mensonge avait fascinés.

« Malgré tout cela, il faut en convenir, nous ne le connaissions qu'imparfaitement. Pour le comprendre, il faut être à Rome ; à Rome où son nom retentit dans toutes les bouches, où l'amour filial lui érige un trône dans tous les cœurs ; où l'on ne peut faire un seul pas sans trouver quelque monument de sa piété, de sa charité, de son goût pour les sciences et les beaux arts. Que pourrions-nous donc lui dire, s'il nous était donné de paraître en sa présence, sinon ce que la reine de Saba disait autrefois à Salomon : « Vos vertus surpassent « tous les efforts que fait la renommée pour les célébrer. « Heureux ceux qui, attachés à votre service, ont le bonheur

« d'entendre les oracles et de voir les prodiges de votre « sagesse ! »

« Puisse l'Église devenir de jour en jour plus paisible et plus florissante sous un chef si digne de la gouverner ! Puissent les vœux des Français fidèles, des religieux et des religieuses de tous les ordres, de tous les chrétiens, obtenir du ciel la conservation d'un Pontife si chéri, afin que son règne soit aussi long que glorieux ! Puissé-je enfin moi-même jouir avant sa mort de la faveur de recevoir sa sainte bénédiction et de baiser ses pieds !

« Revenons à notre relation.

« Trois jours après notre arrivée à Civitavecchia, nous approchâmes du sacrement de pénitence et de celui de l'Eucharistie. Ce fut M. Anselme, un de nos compagnons de voyage, qui nous rendit ce service. Munies de ce viatique céleste, nous partîmes pour Rome. Nous n'y fûmes pas plutôt arrivées, que nous allâmes faire notre prière sur le tombeau des Saints Apôtres. En entrant dans l'église de Saint-Pierre, nous fûmes frappées d'étonnement et d'admiration, à la vue de sa grandeur, de sa magnificence et de tous ces chefs-d'œuvre de l'art qui l'ont rendu le plus beau temple que Dieu ait sur la terre. Nous dîmes, avec le Roi-Prophète : « O mon « Dieu, que vos tabernacles sont beaux ! Qu'ils sont aima- « bles ! Notre esprit, notre cœur et nos sens tressaillent d'al- « légresse en présence du Dieu vivant. » Cette joie était d'autant plus vive, que nous venions de quitter une terre profane, où la vraie religion n'avait plus de culte extérieur, et où le christianisme était même en opprobre.....

Mais il y a des vicissitudes semées sur tous les points de la vie : unies par la persécution, nous fûmes séparées les unes des autres dans le séjour de la liberté et de la paix. Cette séparation, quoique justifiée par la raison de la nécessité, nous fut d'autant plus sensible, que l'amitié et la patrie avaient formé entre nous des liens plus forts. Nous fûmes donc conduites dans différents monastères de notre Ordre (1) Nous y fûmes accueillies avec des témoignages de charité et d'empressement qu'il est bien plus facile de sentir que d'exprimer. L'affabilité, la douceur, l'honnêteté des Sœurs auxquelles la Providence nous a associées, ne se démentent point. Sensibles à nos malheurs, elles les partagent par leur prévenances. Nous trouvons dans nos supérieures autant de Sœurs et de Mères : la charité s'occupe peu de la distance des rangs, son plus grand plaisir est de les rapprocher. Que ne puis-je offrir à notre respectable Abbesse un éloge digne de ses grandes qualités ! Mais son humilité ne me pardonnerait pas.

« Placées maintenant dans le séjour de la religion, de la paix et de l'innocence, nous bénissons la main toute puissante qui nous y a conduites. Nous tâcherons de profiter des grands exemples de régularité que nous avons sous les yeux, et nous ne cesserons de prier Dieu pour nos bienfaiteurs, pour le salut de la France, pour la paix de l'Église et pour le triomphe de notre sainte religion. Amen. »

Dans ce récit de très grand intérêt, le lecteur aura, comme nous, admiré la force de l'esprit et de la main de son auteur, parlant avec une sobriété toujours élégante, même dans la lyrique expression de sa reconnaissance envers le Souverain Pontife. Maintenant, la suite de l'histoire ressortira de celle de chacun des membres des deux communautés qui, en 1790, habitaient le monastère de Sainte-Claire.

(1) Une note du tome XXXVI du *Caritas S. Sedis* dit que ces religieuses sont arrivées à Rome à l'heure 23e et demi, c'est-à-dire après le coucher du soleil, sans indiquer le jour, qui a dû être le 30 octobre; que huit Clarisses étaient sœurs de chœur, plus une converse et une tourière ; qu'elles étaient accompagnées par un prêtre français ; que trois Clarisses ont été placées à San Cosimato ; trois, y comprise la tourière, à Santa Magherita, et quatre à Saint-Laurent in Pane Perna ; que tout s'est bien passé.

Clarisses.

1. JULLIEN, Théodore, en religion sœur SAINT-MAURICE, âgée de 56 ans en 1790, était abbesse du monastère. Ainsi que nous venons de le voir, elle émigra, conduisant avec elle à Rome neuf de ses compagnes. Elle y fut placée au couvent de son ordre, dit de San Cosimato, avec les sœurs Félicité et Marie-Claire, et eut le regret de voir séparées d'elle toutes les autres, qui, par l'effet d'une inévitable nécessité, furent colloquées en d'autres monastères. Les années d'exil paraissent s'être écoulées pour ces pieuses filles sans incidents graves, sinon la terreur qui leur fut inévitablement apportée par l'armée française lorsqu'elle envahit la ville de Rome en 1798, et ne laissa pas d'opérer quelque pillage dans la clôture. De sensibles privations éprouvèrent aussi ces pieuses filles, et leur courage les supporta longuement : la preuve de ces deux faits subsiste dans cette requête, qne nous traduisons de l'italien, adressée au prélat Cattaneo, malheureusement sans date :

« Illustrissime et Révérendissime, les sœurs Félicité Romieu et Marie-Claire Bouesq, religieuses françaises émigrées, placées au monastère de San Cosimato in Trastevere, exposent très humblement à Votre Seigneurie qu'elles n'ont qu'un simple vêtement, et qu'il leur est impossible, sans quelques subsides, de se vêtir et de faire quelque autre dépense que ce soit. En conséquence, puisque vous êtes Protecteur des Français émigrés, elles supplient votre bonté et votre charité de leur faire tenir quelques secours pour leurs besoins les plus pressants. Elles ne cesseront de prier Dieu pour votre conservation. »

Au dos est écrit : « On leur a donné un secours (*Caritas S. Sedis*, t. XXXIX, où se trouve une supplique semblable des sœurs Joséphine Niel et Marguerite Arnoux, placées au monastère de Santa Margherita in Trastevere). »

Vint ensuite l'heure du retour dans la patrie ; il fut provoqué par l'Archevêque d'Aix, Mgr Champion de Cicé, dont la juridiction, d'après la nouvelle organisation du culte, comprenait l'ancien diocèse et par conséquent la ville de Marseille. Mère Saint-Maurice sollicita dès lors par la lettre suivante l'aide de Mgr Cattaneo, pour que ce retour lui fût facilité :

« Monseigneur, lui dit-elle, ayant été informées que Mgr l'archevêque [d'Aix] avait écrit au ministre de France pour nous réclamer, sachant que les Capucines doivent partir après Pâques, nous prenons la liberté, Monseigneur, vous qui êtes notre supérieur et notre bon père, de vous prier de nous être favorables et de nous obtenir de sa Sainteté toutes les permissions dont nous avons besoin. Nous avons écrit au supérieur de la Trinité des Monts pour savoir comment nous devions faire. Il nous a envoyé la minute des Mémoires (requêtes) que nous présentons à Votre Grandeur. Notre désir serait de partir avec les Capucines. Nous n'avons que vous, et nous vous prions de ne pas délaisser de pauvres émigrées qui prieront toujours Dieu pour vous. Nous avons l'honneur (*Caritas S. Sedis*, t. XXXIX)... »

Cette lettre était accompagnée de trois requêtes identiques, une pour chaque religieuse. Voici celle de Mère Saint-Maurice :

« Très Saint Père, sœur Maurice Julien, religieuse professe de l'Ordre de Sainte-Claire dans la ville de Marseille, actuellement placée à Rome au monastère de San Cosimato, émigrée française, prosternée aux pieds de Votre Sainteté avec le plus profond respect, expose qu'elle est réclamée par son propre archevêque, qui est celui d'Aix, et qu'elle désire se réunir à ses sœurs en France. Elle supplie donc Votre Sainteté de lui accorder à cet effet les facultés nécessaires pour sortir de la clôture où elle vit présentement, et de pouvoir, dans sa patrie, revêtir les habits les plus décents et les plus modestes qu'il sera possible, tant que les circonstances le comporteront. *(Ibid).* »

Ces requêtes furent présentées au Pape le 27 mars par Mgr Adinolfi, secrétaire de la Congrégation des Évêques et des Réguliers, et obtinrent leur plein effet. Les rescrits furent expédiés le 6 avril. Le même jour, Mgr Cattaneo en donna par ces lignes connaissance au cardinal Della Somaglia, vicaire de Rome :

« Sa Sainteté a daigné accorder la faculté de retourner en France et d'y vivre sous l'habit séculier, conformément à la demande de l'Archevêque d'Aix, aux religieuses professes émigrées Paule Alliez, Marie du Verbe Incarné, Marie du Sacré-Cœur, Aimée de Jésus, Anne, Rose, Félicité, toutes Capucines de Marseille placées dans le Monastère de la Conception de Rome ; de plus, à Claire, à Félicité Roumieu et à Marie Julien, clarisses, pareillement de Marseille, placées au couvent de San Cosimato, de Rome, et enfin à Louise Marsini, de Saint-Malo, actuellement placée au Monastère des Ursulines de Rome. En conséquence, avant leur départ, qu'elles projettent d'effectuer lors des fêtes de Pâques, Cattaneo se croit en devoir de prévenir Votre Éminence Révérendissime, afin qu'elle ait la bonté de leur accorder, ainsi qu'il est nécessaire, l'autorisation de sortir de leur clôture actuelle, et d'y joindre le bienfait de sa pastorale bénédiction pour le voyage qu'elles vont entreprendre, confiées aux soins du P. Paul, prieur du couvent de la Trinité des Monts, prêtre plein de prudence et de religion, qui se rend lui aussi à Marseille. Le requérant joint à cette prière l'assurance du profond respect... (*Caritas S. S.* t. xxx). »

L'autorisation fut immédiatement accordée, de sorte que le bon prélat Cattaneo passa cette même journée du 6 avril à faire des requêtes semblables aux deux cardinaux protecteurs, Ferrau pour les Capucines, et Braschi pour San Cosimato, et, sans désemparer, ayant obtenu de ces éminents personnages l'objet de sa demande, il écrivit aux deux supérieures, et d'abord à celle de l'Immaculée Conception :

« Munies de l'agrément du Pape et du consentement du très vigilant protecteur cardinal Ferrau, obtenu par Cattaneo, président des émigrés français, et autorisées par l'Éminentissime cardinal Della Somaglia, vicaire du Saint-Père, en la seconde fête de Pâques prochaines, se proposent de prendre la route de France les religieuses N. et N. Leurs compagnes émigrées en demeureront affligées, se voyant privées de leurs sœurs. Celui qui écrit ces lignes prie donc la R. Mère supérieure de les consoler autant qu'il lui sera possible, et de leur montrer les grands égards qu'ont expérimenté avec reconnaissance celles qui vont partir pour la France (Minute, Ibid.). »

Puis à la Mère Supérieure de San Cosimato :

« Munies de l'agrément, (etc. comme dessus)..., les religieuses Clarisses françaises émigrées Claire-Félicité Romieu, Marie-Claire Bouesq et Marie Julien, projettent de se mettre en route pour la France le jour de la seconde fête de Pâques, pour se rendre à la gracieuse invitation de leur zélé archevêque d'Aix. L'auteur des présentes lignes donne de tout ceci avis à la Révérende Mère supérieure du monastère de San Cosimato in Trastevere pour qu'elle en fasse part aux religieuses qui ont demandé ces faveurs, et concourre avec la permission qui leur est donnée, en facilitant le départ de ces religieuses, qui, comme ses filles, ont prêté jusqu'à ce moment obéissance à leur Mère, et maintenant désirent ardemment lui en donner les preuves les plus convaincantes en ces derniers instants de leur séjour. Toutefois, l'auteur des présentes lignes ne peut pas omettre de remercier en leur nom la Mère Supérieure pour le zèle et l'assiduité qu'elle a mis à assister ces exilées, et toutes les autres Révérendes religieuses de la charité et de l'attention dont elles les ont entourées pendant le temps de leur émigration. Il les assure toutes de la pleine satisfaction qu'a ressentie Sa Sainteté en voyant la docilité et l'affabilité avec lesquelles elles ont concouru à une œuvre qui intéresse si grandement son cœur; par là une auréole particulière orne maintenant nos monastères... (*Ibid*).»

A sa réponse verbale le cardinal Braschi voulut bien ajouter les lignes suivantes, écrites trois jours après à Mgr Cattaneo :

« Du Quirinal, 9 avril 1803.

« Du moment que les religieuses professes de l'Ordre de Sainte-Claire de Marseille, sœur Sainte-Félicité, sœur Marie-Claire, sœur Saint-Maurice, placées par le Saint-Siège au monastère de San Cosimato, et maintenant rappelées dans leur patrie, ont obtenu du Saint-Père la permission de partir, le cardinal Braschi Onesti, protecteur dudit monastère, ne peut que se faire un devoir et un plaisir de consentir à leur voyage. En conséquence, priant d'abord Votre Seigneurie Illustrissime et ensemble ces dignes religieuses d'agréer ses plus abondants remerciments pour l'obligeant et courtois bon office dont il a été fait usage envers lui dans cette circonstance, il ne veut point omettre de leur souhaiter un voyage absolument heureux et les plus sensibles consolations dans tous les temps. Et, offrant à l'obligeance de Votre Seigneurie Illustrissime les sentiments de sa reconnaissance avec la plus parfaite estime... (*Caritas.S.S.* t. XXXVII).

La suite de l'histoire nous est maintenant fournie par les souvenirs de la communauté.

« Nos Mères, y est-il dit, allaient donc enfin revoir cette patrie terrestre, où, au jour mille fois heureux de leur consécration au Seigneur, elles avaient reçu la promesse de la vie éternelle. Ah ! sans doute, les filles de François et de Claire ne pouvaient être mieux qu'à Rome, à l'ombre du tombeau des saints Apôtres et sous la protection du Vicaire Infaillible de Notre-Seigneur Jésus-Christ. Cependant, ces avantages, si précieux fussent-ils, ne pouvaient entrer en comparaison avec la perspective du relèvement du berceau de leur vie religieuse. Elles firent donc leurs adieux aux pieuses vierges du monastère de San Cosimato, qui depuis onze ans leur prodiguaient les marques de la plus fraternelle charité. Elles partirent le 18 avril 1803.

« Le voyage devait s'effectuer lentement, par égard pour la faiblesse de plusieurs d'entre elles. Les neuf religieuses arrivèrent le même jour à Ronciglione, où elles devaient passer la nuit. Le lendemain, à midi, elles s'arrêtaient à Viterbe pour y prendre leur modeste repas. Cette halte permit aux humbles filles du Patriarche et de la Vierge d'Assise de visiter l'église de sainte Rose et de vénérer les restes précieux de la jeune Tertiaire. Elles admirèrent la parfaite conservation de son corps et la merveilleuse fraîcheur répandue sur ses traits. Le soir du même jour, elles couchèrent à Montefiascone, et le 20, elles touchèrent aux frontières de Toscane. Deux jours après, elles descendirent à Sienne. Elles allèrent adorer Notre-Seigneur dans la remarquable cathédrale de cette ville, toute construite en marbre.

« A Pise, l'arrêt fut plus long. Nos Mères étaient épuisées de fatigue. Elles remarquèrent en passant l'église, la tour penchée et le *campo santo*, ou cimetière, si célèbre par les monuments dont les maîtres de l'art l'ont orné comme à l'envi. Le 24, elles étaient à Lerici.

« Les difficultés des chemins décidèrent nos pèlerines à se rendre à Gênes par mer. Bientôt, les dangers qu'elles avaient voulu éviter sur terre se présentèrent plus grands sur les flots soulevés par une affreuse tempête. Se croyant près de leur dernier moment, elles demandèrent une suprême absolution au digne prêtre qui les accompagnait, et qui, pour ne pas augmenter leur frayeur, dissimulait ses propres craintes. Enfin, après avoir longtemps été le jouet des vagues, le petit bâtiment atteignit Portofino, et peu après entra heureusement dans le port de Gênes.

« Là, nos Mères séjournèrent jusqu'au 3 mai dans le Conservatoire, ou orphelinat, de Saint-Bernardin. Le 4, elles descendaient à Savone, où le Consul de France leur donna chez lui la plus bienveillante hospitalité. Des vents contraires s'étant levés et menaçant de durer plusieurs jours, les enfants de la Pauvreté ne voulurent pas rester plus longtemps à charge à cet excellent personnage ; elles allèrent demander abri au monastère de Sainte-Claire, où elles furent accueillies avec les démonstrations de la plus vive sympathie. Elles ne quittèrent cette sainte demeure que le 12 mai.

« Le temps était redevenu favorable à la navigation ; la colonie s'embarqua de nouveau pour côtoyer pendant trois jours la Rivière de Gènes. Le 15 mai, à midi, nos voyageuses saluaient enfin la France, la Provence, leur chère patrie. Les cœurs battirent bien fort, et de douces larmes mouillèrent tous les yeux quand on toucha à La Ciotat.

« Là, des cœurs français, où veillait encore la foi des anciens jours, accueillirent avec joie les épouses du divin Maître. Tous les Ciotadins étaient émus et en même temps pénétrés de respect pour ces humbles religieuses qui avaient été obligées de fuir leur pays pour sauvegarder, au prix des peines de l'exil, leur foi et leur profession sainte ; tous, en conséquence, s'empressaient de les recevoir de la façon qu'ils croyaient la plus digne de leur vertu. D'autre part, on conçoit avec quels transports nos Mères baisèrent ce sol aimé de la France, où elles allaient de nouveau chanter les louanges du Seigneur. Bien que brisées de fatigue et d'émotion, elles ne purent, pendant les cinq jours qu'elles passèrent à La Ciotat, se dérober aux démonstrations ardemment sympathiques d'une foule avide de les voir et de les entretenir. Leur départ eut lieu le 20 mai ; le jour suivant elles arrivaient à Marseille.

« Messieurs les vicaires généraux, prévenus à l'avance, avaient pris de sages mesures pour soustraire les épouses de Notre-Seigneur à une réception enthousiaste qui eût certainement compromis l'œuvre de restauration qu'elles venaient opérer. A leur descente du navire, les trois Clarisses et les six Capucines montèrent dans des voitures qui les attendaient sur le quai ; les Marseillais n'apprirent leur retour que lorsqu'elles furent provisoirement installées dans l'ancien couvent de Saint-Joseph, appelé aussi le Refuge, placé sur la paroisse de la Major. Mgr l'archevêque a daigné venir en personne pour bénir et établir dans cette humble demeure les vierges revenues de l'émigration.

« Nos pieuses Mères étaient donc parvenues au port ; mais elles devaient longtemps encore jeter en terre avec larmes la semence de l'heureuse restauration qu'elles avaient en vue, et dont celles qui leur succéderaient pourraient seules pleinement jouir. Que d'émotions diverses durent se partager leurs cœurs pendant deux ans qu'elles vécurent dans ce premier asile ! Marseille était si changée depuis que l'ouragan révolutionnaire avait passé sur cette ville, autrefois si riche et si catholique. Que d'autels n'étaient pas encore relevés ! Que d'églises encore fermées au culte ! Combien de familles avaient été décimées par le fer du boureau ! Que de vides dans le clergé ! Que de monuments religieux anéantis pour toujours ! Vainement cherchait-on les traces de tant de monastères qui faisaient autrefois sa gloire et sa prospérité. Les uns avaient été complètement renversés ou nivelés au sol par le canon ou le marteau de la Révolution. Les autres, vendus en vertu de lois iniques et sacrilèges, étaient devenus la proie du domaine public ou de particuliers qui, sans crainte des anathèmes de l'Église, les avaient achetés, souvent pour une poignée d'assignats presque sans valeur. L'ancien couvent de nos Pères Franciscains de l'Observance était, comme tant d'autres, livré à des usages profanes, et devait subsister ainsi jusqu'à nos jours, avec son cloître et son préau remarquables, sous le nom de *Domaine de l'Observance.* Il en était de même de l'antique monastère de nos Mères ; sa belle chapelle était destinée à devenir la Manutention militaire. Il fallait donc renoncer pour toujours à recouvrer le local de la rue appelée autrefois rue *Neuve-Sainte-Claire,* et dite plus simplement rue *Sainte-Claire* depuis 1698. »

Mère Saint-Maurice, en ramenant à Marseille deux de ses filles dans le but de travailler à la restauration du monastère de Sainte-Claire, avait accompli le dernier effort que pussent lui permettre son âge et ses infirmités. Elle dut laisser à leurs mains encore jeunes, et à leur courage encore soutenu par des forces, le soin de commencer et de poursuivre cette œuvre infiniment laborieuse, se résignant à ne leur venir en aide que par ses prières. Elle ne quitta point la communauté des Capucines, et lorsque, le 10 août 1803, unies aux deux autres Clarisses, elles tinrent ensemble leur premier chapitre, Mère Saint-Maurice fut seule à ne point prendre part à cette assemblée : ce qui paraît l'effet et l'indice d'une volonté ferme de mener jusque dans le cloître une vie aussi humble et aussi cachée que possible. Une chose plus sûre, hautement affirmée par ces dignes religieuses, est le rare parfum d'édification qu'elle répandit en cette maison jusqu'au jour de sa très sainte mort, qui fut le 26 septembre 1816. Elle avait alors 82 ans.

2. MAUREL, alias Morel, Marie-Catherine, en religion sœur SAINT-ANDRÉ, née le 17 septembre 1729, était Mère Vicaire du couvent en 1790. Elle demeura dans Marseille, où on la voit pensionnée jusqu'en l'an XI, et il existe mention de sa promesse de fidélité au gouvernement consulaire à la date du 5 pluviose an VIII Elle avait alors 71 ans. Sa fin nous est inconnue.

3. JULLIEN, Catherine, en religion sœur SAINT-LOUIS, née le 29 février 1724, demeura également dans Marseille ; mais elle ne figure sur les tableaux des pensionnaires que jusqu'au second trimestre de 1794, qui probablement dut être le dernier de sa vie : elle avait alors 70 ans.

4. COUTON, Magdeleine, en religion sœur SAINTE-MAGDELEINE, née le 19 juin 1717, resta aussi à Marseille jusqu'au 1er trimestre de 1794, le dernier où la pension lui fut payée : ce qui donne lieu de supposer qu'elle mourut à cette époque, où elle avait atteint l'âge de 77 ans.

5. BOYER, Catherine, en religion sœur SAINT-JEAN-BAPTISTE, née le 30 mai 1728, continua de résider à Marseille ; mais elle n'y figure sur les états de pensionnaires que jusque dans le courant de l'an V, soit qu'elle ait pris momentanément une autre résidence, soit qu'elle ait voulu s'exclure elle-même des faveurs du gouvernement. En 1805, lorsqu'elle eût appris que deux de ses sœurs plus jeunes en

étaient aux premiers tentatives de restauration de sa communauté, elle vint les rejoindre, et montra par son zèle que l'amour de sa vocation n'avait point été atteuué par les glaces de l'âge, car elle avait alors 77 ans. Les deux bonnes sœurs, qui ne pouvaient pas à elles seules former un chapitre canonique, la prièrent cependant de leur tenir lieu d'Abbesse, et dûrent faire violence à son humilité pour qu'elle ne s'obstinât point dans le refus qu'elle leur avait d'abord opposé. Le 14 novembre 1807, la petite communauté, se trouvant composée de dix religieuses, put tenir son chapitre d'une façon régulière, sous la présidence de M. Dudemaine, vicaire général. Mère Saint-Jean-Baptiste y fut élue Abbesse ; elle conserva cette charge jusqu'au chapitre suivant, qui eut lieu le 14 novembre 1810. Cette vénérée Mère vécut encore trois ans, et mourut le 7 mars 1813, emportant tous les regrets de l'humble famille qu'elle avait constamment édifiée et sagement dirigée pendant les années de son gouvernement.

6. BERNARD, Anne, en religion sœur FRANÇOIS-XAVIER, née le 25 février 1738, fut pensionnée à Marseille jusqu'en l'an XI, où elle habitait Marseille-nord.

7. GUIRAND, Marguerite, en religion sœur des ANGES, née le 27 mars 1735, résidait aussi à Marseille-nord ; mais son nom disparait des états de pensionnaires après l'an V.

8. AUZIÈRE, Élisabeth, en religion sœur SAINTE-ÉLISABETH, âgée de 36 ans en 1792, suivit son abbesse à Rome où elle fut placée au couvent de San Lorenzo in Pane Perna, et en revint en 1807 avec sœur Sainte-Pélagie pour apporter son concours au rétablissement de la communauté. C'était une âme de rare pureté, et il semble que Dieu ait voulu lui attribuer cette gloire par un évènement qui demeure inexplicable de toute autre façon. Le jour de son pieux trépas, qui fut le 11 octobre 1812, aussitôt qu'elle eût rendu le dernier soupir, et avant que les sœurs en eussent donné la nouvelle à

qui que ce fût, on entendit tout autour du monastère des enfants s'écrier : « La sainte du couvent de Sainte-Claire est morte. »

9. OLLIVE, Marie-Madeleine-Cécile, en religion sœur de TOUS-les-SAINTS, était née le 6 septembre 1741. Un procès-verbal du 22 novembre 1791 fait foi qu'elle a déclaré vouloir sortir de son couvent et bénéficier des décrets de l'Assemblée nationale. Elle figure ensuite sur les états de pensionnaires de Marseille jusqu'en l'an xi.

Il y a lieu de ne pas confondre cette religieuse avec une sœur Françoise Ollive, récollette du monastère de Béziers, née le 6 Avril 1722, qui, expulsée de son couvent, vint abriter sa vieillesse à Aubagne, où on la voit jusqu'en l'an xi.

10. NIEL, Anne, en religion sœur SAINT-JOSEPH, émigra en compagnie de son abbesse, et fut placée à Rome dans le monastère de Santa Margherita. Elle était alors âgée de 41 ans. On verra plus loin l'intérêt que prit à elle en 1803 Mgr de Bernis, archevêque démissionnaire d'Albi.

11. BOUESQ, Thérèse-Catherine, en religion sœur SAINTE-CLAIRE, était âgée de 28 ans lorsqu'elle suivit à Rome son abbesse, et fut placée auprès d'elle dans le monastère de San Cosimato. C'était une grande religieuse et une âme de rare énergie ; on en a vu des preuves déjà dans les traits rapportés ci-dessus de sa constance et de son sang-froid en face des persécuteurs. Elle en avait donné une plus remarquable peu après son entrée dans le monastère ; car son père, accompagné d'un huissier, vint l'y réclamer avec fureur, décidé à l'en arracher de vive force. La bonne fille, pour le désarmer, passa la tête par l'ouverture de la grille du chœur, dite communicatoire, et lui dit : « Si vous voulez ma tête, la voilà ; mais mon cœur restera ici. » Cette première victoire, remportée sur les affections les plus tendres et les plus légi-

times, fut le prélude de toutes celles, non moins merveilleuses, qui remplirent sa vie.

Dans son long exil à Rome, elle ne cessa pas d'appeler de ses vœux le jour où il lui serait donné de voir rétabli son couvent de Marseille. A cet effet, incessantes furent ses prières pour obtenir de Dieu le retour de la paix dans son infortunée patrie. Quand elle sut que la religion y avait recouvré l'exercice de ses droits et de son culte, elle dit à sa compagne sœur Sainte-Félicité : « Que faisons-nous ici ? Les autres rétablissent leurs monastères, et nous resterions ici les bras croisés ! Courage, donc, ma toute bonne sœur ! sans plus tarder, mettons la main à l'œuvre ; le bon Dieu nous aidera. » Ce fut par l'effet de ce désir qu'elles se résolurent à revenir à Marseille avec leur pieuse Abbesse, comme nous venons de le raconter. Pour mettre avec quelque chance de succès la main à l'œuvre qu'elles méditaient, un courage indomptable et une prudence non moins grande leur étaient nécessaires, car rien ne pouvait paraître plus téméraire : les bonnes filles n'avaient devant elles que des obstacles. Ici, laissons encore parler les *Mémoires* du Monastère :

« La seule pensée d'une telle entreprise n'était-elle pas une témérité, alors qu'elles se voyaient sans ressources et dépouillées de tout ? D'ailleurs, comment se séparer de ces dignes sœurs Capucines, quand, pendant leur voyage de retour et pendant leurs travaux de réinstallation, on avait pu par des rapports journaliers apprécier leurs vertus et leurs qualités ? L'affection formée dans le partage des mêmes souffrances n'est-elle pas la plus pure, et par suite la plus étroite et la plus solide ? Heureusement, le courage de nos Mères fut supérieur à toutes ces épreuves.

« Nos deux Mères eurent pour toute ressource, au commencement, une seule pièce de six francs : c'est dire qu'elles devaient tout attendre de la bonté de Dieu, et en même temps se rendre par leur constance plus dignes de ses bienfaits. Dès l'année 1805, elles purent louer une pauvre maison, près de la porte d'Aix, à l'endroit appelé alors le Trou-des-Masques. Elles y demeurèrent pendant une année, vivant de privations inouïes, mais ayant donné à ce pauvre logis le plus de ressemblance qu'il était possible à un monastère. Ce fut là que la Mère Saint-Jean-Baptiste Boyer vint les rejoindre, et que leur fidélité à l'observance du chœur fournit à sœur Marie-Claire l'occasion de faire avec persévérance un acte merveilleux, héroïque, de mortification. La petite communauté était trop pauvre pour pouvoir se procurer une pendule ; elle devait s'en tenir au son des horloges publiques. C'était bien pendant le jour ; mais il fallait aussi se lever à minuit pour le chant des Matines, et, en sa qualité de sacristine, sœur Marie-Claire était chargée de donner l'éveil. A l'effet de pouvoir entendre les horloges, elle choisit pour lit le marche-pied de l'autel, dont la dureté, jointe à sa préoccupation, ne put manquer de lui être une source continuelle d'insomnies.

« Celui qui nourrit les oiseaux du ciel ne devait pas laisser nos deux restauratrices dépourvues du nécessaire. Sous son regard protecteur, elles établirent saint Antoine de Padoue pourvoyeur de leur humble famille, et placèrent sa statue au-dessus d'un tronc destiné à recevoir les aumônes, le tout dans une pauvre niche. Elles ne tardèrent pas à entrevoir la récompense qu'elles ambitionnaient, c'est-à-dire la prochaine renaissance de leur communauté.

« En effet, de bons Marseillais, heureux de posséder de nouveau les filles de sainte Claire, rivalisèrent de zèle pour leur procurer des ressources ; en même temps, plusieurs vocations se manifestèrent. Il fallut dès lors songer à l'acquisition d'un local moins insuffisant. Des bienfaiteurs dévoués louèrent pour elles, rue Tapis-Vert, l'ancien local dit la « Mission de France ». C'était, avant la Révolution, une maison de prêtres de la Mission, ou Lazaristes, et saint Vincent de Paul l'avait habitée pendant un séjour à Marseille. Sans doute, les ruines n'y manquaient pas, et la disposition du lieu ne convenait point aux exercices du cloître ; cependant les religieuses s'y établirent avec consolation en 1806. Là les bienfaiteurs et les parents qui avaient réussi à soustraire quelques objets de l'ancien couvent aux déprédations révolutionnaires, vinrent les remettre entre leurs mains.»

En 1807, le retour des sœurs Sainte-Pélagie Romieu et Sainte-Élisabeth Auzière porta au nombre de cinq celui des courageuses restauratrices ; en même temps, la bonté divine leur envoya cinq religieuses d'un ancien monastère du Tiers-Ordre de la ville de Lyon, désireuses de se replacer dans une atmosphère franciscaine, et d'embrasser pour cela dans leur intégrité la règle et les constitutions du second ordre en cette maison. A cet effet, un acte fut dressé le 12 novembre 1807. Deux jours après, cette communauté renaissante tint son premier chapitre, comme nous avons dit, et Mère Saint-Jean-Baptiste Boyer fut élue abbesse (1). Enfin, de pieuses jeunes personnes ne tardèrent pas à se présenter pour embrasser, elles aussi, la vie séraphique. L'ère de la prospérité semblait donc proche. Ce fut alors que Dieu voulut récompenser sœur Sainte-Claire des admirables vertus qu'elle avait déployées pendant toute sa carrière. Elle lui rendit, le 10 septembre 1812, son âme chargée de mérites. Elle n'avait alors que 47 ans, dont 23 de vie religieuse, et l'on était en droit d'attendre d'elle encore une longue série d'éminents services ; mais Dieu voulait les rendre d'autre part à la communauté sans retarder la récompense de sa fidèle servante.

(1) Les sœurs Tertiaires venues de Lyon s'appelaient :
Marie du Saint-Esprit Barbié.
Marie-Rose de Saint-Barthélemy Gay, qui mourut le 17 septembre 1816, après avoir été plusieurs fois vicaire et maîtresse des novices.
Félicité du Sauveur Brémond ; elle mourut le 7 juin 1825, à l'âge de 77 ans.
Marie-Géneviève de Saint-Jean-Baptiste Bussière, morte le 27 janvier 1639, à 75 ans.
Gertrude de Saint-Gabriel Rigouard, morte le 5 janvier 1832, à 66 ans.

12. ROMIEU, alias Roumieu, Claire-Lazare, en religion sœur SAINTE-FÉLICITÉ, était âgée de 28 ans en 1792, lors de son arrivée à Rome, où elle avait suivi son abbesse, et avait été placée avec elle dans le monastère de San Cosimato. Nous venons de raconter, à propos de sa précédente compagne, son retour de Rome et la part qu'elle prit aux premiers et aux plus austères travaux de la restauration de son cloître. Il nous reste maintenant à dire quelle admirable religieuse elle fut, et quelle édification elle répandit. Son humilité, d'abord, était profonde. De là naissait chez elle une ingénieuse charité qui, en toute occasion et malgré les apparences les plus compromettantes, lui fournissait le moyen de porter toujours sur le prochain une appréciation favorable. De là, encore, une obéissance parfaite à ses supérieures. Elle était cependant recommandable par sa prudence, par sa discrétion et par un juste discernement des esprits, de sorte qu'elle remplit très dignement les fonctions de Maîtresse des novices, de Portière et de Vicaire. A ces précieuses qualités étaient joints une extrême bonté de caractère, une douce fermeté et un zèle ardent pour les observances régulières. Elle avait une dévotion merveilleuse pour le saint Office. La joie avec laquelle elle y prenait part éclatait sur toute sa personne et provoquait la vénération des autres. Arrivée à un grand âge et visitée par de nombreuses infirmités, elle allait encore presque toutes les nuits à Matines, et, comme il ne lui était pas possible de se lever et de s'y rendre sans être aidée, une religieuse fut chargée de lui rendre ce service. Sœur Sainte-Félicité ne manquait pas, dans la journée, de la prier de ne point l'oublier ; or, cette sœur la trouvait chaque fois en train de faire les premiers efforts pour quitter son lit ; elle la soutenait ensuite pendant le trajet, et sœur Sainte-Félicité lui en témoignait une grande reconnaissance. Sa dévotion au Saint-Sacrement n'était pas moindre ; aussi, pendant sa dernière maladie, sa douleur la plus sensible fut d'être privée de l'assistance au Saint-Sacrifice. Elle s'en dédommageait le plus possible par des prières

et des récitations de psaumes que seuls les assoupissements pouvaient interrompre. Ce fut en répétant ces pieux cantiques qu'elle acheva sa laborieuse carrière, le 16 janvier 1835. Elle avait alors 74 ans, dont elle avait passé 50 dans la religion.

13. ROMIEU, alias Roumieu, Claire, alias Catherine, en religion sœur SAINTE-PÉLAGIE, était âgée de 29 ans en 1793, ainsi qu'en témoigne un état des sœurs émigrées admises au couvent de San Lorenzo in Pane e Perna, adressé le 22 juin de cette année-là par l'abbesse de cette maison au Commissaire général de l'Araceli (*Caritas S. Sedis*, t. XXXVI). Nous avons reproduit ci-dessus les précieuses pages où elle a raconté les douleurs et les luttes de sa communauté pendant les années 1790 à 1792 ; ce récit témoigne non seulement des vertus extraordinaires de son auteur, mais d'une élévation de pensées et d'un talent d'écrivain bien rares chez les personnes de son sexe. Après ce qui a été dit précédemment, rien ne nous parle plus de sœur Sainte-Pélagie pendant le cours de son exil, jusqu'au 5 novembre 1803, où Mgr de Bernis, archevêque démissionnaire d'Albi, qui la connaissait nous ne savons à quel titre, écrivit de Florence à Mgr Cattaneo en ces termes : « Monseigneur, connaissant l'infinie bienfaisance de Sa Sainteté et les bontés particulières dent vous voulez bien honorer les émigrés français qui sont encore dans l'état ecclésiastique, oserais-je recommander à votre charité deux vertueuses religieuses françaises que je sais être dans le besoin, non-seulement à raison de maladies qui ont épuisé toutes leurs ressources, mais aussi à raison de l'abandon absolu où les laissent leurs proches parents restés en France. Je prends la liberté de vous recommander, pour intéresser en leur faveur la bienfaisance de Sa Sainteté, la sœur Sainte-Pélagie Roumieu, religieuse clariste, qui est au couvent de Saint-Laurent in Panisperna, et la sœur Saint-Joseph, religieuse également clariste française, qui est au couvent de Sainte-Marguerite à Trastevere, en vous priant, Monseigneur, de prendre en considération la situation déplorable de

ces deux respectables victimes de notre malheureuse Révolution, à qui les couvents, où elles sont très bien placées d'ailleurs par la bienfaisance du Saint-Père, ne peuvent leur fournir d'autre secours que la nourriture. Je crois vous inviter à une bien bonne œuvre, et je partagerai bien sincèrement la reconnaissance qu'elles vous devront pour l'intérêt dont vous daignerez les honorer auprès de Sa Sainteté....... (*Caritas S. Sedis*, t. XXXVII).

Le prélat Cattaneo répondit le 2 décembre : « Au moment où j'ai reçu la lettre que vous m'avez fait l'honneur de m'écrire le 8 novembre dernier, et, il n'y a que peu de jours, j'avais eu le bonheur de prévenir vos désirs en allant au secours de sœur Sainte-Pélagie. Instruit qu'elle et une de ses compagnees étaient tombées malades, je m'empressai de lui faire passer la petite somme dont je pouvais disposer... Je puis vous assurer, Monseigneur, que, jaloux de partager l'intérêt que vous portez à ces religieuses, et de vous prouver par là le cas particulier que je fais de vos recommandations, il n'est rien que je désire tant que d'alléger leurs maux : ce que je ferai bien volontiers toutes les fois que j'en aurai les moyens (Ibid.). »

Sœur Sainte-Pélagie vit son exil se prolonger pendant encore plus de trois ans. En 1807, madame Porte, l'excellente chrétienne et marseillaise que nous avons déjà vue, lui fit savoir l'essai de restauration tenté par ses compagnes, l'invitant à venir se joindre à elles. A cette nouvelle, la joie de l'exilée fut extrême ; elle ne songea plus qu'à prendre les moyens d'effectuer son retour. Tandis qu'on s'en préoccupait, le Souverain-Pontife honora de sa visite le monastère de Saint-Laurent, et daigna faire preuve d'une attention particulière pour la pauvre exilée et pour son projet. Il l'admit au baisement du pied, et lui offrit également sa main à baiser, puis il la posa sur la tête de l'humble clarisse prosternée et doucement émue. Il lui exprima sa tendre compassion pour les douleurs que la Révolution lui avait fait subir. Sœur Sainte-

Pélagie lui demanda et obtint pour sa chère communauté de Marseille plusieurs faveurs spirituelles ; le Pape y ajouta le don d'une image de Notre-Dame-des-Douleurs qui depuis lors est dans le monastère l'objet d'une spéciale vénération.

Ce ne fut pas ensuite sans une poignante émotion que sœur Sainte-Pélagie vit s'approcher le moment du départ. Il fallait se séparer des bonnes clarisses de San Lorenzo après avoir joui des témoignages de leur charité pendant quinze ans ; il fallait aussi laisser entre leurs mains la bonne sœur Marie de Saint Louis Dominique, rendue incapable de tout voyage par ses infirmités. Enfin, elle se mit en route avec sœur Sainte-Élisabeth Auzières, et le voyage se fit à petites journées, ainsi que l'exigeait leur état de faiblesse. A Viterbe, elles vénérèrent le corps de sainte Rose ; à Bologne, celui de sainte Catherine. A Florence, elles furent accueillies par un cardinal qui les traita si charitablement, que sœur Sainte-Pélagie répondit avec simplicité à ses offres en requérant le don, pour sa communauté, d'une statuette de saint Michel-Archange en albâtre qu'elle apercevait sur un meuble. A Lyon, les deux voyageuses furent reçues et comblées de soins et d'attentions par les Clarisses de cette ville. Enfin, leur arrivée à Marseille, auprès de leurs sœurs, fut le sujet d'une joie inexprimable de part et d'autre : c'était le calme après la tempête, un beau soleil après un long orage, un délicieux repos après un long et pénible labeur.

La communauté renaissante avait alors pour aumônier un Père Minime qui, contrairement à l'usage fixé par la sainte Église, suivait imperturbablement son *Ordo* spécial, et n'avait nul souci d'adopter l'*Ordo* et la liturgie de S. François dans les offices qu'il présidait. La veille de la fête du Patriarche séraphique, aux premières vêpres, il entonna celles du commun des confesseurs, au lieu de l'office propre. Entendant cela, sœur Sainte-Pélagie fut saisie d'une si douloureuse surprise, qu'elle dut immédiatement quitter le chœur et aller cacher dans sa cellule une pluie de larmes indignées. Peu après, elle fit apporter remède à ce désordre par l'intervention de l'autorité pontificale.

Le 14 novembre 1810, comme nous l'avons dit, sœur Sainte-Pélagie fut élue abbesse, et dès lors revêtue du titre de Mère. Par la suite, plusieurs fois réélue, elle exerça cette charge pendant quinze années, s'efforçant par ses exemples et par sa direction d'inculquer à ses filles l'esprit et les traditions de l'Ordre. Ses dernières années ne furent pas moins édifiantes que celles qu'elle avait passées dans tant de douleurs et de travaux. Insatiable de la sainte Eucharistie, elle faisait, malgré les souffrances qui en devaient résulter, de grands efforts pour descendre au chœur et n'être pas privée de la communion. La Révolution et l'exil avaient déterminé chez elle, entre autres infirmités, une plaie douloureuse qui l'obligeait à recevoir des soins assidus. Une nuit, lorsqu'on allait lui offrir les services dont elle avait besoin, on la trouva dans une grande émotion. Aux questions qui lui furent faites, elle répondit : « Il faut que je me prépare à mourir. » Elle venait en effet, de recevoir comme un avertissement divin. « Monsieur Chaix, dit-elle, est venu me chercher ; il était là. » Et elle montrait la place où elle l'avait vu. Et il m'a dit : « Il faut nous préparer ; nous nous en allons. » Or, ce saint prêtre, curé de Notre-Dame du-Mont et vicaire général, était mort depuis quelque temps. Mère Sainte-Pélagie ne l'avait jamais connu que de nom ; cependant elle le dépeignit parfaitement, et plusieurs sœurs constatèrent que c'était bien l'homme de Dieu. Cette vision, que la pieuse Mère avait eue en plein état de veille, l'impressionna profondément. Dès lors, elle ne s'occupa plus que de se préparer à la mort : elle fit une confession générale, et redoubla de ferveur dans ses communions, qu'elle dut faire désormais en viatique. Or, l'avertissement reçu n'avait point été une vaine illusion, car peu après sa dépouille mortelle fut trouvée inanimée sur son lit, le matin du 10 janvier 1840. Cette mort précieuse devant le Seigneur, survenue après une carrière religieuse de 55 ans, pleine des vertus et des travaux les plus admirables, enlevait à la communauté le dernier de ses témoins et de ses victimes de la persécution révolutionnaire.

14. GUIBERT, Magdeleine - Gabrielle, née le 1er octobre 1730, converse. habita Marseille-centre et y fut pensionnée, à notre connaissance, jusqu'en l'an V.

15. MARTIN, Anne - Marie, née le 16 décembre 1746, converse, disparut de Marseille après le second trimestre de 1793.

16. LANCE, Thérèse, née le 15 octobre 1731, tourière, habita Marseille-centre, et y toucha régulièrement sa pension jusqu'en l'an XI.

17. ARNOUX, Marguerite, simplement tertiaire, âgée de 30 ans en 1790, suivit son abbesse à Rome, où elle fut placée au couvent de Santa Margherita in Trastevere.

N.-B. — Dans deux ou trois papiers du *Caritas S. Sedis*, est indiquée comme attachée aux Clarisses de Marseille une personne nommée Marghiglié, alias Marguilié (les deux orthographes s'y trouvent), que l'on dit veuve ; mais ces notes sont si courtes et si peu circonstanciées, qu'il est impossible d'y voir clair.

Récollettes.

D'après un mémoire qui subsiste aux Archives des Bouches-du-Rhône, dans le dossier des Dames de Saint-Sauveur, la maison des Récollettes de Marseille fut supprimée par ordonnance de l'évêque peu d'années avant la Révolution. Leur monastère fut mis à la disposition desdites Dames, et les religieuses furent réunies aux Clarisses, Voici celles qui existaient en 1790 ; le grand âge de la plupart d'entre elles donne lieu de supposer que le défaut de recrutement fut le motif de leur suppression :

1. CHEVALIER, Marie-Claire, en religion sœur MARIE DE L'INCARNATION, âgée de 78 ans en 1790. Elle fut pensionnée à Marseille jusqu'à la fin de 1793. Son nom est absent des états de 1794. Il est naturel d'en inférer qu'elle était allée goûter la paix du ciel.

2. CAZE, alias Casse, Suzanne, en religion sœur MARIE DE SAINT-PAUL, âgée de 76 ans, figure dans les états et en disparaît comme la précédente.

3. LAURENT, Thérèse, en religion sœur MARIE DU SACRÉ-CŒUR, née le 22 avril 1723, fut pensionnée à Marseille jusqu'au troisième trimestre de 1793. Elle resta ensuite quatre trimestres entiers sans rien toucher, de sorte que, au quatrième de 1794, ses arrérages et ce dernier trimestre formèrent un total de 855 livres 11 sols, qui lui furent versées. Elle ne paraît point sur les états de l'an V, sans doute parce qu'elle est morte.

4. GUICHARD, Anne, en religion sœur MARIE DE SAINTE-MADELEINE, née le 27 novembre 1719, toucha de même sa pension à Marseille jusqu'en 1792, et semble ne plus exister en l'an V.

5. CABASSON, Anne, en religion sœur MARIE DE SAINT-ANTOINE, née le 20 mars 1722. Mêmes renseignements que pour la précédente.

6. DOMINIQUE-GAVARRY, Madeleine-Louise, en religion sœur MARIE DE SAINT-LOUIS, était âgée de 53 ans en 1790. Les sœurs Clarisses ont conservé d'elle ce souvenir : dans l'intervalle bien court qui s'écoula entre la sortie forcée du couvent et le départ pour Rome, cette bonne sœur fut citée devant des magistrats qui la requirent de prêter le serment

de liberté-égalité. Elle leur répondit : « La loi divine me défend de jurer en vain. J'aimerais mieux souffrir mille morts que violer en ce point ma foi, et rien au monde ne sera capable de m'ébranler. » Les magistrats vomirent contre elle mille injures, et en définitive la laissèrent libre. Peu après, elle fit partie de la pieuse caravane des Clarisses qui allaient se réfugier à Rome, où elle fut placée au couvent de Santa Margherita in Trastevere.

7. GOUYRANT, Renée, en religion sœur MARIE-JÉROME, âgée de 55 ans en 1790, suivit à Rome l'Abbesse des Clarisses, et fut placée au couvent de Santa Margherita in Trastevere. Il subsiste d'elle, dans le tome XXXVII du *Caritas S. Sedis*, deux billets. Le premier, daté du 20 juin 1797, adressé à Mgr Caleppi, est conçu en ces termes : « Monseigneur, la qualité d'être si obligeant, dont j'ai moi-même ressenti les effets de la part de Sa Grandeur, me fait prendre la liberté de m'adresser à son illustre personne pour solliciter une grâce, ne doutant point que son bon cœur ne se porte à me la procurer. C'est que M. Donadieu, prêtre français, ayant été approuvé pour nous confesser, nous nous trouvons à la veille de le perdre, car sous peu de jours il doit retourner en France. En conséquence, Monseigneur, nous vous prions, si vous le trouvez bon, de nous faire approuver M. le chanoine Latour, prêtre français. Sa famille est une des plus respectables de Marseille, et, pour lui, il avait une réputation des mieux établies dans ladite ville. Nous avions, dans notre monastère de Marseille, une de ses tantes religieuse, dont la conduite était des plus édifiantes. Au reste, Monseigneur, ce n'est que d'après la permission de Madame l'Abbesse de Sainte-Marguerite que j'ai l'honneur de vous faire cette prière. Je ne cesse d'offrir mes vœux au ciel pour la conservation de Sa Grandeur, ce dont elle peut être persuadée, ainsi que du profond respect... Sœur Marie-Jérôme, de l'ordre de Saint-François, française. — Nous sommes deux religieuses françaises et une servante. »

L'autre billet, du 25 janvier 1803, est adressé à Mgr Cattaneo, et ainsi conçu : « Monseigneur, la qualité d'être si obligeant que tout le monde attribue à Sa Grandeur me fait oser prendre la liberté de lui écrire pour prier Sa Grandeur de m'accorder une visite, s'il est possible, pour avoir l'honneur de lui communiquer une chose de conséquence qui demanderait ses sages conseils. J'espère cette grâce de son bon cœur paternel, et j'offre des vœux au ciel pour la conservation de ses précieux jours : ce dont il peut être bien persuadé, ainsi que du profond respect... Sœur Marie-Jérôme GOUYRANT, religieuse Clariste française, émigrée, au monastère de Sainte-Marguerite au Trastevere à Rome. »

8. RÉGIBAUD, alias Régimbaud, Françoise-Marie, en religion sœur MARIE DE JÉSUS, née le 17 mars 1739, continua de résider à Marseille, où elle fut pensionnée jusqu'en l'an XI. Elle fit sa promesse de fidélité le 5 pluviose an VIII.

9. AUDIBERT, Anne-Rose, en religion sœur VISITATION née le 9 juillet 1725, fut pensionnée à Marseille jusqu'en fin 1794. En l'an X, elle ne figure plus sur les états.

10. GIRAUD, Marie-Anne, nom qu'elle a conservé en religion, était âgée de 75 ans en 1790. Dès le commencement de 1793, elle alla résider à La Cadière.

Une fille Féraud est notée avec la qualité de Récollette sur les papiers du fisc, à Marseille, le 1er juin 1791, comme créancière d'une demi pension viagère constituée en sa faveur sur les biens de la maison des Récollettes passés aux mains des Dames de Saint-Sauveur. A ce titre, le fisc reconnait avoir à lui verser 18 livres. Nous estimons que ce devait être une domestique. Des notes semblables de pensions viagères concernent deux converses et une tourière de Sainte-Claire, et sont datées du 31 janvier et du 1er février 1792 ; 15 livres sont versées à chacune des titulaires.

Le 19 juillet 1792, l'abbesse de Sainte-Claire envoyait ces

lignes à une administration qui sans doute les avait réclamées : « Je déclare que la maison de Sainte-Claire est composée de vingt religieuses de chœur, trois converses, deux tourières, trois domestiques. A Marseille, 19 juillet 1792, sœur Théodore JULIEN, supérieure. » Évidemment, elle comprenait dans ces nombres le personnel des Récollettes.

Capucines de Marseille. (1)

La persécution révolutionnaire commença de s'abattre sur le couvent des Capucines de Marseille lors de l'établissement des clubs, et le premier tourment de nos sœurs fut d'être obligées d'ouvrir leur église à une de ces criminelles assemblées. Le démon, une fois introduit de la sorte dans la maison de Dieu, ne devait pas tarder à en bannir ses chastes habitantes.

Les décrets par lesquels l'Assemblée nationale dissolvait les ordres religieux et déclarait leurs biens acquis à la nation donnèrent lieu à une multitude de vexations. A Marseille, les détenteurs de l'autorité mirent à l'exécution de cette œuvre une lenteur calculée, par conséquent d'autant plus cruelle. Au lieu d'obéir comme à regret aux lois impies de l'Assemblée, les magistrats multiplièrent, vis-à-vis de pauvres filles innocentes, les visites, les perquisitions et les interrogatoires, cherchant à ébranler la constance des Capucines, et affligeant leurs oreilles de propos injurieux et blasphématoires. Pour comble, la première de ces visites fut présidée par un prêtre apostat.

(1) Tous les détails que nous allons rapporter dans cet article, à moins d'indication d'autres sources, proviennent de communications dues à l'obligeante charité des Mères Capucines. Le lecteur pourra en trouver de plus étendus, dans l'*Auréole de Sainte-Claire*, par M. Guérin (Aix, Remondet-Aubin, 1867, in-8° (et plus encore dans *Une page de la Révolution*, ou *Histoire des Religieuses Capucines de Marseille de* 1789 *à* 1802, par le Père Ambroise de Bergerac. (Paris, Taranne, 1870, in-12).

Bientôt, une partie des bâtiments et des jardins, puis la salle du chapitre, durent être cédées aux soi-disant patriotes. Un maire de Marseille eut l'impudence de présider le chapitre ordonné par la loi pour l'élection d'une supérieure et d'une économe. Les sœurs donnèrent leurs suffrages aux élues de leur précédent chapitre.

Le 25 juillet 1792, la municipalité fit signifier aux Capucines l'ordre d'évacuer leur maison dans les vingt-quatre heures. Jusqu'à ce moment, le P. Calixte de Brignoles, leur aumônier, avait pu se rendre assidûment auprès d'elles, entendre leurs confessions, leur distribuer le pain qui fait les forts, et soutenir leur courage. Pour le cas où elles se trouveraient subitement obligées de quitter le monastère, il leur avait indiqué le moyen de se communier avec toute la décence possible en l'absence d'un prêtre.

En conséquence, le 26 juillet, la Mère Marie-Angélique de Venise, abbesse, ouvrit le tabernacle et versa sur un corporal le contenu du saint ciboire. Chaque sœur vint se communier avec la langue. Elles emportèrent Dieu en leurs cœurs, et laissèrent la maison et tout ce qui s'y trouvait aux mains de ses ennemis.

Le premier refuge des exilées fut le couvent des Carmélites, où les envoyaient les magistrats du district. Les filles de sainte Thérèse accueillirent avec charité celles de saint François, et crurent un instant que la désignation de leur maison pour les recueillir serait une garantie de sa conservation. Un avenir prochain devait leur montrer combien elles se trompaient.

En effet, l'orage politique devenait de plus en plus menaçant. La persécution montrait un déploiement de fureur inconnu depuis les guerres de religion. Toutes les magistratures étaient aux mains d'hommes choisis parmi les plus pervers. Il n'y avait plus aucun espoir de paix et de sécurité. Les prêtres, cachés ou fugitifs, n'avaient plus la liberté de rendre aux communautés religieuses les services spirituels dont elles ne peuvent pas rester privées. Les parents des Capucines venaient à chaque instant, le cœur et la voix remplis d'épouvante et de larmes, les inviter à rentrer au sein de leurs familles.

Ces dignes filles de saint François s'étaient résolues à ne quitter la vie claustrale et commune qu'après avoir épuisé tous les moyens de lui rester fidèles ; par suite, elles formèrent le projet de s'expatrier si elles pouvaient trouver asile à l'étranger, en quelque monastère de l'ordre.

Les Clarisses de Nice, sollicitées de les recevoir, répondirent avec empressement que l'exiguité de leur maison ne leur permettait pas d'en recevoir plus de trois, mais qu'elles seraient heureuses de les accueillir. La vénérable Abbesse crut sage de faire profiter de cette faveur trois de ses plus jeunes sœurs, qui furent sœur Marie-Virginie, sœur Marie du Verbe-Incarné et sœur Marie du Calvaire. Elles partirent de Marseille le 17 août 1792.

Pour les autres, la Mère Abbesse tourna ses regards vers Rome, espérant y trouver, en quelque monastère de l'ordre, asile pour elle et pour toutes celles de ses filles qui auraient la liberté de la suivre : nous verrons chacune d'elles dans les notices ci-après. Elles prirent la mer, avec leur digne supérieure, le 25 août 1892.

Les Carmélites ne tardèrent pas à être à leur tour expulsées.

Le navire qui emportait la Mère Abbesse et ses compagnes devait les déposer à Civitavecchia ; une tempête l'obligea de faire relâche à Toulon, où il fut entouré de la plus abjecte populace montée sur tous les canots qu'elle put rencontrer. Les chastes oreilles des voyageuses durent subir le martyre d'entendre les obscénités et les impiétés les plus révoltantes. Mais Dieu, qui n'envoye aux siens aucune épreuve sans préparer en même temps la consolation dont il la veut faire suivre, les fit aborder peu de jours après à l'île d'Elbe, où le gouverneur et la population tout entière les accueillirent avec enthousiasme.

Le 10 septembre, elles débarquaient à Civitavecchia, dont le gouverneur les logea au palais pontifical.

Le R. P. Angélique de Sassuolo, général des Capucins, prévenu de leur arrivée, se hâta d'en donner avis au cardinal Borromeo, protecteur de l'Ordre. Ce prince eut aussitôt la pensée de faire disposer pour les exilées un édifice qu'il construisait alors à Rome dans le dessein d'en faire un hôpital. Mais le cardinal Zelada, secrétaire d'État, le prévint et se fit autoriser par le Souverain-Pontife à prendre soin des Capucines françaises. Le chagrin qu'en ressentit le cardinal Borromeo, dit-on, abrégea ses jours. Il mourut peu après, laissant son charitable compétiteur désolé de lui avoir fait, sans s'en douter, une aussi grande peine. Le cardinal Zelada succéda à son éminentissime collègue dans la fonction de protecteur des Capucins.

Le 16 septembre, les voitures du Pape, envoyées à Civita-Vecchia pour transporter les Capucines, les amenèrent à Rome. Aux portes de la Ville éternelle, un ecclésiastique français était chargé de les recevoir et de les faire monter dans trois carrosses de la Cour, qui les conduisirent à la basilique de Saint-Pierre. Le cardinal Zelada les y attendait ; il les bénit, remercia Dieu avec elles, puis les fit remonter en carrosse, où il prit place lui-même, et les amena au couvent des Capucines de l'Immaculée - Conception de'Monti, où un asile leur était préparé. Pour qu'elles ne fussent pas à charge à cette maison, il eut soin d'assigner à chacune d'elles une pension de 450 fr. Elles ne voulurent point y toucher, et en remirent l'entière disposition à la Mère Abbesse de'Monti.

Cependant, la vénérable Mère Angélique, tout en goûtant le bienfait de cette retraite, demeurait en proie à la plus vive anxiété. Le souvenir de ses trois plus jeunes filles torturait son cœur maternel, et, quand elle eut appris l'invasion du comté de Nice par l'armée française, sa douleur fut au comble. Elle ne cessait d'élever vers Dieu d'ardentes prières pour le conjurer d'être leur protecteur et leur guide et de les amener auprès d'elle. Le divin Maître l'exauça pleinement.

Les trois jeunes sœurs avaient quitté Marseille le 17 août, après de déchirants adieux à leur abbesse, à leurs compagnés et aux bonnes Carmélites. Avant ce départ, sœur du Verbe Incarné avait dû soutenir de rudes assauts contre les instances de sa famille, qui la rappelait sous le toit paternel. La violence des scènes auxquelles ceci avait donné lieu était allée jusqu'à lui occasionner un vomissement de sang qui la rendit malade. Sa résolution n'en fut point ébranlée.

A peine le navire eut-il quitté le port qu'une tempête l'obligea d'y rentrer. Les obsessions des parents recommencèrent, et il ne fallut pas moins qu'une constance héroïque aux trois Capucines pour demeurer victorieuses. Le 20 août, le navire remit à la voile.

En vue des îles d'Hyères, le capitaine aperçut une frégate qui cinglait droit sur lui. Était-elle montée par des pirates barbaresques ou par un équipage français ? Il savait qu'en l'un et l'autre cas le danger serait le même pour les pauvres sœurs : « Priez, Mesdames, leur dit-il, priez le Seigneur de nous délivrer. » Les pieuses filles récitèrent les Litanies de la Sainte Vierge. Immédiatement, le vent souffla en tempête ; la frégate dut amener ses voiles et s'éloigner. Plus tard, le capitaine apprit que ce bâtiment, ayant capturé deux prêtres qui se rendaient à Nice, les avait livrés aux fureurs de la populace de Toulon, ou de quelques matelots, et qu'ils étaient morts assassinés.

Après vingt-quatre heures de mer, nos Capucines abordèrent à Nice. L'Évêque les accueillit avec des larmes d'attendrissement, et leur offrit pour asile son propre palais (1). Elles le supplièrent de leur ouvrir les portes du couvent de Sainte-Claire. Il les y fit conduire par un de ses vicaires généraux ; plusieurs prêtres français émigrés leur firent cortège, et partout sur leur passage le peuple admirait la fermeté de leur foi et les comblait de bénédictions.

Elles étaient là depuis un mois, entourées des soins charitables des bonnes Clarisses, lorsque l'armée française, com-

(1) Ce prélat était Mgr Charles-Eugène Valperga, promu en 1780, démissionnaire en 1801.

mandée par le général d'Anselme, envahit la région. Déjà le général de Montesquiou, attaquant par le nord les états du roi de Sardaigne, avait pris Chambéry ; son collègue fit son entrée par le sud en prenant Nice, qui était hors d'état de l'arrêter. Or, il y avait dans cette ville plus de quinze cents prêtres français émigrés, jusqu'à six évêques, et en plus le vice-légat d'Avignon. A l'approche des Français, il fallut fuir. Jeunes et vieux, pour la plupart sans ressources, durent se mettre en route à pieds, pénétrant plus avant dans le Piémont, plus ou moins au hasard, se dirigeant vers des lieux où beaucoup d'entre eux arrivaient perdus de fatigue, et où tout repos leur était refusé : c'était un spectacle mille fois lamentable (1). Une notable partie des habitants de Nice s'enfuirent aussi, emportant ce qu'ils avaient de plus précieux. L'évêque fit conseiller à nos bonnes Capucines de s'éloigner aussi.

Voilà donc ces trois pauvres filles, dépourvues de tout, délicates dans leur santé, obligées de se jeter dans l'inconnu, en plein pays étranger. Il est facile de comprendre quel degré de courage et de confiance en Dieu leur fut nécessaire en face d'une aussi redoutable épreuve ; mais elles furent supérieures au malheur qui les frappait. Elles jetèrent sur leur habit religieux quelques vêtements séculiers qui ne dissimulaient pas entièrement leur qualité, et traversèrent l'armée française, allant droit devant elles, sans but fixé, se recommandant à leur divin Époux, et surabondant de joie au milieu de leur tribulation (2).

A la fin du premier jour de marche, à sept heures du soir, elles ne savaient où prendre asile, et se disposaient à passer la nuit sous un arbre, lorsque vint à elles une jeune fille de-

(1) M. le Vicomte de Richemont a publié, dans la *Revue des Questions historiques* du 1er janvier 1894, quelques lettres et mémoires de M. l'abbé Gourgon, prêtre du diocèse d'Agde, contenant les plus précieux détails sur cet épisode de l'émigration.

(2) L'entrée des Français dans Nice eut lieu le 29 septembre. Il est probable que le départ des trois sœurs s'était effectué dès le matin de ce jour.

mandant si elles n'étaient point les Capucines françaises sorties le matin même du couvent de Sainte-Claire. Sur leur réponse affirmative, elle se dit envoyée par sa maîtresse pour leur offrir l'hospitalité. A peine étaient-elles entrées dans la maison qui s'ouvrait si gracieusement devant elles, que l'armée française fut signalée dans le voisinage, et on apprit que l'Évêque de Nice avait été fort maltraité et emprisonné par les envahisseurs. La population était dans la terreur ; les pauvres Capucines durent relever le courage des personnes charitables qui les avaient accueillies, et passer en prières une nuit où le plus parfait repos leur eût été bien nécessaire.

Le lendemain, elles se remirent en marche, et traversèrent de nouveau l'armée révolutionnaire. Elle les vit passer avec indifférence ; seul un dragon leur adressa quelques paroles de compassion. Elles continuèrent ainsi leur route pendant plusieurs jours, espérant arriver à Turin. La fatigue des marches forcées, les privations et les accidents de toute sorte ne faisaient que réchauffer leur amour de la Croix. Du reste, dans son ineffable bonté, le divin Maître pour lequel elles souffraient mêlait à leurs douleurs le baume de la consolation : il leur faisait parfois rencontrer les soins les plus charitables dans les familles chrétiennes des lieux qu'elles traversaient.

Le 4 octobre, fête de notre séraphique P. S. François, elles arrivèrent dans un village nommé Viola (1). Le gouverneur du lieu, qui avait entendu parler d'elles et les avait prises en compassion, voulut les recevoir dans son château. Le lendemain, comme elles allaient entendre la messe dans une église voisine, le prêtre qui la desservait leur apprit que leur abbesse, Mère Marie-Angélique, était à Rome avec un certain nombre de ses sœurs, et que le plus charitable accueil leur avait été fait dans la Ville éternelle. Aussitôt elles résolurent de s'y rendre, et en écrivirent au général de l'Or-

(1) Viola, qui contient aujourd'hui 1311 habitants, est dans l'arrondissement de Mondovi, province de Cuneo.

dre. Celui-ci s'empressa de communiquer leur lettre au Souverain-Pontife, qui manifesta le plus paternel intérêt pour les pauvres fugitives. Il ordonna que l'on fît savoir à tous ses agents diplomatiques que, partout où on les rencontrerait, on eût à prendre soin de les acheminer vers Civitavecchia, et chargea le gouverneur de cette ville de le prévenir dès leur arrivée.

La vénérable abbesse Marie-Angélique fut sensiblement consolée en apprenant des nouvelles des trois filles qu'elle pleurait tous les jours, et que maintenant elle pouvait espérer voir bientôt auprès d'elle.

De Viola, les trois courageuses fugitives se rendirent à Vintimille, où l'évêque les reçut avec charité et les logea au couvent des Annonciades. Elles s'y reposèrent pendant trois jours, et furent prises en affection par un pieux personnage qui les avait vues accablées de fatigue à leur entrée dans la ville. Il leur procura une voiture qui les transporta jusqu'à San-Remo, où elles furent encore l'objet des attentions les plus charitables de l'évêque et des religieuses Feuillantines, chez lesquelles il les logea. Après dix jours, elles s'embarquèrent pour Gênes sur une felouque où se trouvaient déjà quinze prêtres ou religieux, huit Visitandines et une Carmélite, également échappés aux fureurs de la Révolution.

A Gênes, elles rencontrèrent dans la rue un Frère quêteur capucin, et lui demandèrent aide et protection. Il les conduisit dans un des palais de cette ville opulente ; la dame qui l'habitait les combla des marques de sa charité pendant onze jours, après lesquels elles prirent place sur un navire qui faisait voile pour Civitavechia. Une tempête rendit leur traversée très pénible ; mais c'était la dernière épreuve.

On était prévenu de leur arrivée. Le consul pontifical de Gênes s'était hâté d'annoncer à Rome qu'elles étaient arrivées par la polaque *Nostra Signora dell' Assunta,* du capitaine Antonio Calvi, de ce même port (*Caritas S. Sedis* tome XXXI, où cet avis n'est pas daté). Au reçu de cet avis, le 31 octobre (1), Mgr Caleppi écrivit à Mgr Morozzo, gouverneur de Civitavecchia : « Sous peu de jours doivent vous arriver de Nice trois religieuses Capucines, sœur Virginie, sœur du Verbe Incarné et sœur du Calvaire. J'ai été déjà chargé de prendre soin d'elles, et mon intention est de les réunir à leurs sœurs du monastère de la Conception. Je vous prie donc de me faire savoir leur arrivée aussitôt qu'elle aura eu lieu (*Caritas S. Sedis*, t. XXV). » Le même navire les amena au port de Civitavecchia, et, le 6 novembre, Mgr Morozzo signala au cardinal Zelada leur arrivée avec d'autres religieuses Visitandines et Carmélites, ajoutant qu'un Père capucin accompagnait les trois capucines vers Rome (*Caritas S. S.* t. IV). Un billet sans date de Mère Marie-Gertrude, abbesse de l'Immaculée Conception dei Monti, adressé à Mgr Caleppi, le prie de faire le plus tôt possible retirer de la douane les effets des religieuses émigrées, afin qu'elles puissent changer de vêtements, les leurs étant mouillés par la pluie et salis par leur voyage dans la barque ; ce qui montre qu'elles étaient venues à Rome par le Tibre (*Caritas S. S.*, t. XXXVI). Leur communauté a conservé le souvenir que leur entrée dans la ville éternelle eut lieu le 10 novembre, que le cardinal Zelada, en sa qualité de protecteur de l'Ordre, tint à les recevoir en personne, avec honneur, et à les mettre entre les bras de leur abbesse et de leurs sœurs.

Après ces récits, nous allons suivre en son particulier chacune de ces dignes filles de Saint-François :

1. LAUGIER, Madeleine - Agathe, en religion sœur MARIE - ANGÉLIQUE DE SAINT - PAUL, née à Venise, âgée de 65 ans en 1790, gouverna ses filles au milieu d'insurmontables tribulations, avec une sagesse et un bonheur

(1) Cette date du 31 octobre peut n'être pas exacte, car le tome VI du *Caritas S. Sedis* contient un billet de Mgr Caleppi au seigneur Perilli, lieutenant du gouverneur de Civitavecchia, daté du 27 octobre, lui disant s'être entendu avec le gouverneur pour le transport à Rome des religieuses émigrées.

dont il n'y eut que de bien rares exemples pendant le cours de cette malheureuse persécution. Nous ne savons si ce fut elle qui eut la pensée d'une émigration générale à Rome, ou si elle provint d'une inspiration étrangère ; toujours est-il qu'elle eut le mérite de l'accepter avec générosité et d'en préparer et diriger l'exécution. Nous ignorons également bien des détails qui ne seraient point sans intérêt sur le voyage des pieuses fugitives. Elles s'embarquèrent au port de Marseille le 25 août 1792 ; elles arrivèrent à Civitavecchia le 10 septembre, et furent logées dans le palais pontifical de cette ville, où elles eurent le bonheur d'entendre quotidiennement la sainte messe. Après une attente de huit jours, elles furent conduites à Rome dans les voitures du Pape, et placées au couvent des Capucines de l'Immaculée - Conception dei Monti, où plusieurs d'entr'elles devaient finir leurs jours.

L'exil est toujours douloureux ; la consolation que ces pieuses filles durent éprouver en se voyant dans un monastère de leur ordre ne put pas être sans mélange. Elles ignoraient la langue de celles qui les accueillaient, étaient étrangères à leurs mœurs, et, ne craignons pas de le dire, obligées de vivre au milieu de cet esprit de défiance et de suspicion qui est le fond même du caractère italien. Il subsiste deux traces de ce sentiment chez leurs hôtes. Une lettre sans date de la Mère Marie-Gertrude, abbesse de l'Immaculée-Conception dei Monti, à Mgr Caleppi, le prie de pourvoir à l'inconvénient de visites trop fréquentes que font les Français aux religieuses émigrées, le requérant de lui enjoindre à elle-même de n'admettre aucun visiteur qui ne soit muni d'une autorisation écrite de ce prélat (*Caritas S. Sedis*, t. XXXVI). En France, chacun sait combien nos communautés cloîtrées évitent de fréquenter le parloir ; il n'est pas sûr qu'à Rome elles soient aussi réservées sous ce rapport. Mais la circonstance était extraordinaire, et Rome fourmillait de pauvres prêtres français parents ou amis des réfugiées ou de leurs familles : on comprend que ces infortunés cherchassent à échanger quelques paroles de résignation avec les religieuses.

Il y a lieu, cependant, de convenir que l'Abbesse était sage en y mettant une mesure qui était de nature à contrister les visiteurs bien plus que les Capucines.

Mais cette misère se prolongea tout de même. Un long mémoire sans date, mais attribuable au mois de décembre 1795, fut adressé au Pape par le P. Ruffin, théatin, confesseur des Capucines et des Visitandines émigrées. Il y dit que, depuis trois ans, il comprend la nécessité de redoubler de sévérité au sujet des visites et des correspondances ; à cet effet, il propose des mesures exhumées d'anciens règlements commentés par lui. Dans cet opuscule, un article est intitulé : *Obligation d'observer tout ce qui se pratique dans les maisons où elles sont admises*, et il y dit : « La seule nourriture d'Italie est une pénitence des plus pénibles pour les Françaises, MÊME POUR LES CAPUCINES ». En conséquence, il propose de placer dans une communauté mieux servie en fait d'aliments celles dont l'estomac est plus débile (*Caritas S. Sedis,* t. XXXVI). Si le Pape lut ce mémoire du P. Ruffin, il dut se persuader que le P. Ruffin était un homme de bonne santé et d'excellent appétit : c'était la seule conséquence à en tirer.

Au nombre des consolations que goûtaient cependant les pauvres exilées, elles sentaient que la plus précieuse se trouvait dans la sollicitude du Souverain Pontife, qui ne cessait pas de veiller sur elles, et dans celle des prélats qu'il avait choisis pour ministres de sa bienfaisance et chargés de pourvoir à leurs besoins aux dépens de son trésor. Bien mieux, le Pape daigna les combler de faveurs spirituelles toutes spéciales. Par un bref du 13 avril 1795, il leur accorda une indulgence plénière trois fois la semaine, et de plus au jour anniversaire de leur baptême, à celui de leur entrée en religion et de leur profession, une indulgence plénière une fois le mois et à l'article de la mort pour leurs parents et bienfaiteurs jusqu'à la quatrième génération.

Cependant, les années s'accumulèrent, et Mère Marie-Angélique, arrivée à l'âge de 76 ans en 1802, souffrait de voir ses filles bientôt sans vêtements, car nul n'y avait pourvu depuis leur expulsion ; en même temps elle était devenue incapable elle-même de toute démarche, et dut employer le zèle et la plume de sœur Marie du Sacré-Cœur, pour solliciter à ce sujet la charité du Pape, ce qui fut fait au moyen de la lettre suivante, adressée à Mgr Cattaneo, alors président des émigrés français :

Rome, 12 octobre 1802.

« Monseigneur, étant très convaincues des nobles sentiments de votre cœur rempli de charité, souffrez que, toutes pénétrées de respect, nous prenions la confiance de vous exposer notre grande misère. Depuis plus de dix ans que nous sommes dans cette capitale, personne ne nous a rien donné pour notre vestiaire. Nous sommes, aux approches de l'hiver, dans la nécessité d'acheter du drap pour nos habits, et hors d'état d'en pouvoir faire l'emplette. Monseigneur de Vence, étant ici, avait eu la bonté de vous prier de nous être propice en nous procurant quelque chose. Il en parla aussi à Sa Sainteté, qui, par une bonté vraiment paternelle, lui promit qu'il donnerait ordre pour nous assister dans nos besoins (1). Le R. P. Paul, supérieur de la Trinité des Monts, notre confesseur, nous a dit qu'il avait eu l'honneur de vous parler plusieurs fois, que vous aviez eu la bonté de lui promettre de vous occuper de nous. Depuis le départ de Mgr de Vence, il a été deux ou trois fois chez vous ; il n'a jamais trouvé personne. Ce pourquoi, Monseigneur, j'ose me flatter que vous ne trouverez pas mauvais que je prenne la respectueuse liberté de vous écrire pour vous exposer notre triste position. Je suis très persuadée que votre bon cœur, dont la bienfaisance nous est connue, nous sera favorable, que vous aurez compassion des pauvres religieuses capucines françaises hors de leur maison et de leur patrie, entièrement pépourvues de secours. Mais nous nous confions à la divine

(1) Charles-François-Joseph Pisani de La Gaude, 68e et dernier évêque de Vence.

Providence et en vos bontés. Vous ferez, Monseigneur, une grande bonne œuvre ; le bon Dieu sera votre récompense ; notre reconnaissance devant lui sera sans bornes ; nous ne cesserons de lui offrir des vœux pour lui demander de répandre sur Votre Grandeur les plus abondantes bénédictions, avec tout se qui peut contribuer à votre vrai bonheur, avec une santé des mieux établies. Toutes nos sœurs ont l'honneur de vous présenter leurs humbles hommages. Nous vous prions toutes de vouloir bien nous donner un peu de part à votre précieux souvenir au saint autel...

« Sœur Marie du Sacré-Cœur, religieuse capucine bien qu'indigne, fille de la Passion. (*Caritas S. S.* t. XXXIX). »

Le bienfait sollicité fut octroyé par la générosité pontificale, grâce aux prières de Mgr Cattaneo, à qui les exilées exprimèrent comme il suit leurs remerciements :

« Rome, ce premier de l'an 1803.

« Monseigneur, agréez que, conjointement avec nos chères sœurs, nous venions nous acquitter du devoir de reconnaissance que nous devons à Votre Grandeur. On nous a remis cent piastres, dont Sa Sainteté nous a gratifiées par vos charitables sollicitations : nous les avons partagées entre nous, onze françaises. Nous sommes pénétrées de ce témoignage de bonté et charité que vous avez pour vous. Je vous prie, Monseigneur, d'en agréer notre sincère remercîment et notre vive gratitude. Nous ne cessons d'offrir des vœux au ciel pour demander à Dieu d'être lui-même votre récompense, et que cette année, que nous avons l'honneur de vous souhaiter des plus saintes et des plus heureuses, soit pour vous, Monseigneur, comblée de toutes les grâces et bénédictions du Seigneur, avec tout ce qui peut contribuer à votre vrai bonheur, pour l'espirituel (sic) comme pour le temporel, avec une santé des mieux établies, que nous puissions, pendant une longue suite d'autres années, vous renouveler nos humbles hommages, nous flattant, Monseigneur, de la continuation de votre estime et puissante protection, que nous prisons infiniment. Nous prenons la respectueuse liberté de vous prier de vouloir bien être l'interprête de nos humbles sentiments de soumission et vive reconnaissance auprès de Sa Sainteté ; nous le prions qu'il daigne agréer les vœux ardents que nous ne cessons d'adresser au ciel pour Sa Béatitude, dont les jours précieux sont si utiles à la Sainte Église et aux pauvres religieuses malheureuses, dont nous sommes du nombre, et qu'il veuille bien nous accorder la bénédiction apostolique,

« J'ai l'honneur.....

« Sœur MARIE DU SACRÉ-CŒUR, r^se^ capucine bien qu'indigne, fille de la Passion. (Ibid.) »

Cependant, la paix semblait rendue à la religion dans le pays de France ; un concordat venait d'être signé entre le gouvernement de l'Église et celui du Premier Consul. Les évêchés étaient relevés, quoique en moins grand nombre : celui de Marseille avait été réuni à l'archevêché d'Aix, et confié à Mgr Jérôme-Marie Champion de Cicé, précédemment archevêque de Bordeaux (1). Les pauvres exilées lui

(1) Voici la notice consacrée à ce prélat par la *Biographie moderne* (Paris, 1816, 3 in-8°.)

« CHAMPION DE CICÉ (MARIE-JÉROME), né à Rennes en 1735, d'une famille noble, mais nombreuse et peu riche ; il embrassa l'état ecclésiastique, fut nommé agent général du clergé en 1765, et obtint l'évêché de Rodez en 1770. Appelé en 1781 à l'archevêché de Bordeaux, il s'y fit remarquer par ses principes philosophiques (sic) et fut élu en 1789 député du clergé de la sénéchaussée de cette ville aux États généraux. Il passa un des premiers de son ordre à la chambre du tiers, fit le 27 juillet 1789, au nom du Comité de constitution un long rapport sur les droits de l'homme et sur la forme à donner au corps législatif, et entraîna par son exemple beaucoup d'ecclésiastiques dans le parti de la Révolution. Elevé ensuite à la place de Garde des sceaux, il eut dès lors souvent à entretenir l'Assemblée des troubles des provinces... et donna sa démission en 1790, époque à laquelle on déclara que les ministres avaient perdu la confiance de la nation. Passé à l'étranger après la session, il revint en France après la Révolution du 18 brumaire ; donna sa démission du siège de Bordeaux, fut pourvu en 1802 de l'archevêché d'Aix et décoré de la Légion d'Honneur. Il se montra dévoué à Napoléon, publia un mandement dans lequel il exalta les vertus et la piété de ce héros du moment, à l'occasion de la bataille d'Austerlitz en 1805, et mourut le 22 août 1810, à la suite d'une maladie longue et douloureuse, et avec la réputation d'un homme d'Etat d'un mérite supérieur. La religion lui doit l'établissement de quelques séminaires et de plusieurs maisons de charité, dans le dernier diocèse qu'il a administré. »

demandèrent si leur retour de Marseille lui agréerait, et s'il serait possible à tous les points de vue. Le bon prélat leur répondit par cette lettre :

« Au Révérend, le Révérend P. Paul, minime, supérieur de la Trinité du Mont, pour remettre, s'il lui plaît, à la sœur Marie du Sacré-Cœur, au couvent de la Conception à Rome.

« Archevêché d'Aix et d'Arles.

« Marseille, 11 janvier 1803.

« Excusez-moi, mes chères filles, si j'ai tant différé de répondre à votre lettre. J'ai voulu vous garantir d'avis incertains, et il m'a fallu prendre des renseignements qui me manquaient. Je me suis enfin assuré que, si vous voulez rentrer en France avant le mois de mai prochain, vous serez admises à toucher la modique pension que touchent vos sœurs : c'est du moins une ressource précieuse, et il faut croire que la Providence fera le reste.

« Vous trouverez ici une de vos sœurs qui est un modèle de ferveur, et qui attend avec une vive impatience le plaisir de vous serrer dans ses bras. En vivant ensemble, la dépense sera moindre, les cœurs seront plus contents, et l'âme s'en trouvera mieux.

« La Providence divine m'ayant fixé dans le diocèse, j'ai dû contracter l'obligation de considérer avec une affection toute particulière les dignes épouses de Jésus-Christ. Je la remplis avec joie, et je ne négligerai rien pour adoucir leur pénible situation, et pour aider leur persévérance dans leur sainte vocation.

« Je me recommande à vos saintes prières, et vous renouvelle l'assurance...

« † J. M., arch. d'Aix.

« Il faudrait, avant de partir, vous munir d'un passeport du ministre de France, en le priant d'y mentionner que vous n'avez pu profiter plus tôt de la faculté de rentrer. »
(*Caritas S. S.*, t. XXXIX).

Les bonnes filles se hâtèrent de communiquer cette réponse à Mgr Cattaneo ;

« Rome, ce 9 mars 1803.

«Monseigneur, je vous prie de m'accorder votre bénédiction et de permettre que je prenne la respectueuse liberté de vous faire savoir que notre archevêque nous a écrit que nous pouvions nous rapatrier. Vous aurez la bonté, Monseigneur, de voir par sa lettre, que je prends la liberté de vous envoyer, les sentiments qu'il a pour nous : il vient même d'écrire actuellement à Monsieur l'Ambassadeur français pour qu'il s'employe à nous faire partir le plus tôt possible. C'est pourquoi Monseigneur, nous avons recours à Votre Grandeur avec la plus grande confiance, vous regardant comme notre unique protecteur et bon père, osant nous flatter de votre bon cœur, que vous voudrez encore nous protéger auprès de notre Saint-Père pour qu'il nous donne le moyen de pouvoir faire le voyage, car nous sommes entièrement au dépourvu pour l'entreprendre. La bonne charité que sa Sainteté nous avait faite à votre sollicitation pour notre vestiaire, nous parvint très à propos, dans un temps où nous en avions le plus grand besoin. Une partie a été employée à nous acheter un habit, et le reste pour nous secourir dans la maladie que nous avons faite. Depuis plus de deux mois nous avons été toutes malades ; quatre ont été administrées ; nous avons eu le malheur d'en perdre une qui a succombé par une complication de maux : nous espérons que le bon Dieu, par sa miséricorde, l'aura placée dans la région des bienheureux. Pour le présent, toutes nos sœurs ne sont pas en état de faire le voyage ; tout au plus nous pouvons être cinq à six. Le bon Dieu sera votre récompense, Monseigneur, de tout ce que vous aurez la charité de faire pour nous. Notre reconnaissance sera sans bornes, ainsi que les vœux que nous ne cesserons d'offrir au ciel pour demander votre précieuse conservation, avec tout l'accomplissement de vos saints désirs. Toutes nos sœurs vous présentent leurs humbles hommages. J'ai l'honneur...

« Sœur Marie du Sacré-Cœur, religieuse capucine bien qu'indigne, fille de la Passion. »

(*Caritas S. S.*, t, XXXVII).

Les choses allèrent avec la lenteur et la rapidité convenables, comme en témoignent les documents suivants :

Mgr. Cattaneo au P. Paul, prieur des Minimes, à la Trinité des Monts.

Rome, 4 avril 1803.

« La vie exemplaire et la prudence de Votre Paternité sont bien connues du Saint-Père. Or, les religieuses Capucines professes de Marseille actuellement placés dans le monastère de la Conception de Rome, savoir, Paule Alliez, Marie du Verbe Incarné Armillon, Marie du Sacré-Cœur Pourres, Aimée de Jésus Bayon, Anne Rose, Marie-Félicité de Lane, de Tous-les-saints Pontet ; de plus, trois religieuses professes de Sainte-Claire de Marseille, actuellement colloquées au monastère de San Cosimato de Rome, savoir, Claire-Félicité Roumieux, Marie-Claire Boves, et Marie Julien, toutes émigrées françaises, ont demandé au Saint-Père de les faire rapatrier, parce qu'elles étaient réclamées par leur propre archevêque, qui est celui d'Aix. Sa Sainteté a condescendu à leur prière, et, après les avoir munies des facultés nécessaires dans la circonstance, a cru ne pouvoir les confier à des mains plus sûres que celles de votre digne personne. Donc, au cas où vous voudriez faire le voyage de France, le Pape met sous votre garde ces épouses de Jésus-Christ, pour que vous ayez à les préserver de tout fâcheux accident,et les rendiez en bonne santé à leur patrie, et les recommandiez vivement à la sagesse, à la piété et à la vigilance pastorale de leur digne archevêque, qui professe un vif intérêt pour leur bien et pour celui de la chrétienté.

«Cette occasion s'offre également opportune pour le départ de l'émigrée Louise Marsini, de Saint-Malo, actuellement colloquée au monastère des Ursulines de Rome, qui attend impatiemment l'heure où elle pourra être rendue à sa patrie. Bien que cette dernière ne sache pas se fixer une destination bien précise, le Saint-Père ne veut s'opposer à sa volonté bien déterminée de retourner en France, ce dont peuvent résulter pour elle de grands avantages et surtout sa tranquillité. Pour tous ces motifs, il la confie d'une façon plus particulière à votre probité et à votre expérience, afin que vous la conduisiez à Marseille en compagnie des religieuses susdites, et que là vous preniez les plus exactes informations pour savoir si elle est vraiment religieuse, et si les références qu'elle a présentées sont véridiques, afin de la faire ensuite parvenir dans sa patrie ou en tout autre lieu qui lui conviendra. A cet effet, vous pourrez être puissamment aidé par la charité du susdit archevêque. Plus est délicate cette affaire, plus doit être grand le soin du P. Paul pour la conduire à bonne fin.

«En ma qualité de Président des Émigrés Français, je charge de tout cela Votre Paternité, et vous donne l'assurance de l'agrément du Saint-Père pour un acte aussi bon, comme aussi de la pleine reconnaissance et de la sincère estime avec lesquelles »... CATTANEO.

(*Caritas S. Sedis*, t. XXX), traduit de l'italien.

Le même à Mgr Lante, trésorier général.

« Rome, 4 avril 1803.

« Sa Sainteté a daigné accorder à l'émigrée française Louise Marsini, de Saint-Malo, la faculté de sortir de la clôture des Ursulines de Rome, où la charité du Saint-Siège l'avait placée, afin qu'elle puisse retourner dans sa patrie en compagnie des religieuses Capucines pareillement émigrées. En même temps, Sa Sainteté a généreusement condescendu à ce qu'il lui fût donné le nécessaire pour effectuer son voyage jusqu'à Saint-Malo, tout comme Elle l'a voulu pour les Capucines qui se rendent à Marseille. Celles-ci recevaient un secours mensuel de la Daterie Apostolique, et l'Éminentissime Cardinal Roverella, dataire, avec sa charité habituelle, n'a point hésité à leur avancer dix mois de ce secours. Celui qui écrit ces lignes se tient certain que Votre Excellence Révérendissime aura plaisir à faire expérimenter une dernière fois sa bienfaisance à la Marsini, en ordonnant qu'il lui soit fait une avance de la pension qu'elle recevait du Dépôt général, suffisante pour les dépenses d'un voyage qui doit la conduire en une des provinces les plus éloignées de France, et pour s'équiper modestement.

« En vous donnant connaissance de cet acte de la souveraine clémence en faveur de la Marsini, Cattaneo est désireux d'en voir les bienfaisants effets, parce qu'il doit disposer toute chose dans l'intérêt de cette personne avant la prochaine fête de Pâques. Il se sent heureux d'avoir une occasion aussi favorable pour vous assurer de la particulière estime avec laquelle »....

(*Caritas S. Sedis*), traduit de l'italien.

Le tome XXXIX du *Caritas* mentionne la supplique adressée au Saint-Père à l'effet d'obtenir les facultés nécessaires aux Capucines pour franchir leur clôture actuelle et se rendre en France ; elle mentionne les facultés semblables accordées à deux Clarisses ; mais la minute du rescrit et sa date n'y figurent pas, bien qu'elles ne puissent pas faire l'objet d'un doute.

Le bon prélat Cattaneo, suivant ensuite de point en point la légalité, provoque par ses démarches ce billet :

A Mgr Cattaneo, Président des Émigrés français.

« Rome, 5 avril 1803.

« Le Cardinal Firrao, en sa qualité de protecteur de l'Institut Farnésien, est très satisfait de ce que les religieuses émigrées françaises qui demeurent au monastère de la Conception des Monts retournent en France, profitant de la gracieuse invitation que leur a faite leur zélé évêque, et de ce qu'elles seront accompagées par le digne P. Paul, leur confesseur. Cependant, l'auteur des présentes lignes ayant déjà manifesté sur tous ces objets son avis à l'Éminentissime Secrétaire dÉtat, se réserve encore de recevoir de lui les instructions et ordres qu'il pourrait avoir à donner. En attendant, l'auteur des présentes lignes assure Votre Seigneurie Illustrissime qu'il aura tous les égards possibles pour celles des religieuses qui, ne pouvant partir, resteront en son monastère. Il vous remercie sincèrement d'avoir bien voulu lui faire part de cette affaire, et de tout son cœur vous baise respectueusement les mains. ».

(*Caritas S. Sedis*, t. XXX), traduit de l'italien.

Mgr Cattaneo n'omit point de faire ensuite cette charitable recommandation à l'abbesse de'Monti :

« Rome, 6 avril 1803. Munies de l'agrément du Pape et du consentement du très vigilant protecteur cardinal Firrao, obtenus par Cattaneo, président des Émigrés français, et autorisées par l'Éminentissime cardinal Della Somaglia, vicaire du Saint-Père, en la seconde fête de Pâques prochaines, se proposent de prendre la route de France les religieuses N. et N. Leurs compagnes émigrées en demeureront affligées, se voyant ainsi privées de leurs sœurs. Celui qui écrit ces lignes prie donc la R. Mère supérieure de les consoler autant qu'il lui sera possible, et de leur montrer les grands égards qu'ont expérimentés avec reconnaissance celles qui vont partir pour la France (Minute *ibid.* traduite de l'italien). »

Il nous semble difficile de ne point voir sous tous ces mouvements la main de la bonne Mère Marie-Angélique. Ayant ainsi jeté les fondements de la restauration de sa communauté à Marseille, elle n'eut plus qu'à prier le Seigneur de bénir les efforts qui allaient être poursuivis par ses sœurs, en même temps qu'elle attendait de leurs nouvelles avec anxiété. Elle eut la joie d'en apprendre par Mgr Cattaneo lui-même, auquel elle fit entendre cette action de grâces :

« Rome, le 28 juin 1803.

« Monseigneur,

« Prosternée aux pieds de Votre Grandeur, je la supplie de me donner sa sainte bénédiction. Les agréables nouvelles que

15

j'ai reçues de nos chères sœurs m'ont causé autant de joie que la séparation m'avait rendue triste, Mais l'honneur de votre lettre et les sentiments dont elle est remplie pour les pauvres émigrées, en particulier pour moi qui en suis si indigne, a mis le comble à ma satisfaction. Je vois que le Seigneur, en me privant de mes sœurs, m'a laissé dans Votre Grandeur le père le plus tendre, à qui je puis avoir recours : de sorte que les bontés du Saint-Père et les vôtres me font oublier mes maux.

« Agréez, Monseigneur, les sentiments de ma plus vive gratitude et les vœux les plus ardents que je forme pour la précieuse conservation du Saint-Père et la vôtre, dont tous les jours sont marqués par de nouveaux bienfaits. Mes compagnes qui sont restées avec moi forment les mêmes vœux au ciel pour Votre Grandeur. Elles vous présentent leurs hommages, ainsi que celle que sera pour la vie, avec le plus profond respect...

« Sœur Marie-Angélique, religieuse capucine, fille de la Passion, ex-abbesse. »

(Caritas S. S., t. XXXVII).

Elle demeura donc seule avec sœur Marie du Calvaire, et ses jours se prolongèrent jusqu'en 1810 ; elle devait avoir alors 85 ans, dont les 18 derniers passés en exil.

2. MARTEAU, Marie-Madeleine, en religion sœur MARIE DE SAINTE-AGNÈS, née à Tarascon, âgée de 63 ans en 1790, occupait la charge de Mère Vicaire de la communauté. Elle demeura constante et fidèle au milieu des épreuves que nous avons racontées, et, comme le plus grand nombre de ses sœurs, émigra par le désir de ne rien perdre des avantages de sa vocation. Le 15 octobre 1792, elle arrivait à Civitavecchia, en compagnie de la sœur converse Marie-Rose Noune, de neuf Clarisses de Marseille et d'autres religieuses. Le 23, leur présence était signalée à Rome par Joseph Fari, notaire et secrétaire du bureau de santé de ce port, qui transmettait

en même temps leur demande d'être admises dans la ville éternelle. Le *Caritas S. Sedis* (tome IV) contient la réponse à cet avis, adressée par Mgr Caleppi au seigneur Périlli, lieutenant du gouverneur de Civitavecchia, lui faisant savoir qu'il s'est mis d'accord avec Mgr Morozzo, gouverneur, pour le transport à Rome des religieuses émigrées. Le jour où elles y entrèrent n'est pas indiqué ; mais une note dit qu'elles y parvinrent à l'heure 23e et demie, c'est-à-dire à peu près au coucher du soleil (*Caritas S. Sedis*, tome XXXVI). Mère Marie de Sainte-Agnès et sœur Marie-Rose furent placées au monastère des Capucines de Monte Cavallo, dont l'Abbesse, Mère Maria Generosa, le 7 novembre suivant, écrivit à Mgr Caleppi pour l'assurer du bonheur qu'elle éprouvait à posséder les deux émigrées. Le 9 janvier 1793, Mgr Bagni faisait au même prélat de vifs remerciments pour l'interêt qu'il avait pris aux deux capucines françaises de Monte Cavallo. Peut-être ceci concernait-il l'allocation mensuelle de huit écus qui leur avait été obtenue du trésor pontifical (Ibid). Les deux exilées ne quittèrent ce pieux et fraternel asile que pour la patrie céleste. Mère Marie de Sainte-Agnès y mourut saintement dans le cours de l'année 1800, à l'âge de 70 ans. Le tome XXXVII du *Caritas S. Sedis* nous a conservé un petit monument de sa piété et de son esprit de foi : c'est une lettre à Mgr Caleppi ; malgré la simplicité dont elle y fait preuve, nous devons à sa mémoire l'honneur de l'insérer ici :

« Rome, 1er juillet 1796.

« Monseigneur, prosternée aux pieds de Votre Grandeur, je la supplie de m'honorer de votre sainte bénédiction et d'agréer que je prenne la respectueuse liberté de m'adresser à vous, ayant été nommé par Sa Sainteté supérieur des pauvres Français exilés, pour vous prier (sic). Mon confesseur extraordinaire, qui était le Rme P. Ange-Joseph, définiteur général (1), ayant fini son temps, s'en est allé à Turin. Ainsi, j'ose bien, Monseigneur, vous supplier, dis-je, très

(1) Ange-Joseph de la Bâtie, de la province des capucins de Savoie.

humblement de prier le R. Père Provincial des Capucins d'avoir bien la bonté de m'envoyer pour confesseur le Révérendissime Père Maxime de Fribourg, lorsqu'il enverra le confesseur extraordinaire pour la communauté. Il envoye toujours un Père italien ; c'est pourquoi il ne peut pas me confesser. Pour l'ordinaire, il envoye pour saint Bonaventure (1), un peu avant ou un peu après : c'est environ le temps. Vous serez peut être surpris, Monseigneur, que je m'adresse à Votre Grandeur plutôt qu'au R. P. Provincial des Capucins ; mais c'est qu'il n'entend pas un seul mot de français : ainsi, étant supérieur de cette communauté, il ne peut me servir à rien ; je ne puis ni lui parler ni lui écrire. J'aurais bien une peine de conscience à vous communiquer ; mais cela ne peut se dire qu'au confessionnal. Soyez bien persuadé, Monseigneur, que je ne cesse d'offrir des vœux au ciel pour la précieuse conservation de Votre Grandeur et de Sa Sainteté, si utiles à l'Église, et que je demande sans cesse au Seigneur que, par sa bonté infinie, il répande abondamment sur vous, Monseigneur, et sur Sa Sainteté, l'abondance des biens célestes et de ses plus précieux dons. C'est dans ces sentiments que j'ai l'honneur...

« Sœur Marie de Sainte-Agnès, capucine française, bien qu'indigne, à Monte Cavallo (Quirinal), Rome.

« P.-S. — Monseigneur, au cas que les Français viennent faire ici ce qu'ils m'ont déjà fait en France, de me faire sortir deux fois, une de notre couvent, et l'autre des Carmélites, et ce qu'on dit qu'ils ont fait à Milan, de faire sortir les religieuses pour les envoyer en France, où il y a le schisme, je ne veux pas y aller. Je suis catholique, apostolique et romaine, et je veux soutenir ma religion au péril de ma vie. Je donnerai ma tête, s'il le faut, plutôt que de perdre ma religion. Ainsi, Monseigneur, j'ose bien prendre la respectueuse liberté de vous prier de supplier très humblement Sa Sainteté, au cas qu'on me fasse sortir, de me faire mettre en quelque lieu de sûreté où je puisse soutenir ma sainte foi et

(1) C'est-à-dire pour la fête de S. Bonaventure, au 14 juillet.

ma sainte religion jusqu'à la mort : et le Seigneur sera sa récompense éternelle. Je suis ici une pauvre exilée, sans connaissance et sans parents ; les miens sont à Lyon, et qui sait s'ils sont en vie ? Depuis que je suis ici je n'ai point eu de nouvelles. Il y a ici un saint prêtre qui avait un de ses amis auprès de notre cardinal Protecteur qui vient de mourir, et il veut me parler, de même qu'à notre supérieure : je vous demande la permission. C'est un ami de M. Donadieu, que je pense que vous connaissez. Monseigneur, j'ose bien supplier encore très humblement Sa Sainteté de vouloir bien m'absoudre de ces péchés, de ce qu'on m'a fait sortir deux fois en France, et l'absolution générale pour l'article de la mort. »

3. MARTEL, alias Marcel et Massel, Eugénie-Thérèse, en religion sœur MARIE DU SAINT-ENFANT-JÉSUS, âgée de 77 ans en 1790, demeura dans Marseille, où elle fut pensionnée jusqu'en 1794 ; une lacune dans les états qui subsistent empêche qu'on l'y suive plus loin. Mais elle était confiée aux soins charitables de sœur Saint-Antoine, entre les bras de laquelle elle mourut en l'an 1797, à l'âge de 84 ans.

4. BARRET, Madeleine, en religion sœur MARIE DE SAINT-JOSEPH, âgée de 63 ans en 1790, ancienne abbesse, se retira au district de Carpentras, en son pays natal, Saint-Roman, en octobre 1792. Elle y mourut dans sa famille, en 1798.

5. TACEL, Marie-Anne, en religion sœur MARIE DE SAINT-FÉLIX, née à Marseille le 11 octobre 1728, figure sur les états de pensionnaires de cette ville jusqu'en fin 1794. Elle y mourut chez ses parents en l'an 1798, soixante-dixième de son âge.

6. POMET, alias Poncet, Madeleine, en religion sœur MARIE DE SAINT-FRANÇOIS, née à Toulon le 14 mars

1729. Un document dit que « le 10 octobre 1791, elle déclara de la façon la plus formelle vouloir sortir du couvent des Capucines de Marseille pour aller habiter celui de Cuers. » Il nous paraît impossible d'accorder créance à cette assertion. Mais voici qui est plus fort. D'après un document, le 1er janvier 1792, elle déclara se retirer à Toulon. Enfin, un troisième document dit qu'en octobre 1792 elle déclara se retirer à Agen (Lot-et-Garonne). La vérité est bien obscurcie par toutes ces contradictions ; mais la communauté des Capucines possède la certitude que sœur Saint-François est morte à Toulon, chez ses parents, dans le cours de l'année 1799.

7. POURRES, Madeleine, en religion sœur MARIE DU SACRÉ CŒUR DE JÉSUS, née à Marseille, était âgée de 58 ans en 1790. Elle suivit son abbesse dans l'émigration, et nous l'avons vue lui prêter le secours de sa plume dans plusieurs des affaires qu'elle eut à traiter, notamment dans le projet du retour des Sœurs à Marseille. Elle fut leur guide en ce voyage. Nous allons en entendre le récit, d'abord, de la bouche du P. Paul, puis de celle de Mère du Sacré-Cœur :

« Marseille, 27 mai 1803.

« Monseigneur, après un voyage de quarante-deux jours, j'ai enfin le doux plaisir de vous apprendre mon arrivée à Marseille, ainsi que celui de toutes les saintes et respectables religieuses dont vous avez bien voulu me charger, malgré des peines infinies, et par terre et par mer. J'en ai été bien singulièrement dédommagé par l'accueil favorable et extraordinaire qu'on leur a fait pendant toute notre route. C'est surtout à La Ciotat, petite ville près de Marseille, où le vent contraire nous a fait relâcher et y passer sept jours, que toute la ville a été les recevoir en triomphe. La maison qu'elles habitaient devint une église, et il est tout à fait impossible de vous détailler la sensation qu'a inspirée leur présence. A Marseille, à leur débarquement, elles ont été transportées dans le monastère qui leur était préparé, et la foule, depuis huit jours que nous sommes ici, est toujours si grande que, pour des raisons de police, le gouvernement a cru devoir mettre des gardes aux portes, pour empêcher des tumultes inévitables en pareilles circonstances. Je ne puis dans le moment vous donner, Monseigneur, d'autres détails plus étendus. Dom Bonaventure, chartreux à Rome, les reçoit par le même ordinaire de la part de son frère, ancien vicaire général de Marseille...... (Ici, quelques lignes relatives à une religieuse carmélite). Je n'ai pu encore avoir ici un moment de repos, ainsi que nos Capucines, qui auront, au premier courrier, l'honneur de vous remercier de toutes vos bontés. Au premier jour, je ne manquerai pas de vous réitérer tous les sentiments de la plus vive gratitude. Mgr de Cicé, notre archevêque, me charge de vous présenter ses respects, et de vouloir bien faire pour lui une visite à Sa Sainteté et à son Ém. Mgr le Cardinal Consalvi. Quant à moi, je suis ici à vos ordres, heureux si Votre Excellence me trouvait digne de faire ici quelque chose pour elle. En attendant...

« Paul, prêtre, chez M. Jean-Louis Clastrier, négociant, rue des Petites-Maries ».

Le *Caritas S. Sedis*, t. XXXVII, qui a conservé cette lettre, y joint la minute de la réponse, pleine de la plus affectueuse sympathie, et précieuse par l'estime dont elle témoigne pour les religieuses :

« Rome, le 15 juin 1803.

« J'ai reçu, Monsieur, il y a huit jours, mais trop tard pour y répondre par le dernier courrier, votre lettre du 27 mai, par laquelle vous m'annoncez votre heureuse arrivée à Marseille, après un voyage long et pénible. Je n'ai pu apprendre sans le plus vif intérêt la sensation produite par le retour de nos respectables Capucines, l'accueil distingué qui leur a été fait. On ne sait qu'admirer le plus, ou de la vertu qui l'a inspirée, ou de la piété qui lui rend un hommage public et si touchant. Les détails dans lesquels vous êtes entré à cet égard m'ont été infiniment agréables. Je vous en fais mes plus sincères remerciements, surtout du soin particulier que vous avez pris de ces saintes religieuses, qui ont été un objet d'édification pendant tout le temps qu'elles ont été avec les nôtres. Tout ce qui me viendra de leur part ne peut que m'intéresser. Assurez-les-en bien, je vous prie, et ajoutez que je goûte la plus douce des satisfactions d'avoir pu être l'instrument de la charité du Saint-Père à leur égard...... (Ici, quelques lignes relatives à une religieuse Carmélite).... L'honorable commission dont il (Mgr de Cicé) me charge auprès du Saint-Père et de S. Ém. le Cardinal Consalvi, je la remplirai incessamment. Je le supplie d'en être aussi persuadé que de mon tendre respect. Rappelez-moi, de grâce, au souvenir des respectables ecclésiastiques que j'ai eu l'avantage de connaître ici, peut-être même le bonheur ne ne pas leur être inutile. Je serai très aise des occasions de vous prouver l'estime particulière et le sincère attachement avec lesquels je suis....

« Marc-Antoine Cattaneo ».

Mère Marie du Sacré-Cœur écrivit à son tour au prélat :

« Marseille, 16 juin 1803.

« Monseigneur, je vous prie de m'accorder votre bénédiction et de permettre que je prenne la respectueuse liberté de vous écrire pour vous apprendre notre heureuse arrivée dans cette ville, qui fut le 21 mai, ayant resté quarante et un jours en route. Nous avons séjourné quatorze jours à Gênes pour attendre un bâtiment pour Marseille. Son Éminence le Cardinal d'Espène (sic), ainsi que bien des dames de distinction, nous ont fait mille amitiés (1) : de même aux endroits où nous avons été obligées de relâcher, à Savone et à La Ciotat. Tout le monde a eu le plus grand plaisir de notre retour et de voir notre saint habillement, surtout à Marseille. Je ne

(1) Mgr Joseph Spina, précédemment archevêque de Corinthe *in p. inf.*, s'était fait remarquer par son dévouement pour Pie VI, qu'il accompagna dans sa captivité, et qu'il assista malade et mourant dans sa prison de Valence. Il fut promu à l'archevêché de Gênes le 25 mai 1802.

saurais vous exprimer, Monseigneur, tout l'empressement, la satisfaction et la joie que les personnes les plus qualifiées nous ont témoignés de notre arrivée. L'affluence du peuple a a été si grande, qu'on a été obligé de mettre des gardes pour éviter tout inconvénient. Nous sommes douze religieuses réunies dans le couvent de Saint-Joseph, savoir : nous six Capucines qui sommes parties de Rome, trois religieuses de Sainte-Claire et trois de nos sœurs qui se sont réunies avec nous. Depuis la Pentecôte, nous avons commencé à dire nos offices en commun au chœur. L'église, qui est belle, n'est pas encore ouverte au public. Nous avons quantité d'ouvriers dans la maison. Nous espérons qu'à la fin de la semaine tout sera fini ; pour lors, nous aurons le bonheur de jouir de la tranquillité de la solitude. Nous avons trouvé trois de nos Frères, qui se sont réunis à nous pour le service du couvent. On leur a donné des appartements en dehors pour leur logement.

« Toutes nos sœurs vous présentent leurs hommages. Nous prenons la liberté, Monseigneur, de vous prier de nous faire participantes de votre précieux souvenir devant le Seigneur, vous assurant de notre reconnaissance pour toutes les bontés et charités que vous nous avez faites, et des prières que nous ne cessons de faire à Dieu pour lui demander qu'il vous comble de ses plus abondantes bénédictions, et que toutes vos entreprises réussissent pour votre bonheur, pour l'espirituel (sic) comme pour le temporel. Si nos sœurs qui sont encore à Rome se décident à venir nous joindre, vous ne pourriez pas les mieux confier, Monseigneur, qu'à Antoine Moliani, qui vous remettra la présente, qui nous a accompagnées jusqu'ici. Sa prudence, sa sagesse, sa piété, nous ont mises dans l'admiration. J'ose vous prier, Monseigneur, de vouloir présenter mes humbles hommages à Sa Sainteté. Nous le prions qu'il daigne nous accorder la bénédiction apostolique, et agréer les vœux ardents que nous ne cessons d'adresser au ciel pour demander la prolongation de ses précieux jours, s, utiles à la sainte Église et aux pauvres épouses de Jésus-Christ, dont nous sommes du nombre.

« J'ai l'honneur...

« Sœur MARIE DU SACRÉ-CŒUR, religieuse capucine, bien qu'indigne, fille de la Passion. »

Le bonhomme Antoine Moliani, dont les religieuses viennent de se dire satisfaites jusqu'à l'admiration, était le portier du couvent des Minimes à la Trinité des Monts. Mgr Cattaneo ne partagea pas cette confiance bien longtemps, car peu après il eut à le poursuivre pour l'amener à restituer tout l'argent qu'il avait volé, paraît-il, par charité et prudence chrétiennes, pour éviter que les Turcs le volassent eux-mêmes dans le port de Naples. Or, l'argent du Saint-Père destiné au voyage des Capucines avait disparu de ses mains. Le prélat ne put pas l'ignorer ; il dut en manifester sa peine au P. Paul, qui lui écrivit plus tard à ce sujet, comme nous verrons. En attendant, le P. Paul, joignit ces quelques lignes à la lettre de Mère du Sacré-Cœur : « Mgr de Cicé vous prie de faire savoir au Saint-Père combien et avec quels transports de joie les Capucines ont été accueillies par les habitants de Marseille. Ce petit commencement semble nous augurer un avenir plus heureux (*Caritas S. S.*, ibid).»

Mgr Cattaneo félicita Mère du Sacré-Cœur par ces lignes :

« Rome, 13 juillet 1803.

« Ma Révérende Mère, votre lettre du 16 juin m'a été extrêmement agréable, puisqu'elle m'a confirmé tout ce que je savais déjà sur votre arrivée à Marseille et sur la sensation qu'a produite votre retour. Tous ces détails sont bien satisfaisants. Puisse le ciel vous faire jouir en paix, et pour l'édification des autres, de votre état actuel ! J'ai rendu compte à Sa Sainteté du contenu de votre lettre : Elle n'a pu l'entendre sans intérêt, et m'a ordonné de vous assurer de toute sa satisfaction.

« Recevez tous mes remerciements de vos heureux souhaits. Je vous demande le secours de vos prières et de celles de vos chères sœurs, et désire les occasions de vous prouver les sentiments de parfaite considération avec lesquels je suis... (*Caritas S. S.*, ibid).»

Après les joies du retour et les premiers soins réclamés par l'appropriation d'un local qu'il était impossible de rendre commode pour l'habitation et les exercices monastiques des sœurs, il fallut songer à constituer la communauté d'une façon conforme aux lois de l'Église et aux constitutions de l'Ordre.

Étaient venues avec Mère Marie du Sacré-Cœur, cinq de ses compagnes, savoir :

Sœur Marie de Tous les Saints,
Sœur Marie-Aimée de Jésus,
Sœur Marie-Félicité,
Sœur Marie du Verbe-Incarné,
Sœur Marie de Saint-Paul.

Trois Clarisses de l'ancien couvent de Marseille avaient pris part au voyage. C'étaient Mère Marie de Saint-Maurice, abbesse, qui resta unie aux Capucines jusqu'à la fin de ses jours, sœur Sainte-Félicité et sœur Marie-Claire, qui, en l'an 1804, quittèrent cette communauté pour mettre la main au rétablissement de la leur,

Deux Capucines demeurées à Marseille occupaient déjà le local destiné par Mgr de Cicé à leurs sœurs rappellées de l'exil. C'étaient sœur Marie de Saint-Antoine et sœur Marie-Séraphine.

Une ancienne Capucine du couvent de Paris vint dès l'abord se joindre à ses sœurs : elle s'appelait sœur Marie de Saint-Louis.

Elles se trouvèrent donc au nombre de douze religieuses. Le 10 août, elles procédèrent à leur chapitre, sous la présidence de Mgr de Cicé, assisté de M. Prévôt, son vicaire-général, et du P. Paul, minime, leur guide au départ de Rome et depuis lors leur confesseur et aumônier. Le résultat du chapitre fut celui-ci :

Mère Marie du Sacré-Cœur, abbesse ;

Mère Marie de Tous les Saints, vicaire et maîtresse des novices ;

Sœur Marie-Aimée de Jésus, première portière ;

Sœur Marie-Félicité, seconde portière et secrétaire de l'Abbesse ;

Sœur Marie de Saint-Antoine, discrète, sacristine ;

Sœur Marie-Séraphine, discrète ;

Sœur Marie du Verbe-Incarné, discrète, infirmière :

Sœur Marie de Saint-Paul, discrète, drapière ;

Sœur Marie de Saint-Louis, discrète ;

Sœur Marie de Sainte-Félicité, alias de Saint-Jean-Baptiste, clarisse, réfectorière ;

Sœur Marie de Sainte-Claire, clarisse, lingère.

Seule, Mère Marie de Saint-Maurice, ancienne abbesse des Clarisses, ne figure pas dans cette distribution d'emplois.

La bonne volonté de toutes ces âmes excellentes ne fit pas défaut à Mère Marie du Sacré-Cœur pour lui alléger le poids du gouvernement ; malheureusement, les circonstances firent que leur affection dut en beaucoup de points se borner à partager sa douleur, ou plutôt le martyre qui oppressa constamment son cœur et sa conscience. En effet, la paix n'était point entièrement rendue aux communautés religieuses : elles ne pouvaient point se recruter ; il n'était pas permis de recevoir les vœux des novices. En même temps, l'observance monastique rencontrait des obstacles qui la rendaient fort irrégulière et incomplète. Soit pour moins offusquer les regards des profanes et des gouvernants, soit pour plaire aux parents des religieuses, Mgr de Cicé semblait tendre à donner à la communauté la couleur d'une pieuse association de dames plutôt que celle d'un monastère fidèle à l'austérité de sa règle. Il condescendait à permettre de trop nombreuses et fréquentes visites de personnes auxquelles il voulait qu'on ouvrît les portes de la clôture, au total détriment du silence et de l'ordre essentiels à la vie monastique. Les instantes sollicitations de la bonne abbesse n'obtinrent aucun tempérament à ce douloureux état de choses ; elle déchargea son cœur dans celui de Mgr Cattaneo ; il la consola bien imparfaitement par les lignes qui suivent, empreintes de cette réserve avec laquelle Rome évite le plus possible d'intervenir, à moins d'une extrême nécessité, dans le gouvernement des évêques. Elles furent adressées à sœur de Saint-Paul Alliez, qui vraisemblablement avait écrit au prélat au nom de son Abbesse :

« 24 octobre 1803.

« Votre lettre du 27 septembre dernier montre combien est ardent le zèle de Votre Révérence, comme aussi celui de vos sœurs, pour l'observance de la règle de l'institut auquel votre profession vous a liées. Les actes de piété qui en découlent sont plus agréables au Seigneur, et trouvent meilleur accueil auprès de lui, lorsqu'ils sont joints au sacrifice de la propre volonté, sacrifice qui implique une parfaite subordination à qui tient la place de Dieu, c'est-à-dire à tout ce qui est ordonné par le supérieur et disposé par le directeur, qui, suivant les circonstances, savent prudemment ou relâcher la rigueur, ou exiger une plus stricte observance. Les règles ecclésiastiques ne permettent pas la communion le samedi saint sans une cause extrêmement grave. Les autres usages du monastère de la Très-Sainte Conception de Rome, peuvent ne pas convenir à celui où sont actuellement vos sœurs : cela leur fournit une occasion d'ajouter beaucoup à leurs vertus, déjà si grandes, par une aveugle et filiale reconnaissance à Votre Révérence; par la patience à supporter la pauvreté religieuse, qui en ces temps devient plus dure. Le Saint-Père les exhorte à tout cela par mon organe ; il répond par sa bénédiction apostolique aux ferventes prières qu'elles ont adressées à Dieu pour sa personne sacrée, et auxquelles il se recommande instamment. Et moi, particulièrement, je vous souhaite toute sorte de bonheur et me dis... »

Après cette minute, le *Caritas S. Sedis* (tome XXXVII) conserve, de Mère Marie du Sacré-Cœur, une dernière lettre de pieuse et reconnaissante affection pour ce digne prélat, et qui semble témoigner de quelque soulagement dans sa peine. Nous la reproduisons, par respect pour la mémoire de cette bonne Mère :

« Marseille, 17 décembre 1803.

« Monseigneur,

« Plaise à notre divin Sauveur donner la plénitude de ses grâces et bénédictions célestes sur Votre Grandeur selon toute l'étendue des désirs des pauvres religieuses Capucines, et des vœux aussi ardents que sincères que nous ne cessons de faire journellement, et que nous redoublerons en ces saintes fêtes, pour que la nouvelle année que nous allons bientôt commencer soit pour Votre Grandeur des plus conformes à vos saints désirs, comblée de tout ce qui peut contribuer à votre vrai bonheur ; que, jouissant d'une parfaite santé, nous puissions pendant une longue suite d'autres années vous renouveller nos humbles et respectueux sentiments de dévouement et vive reconnaissance pour toutes les bontés et charités que Votre Grandeur nous a faites, qui vous procureront une gloire d'immortalité. J'ose vous prier, Monseigneur, de vouloir bien nous continuer la faveur de votre estime, que nous prisons infiniment. Je suis très persuadée qu'il vous fera plaisir de savoir que nous sommes, grâce à Dieu, bien tranquilles : nous sommes douze de communauté ; nous observons notre sainte règle de nuit et de jour. Nous ne vivons que des quêtes que nos Frères Tierçaires, que nous avons trouvés ici, vont chercher journellement pour notre subsistance. Nous n'avons jamais quitté un seul instant notre saint habit. Nous avons encore à vous prier, Monseigneur, de vouloir bien être l'interprète de nos humbles sentiments du plus profond respect et des vœux ardents que nous ne cessons de faire pour Sa Sainteté, pour la conservation de ses précieux jours, si utiles pour le soutien de notre mère la sainte Église, le bonheur de tous les fidèles, et surtout des pauvres religieuses ses filles, les Capucines de Marseille. Nous prenons très humblement la liberté de lui demander sa bénédiction apostolique, pour que nous soyons toujours fidèles à nos saints engagements.

« Le R. P. Paul vous présente son respect et me charge de vous dire qu'il vous a écrit par la voie de Livourne. Il craint que vous n'ayez pas reçu sa lettre.

« Toutes nos sœurs vous présentent leurs humbles hommages.

« J'ai l'honneur d'être......

« Sœur Marie du Sacré-Cœur, abbesse des pauvres religieuses Capucines, bien qu'indigne, fille de la Passion. »

Cette bonne Mère mourut le 27 juin 1807, à l'âge de 73 ans.

Ici, nous donnerons un dernier souvenir au P. Paul, en reproduisant la lettre qu'il écrivit à Mgr Cattaneo, le 4 septembre 1803 :

« Marseille, 4 Septembre 1803.

« J'ai appris, il y a déjà quelques temps, qu'Antonio, qui m'a accompagné à Marseille avec les Capucines, à son retour à Rome, n'avait point rendu l'argent dont on l'avait chargé, disant qu'il avait été volé à Gênes. Il est fâcheux que les religieuses perdent cet argent, comme il est également fâcheux pour cet homme d'être cru coupable s'il est innocent. Dans l'éloignement et le doute, j'ai plaint les uns et les autres, et je me suis bien donné de garde de le justifier. Le hasard m'a fait rencontrer hier sur le port le même capitaine Chiussa, gênois, qui l'avait conduit, et qui est ici de retour. J'ai été bien aise de cette rencontre pour l'interroger, lui et son équipage, sur la vérité et la nature de ce vol. Ils m'ont répondu qu'il avait été véritablement volé dans un endroit très peuplé qu'on nomme Banco, et que ce bonhomme avait mis cet argent dans un mouchoir, au lieu de le coudre dans son habit. Je leur en ai demandé un certificat, qu'ils doivent me donner demain, et que je lui (sic) ferai passer.

« Tout le monde vous remercie du vif intérêt que votre bon cœur vous fait prendre pour les Français. Les prêtres français que vous avez honorés de vos bontés, qui sont ici ou aux environs, sont toujours pleins de gratitude pour vous. Nos Capucines ne vous oublient jamais, ni la nuit, ni le jour. Elles ont toujours le regret de ne vous avoir pas vu avant leur départ. Je suis toujours auprès d'elles, jusqu'au moment où, libre dans mes affaires, je pourrai reprendre la route de Rome. Mgr l'Archevêque, qui vous présente ses hommages, voulait absolument me placer. S'il m'eût fait instance, je repartais tout de suite.

«Je vous dirai confidemment que, me trouvant à Toulon avec le Préfet maritime, conseiller d'État, vice-amiral Ganteaume, mon parent et mon bon ami, il me témoigna qu'ayant fait parvenir au Saint-Père, par ordre du Premier Consul, les deux bricks à Civitavecchia, tous les deux bien arrangés et bien historiés, il avait vu retourner tous les officiers ayant quelque chose de Sa Sainteté, et que lui, chef de la marine, n'avait pas même eu un chapelet béni du Pape pour sa femme. S'il était possible par votre moyen de lui en obtenir un, ce serait lui faire le plus grand plaisir. On dit que Mme Marsini pense encore à retourner à Rome chez les Ursulines.

«Veuillez..... PAUL.»

(*Caritas S. Sedis*, t. XXII).

8. PONTET, ANNE, en religion sœur MARIE DE TOUS LES SAINTS, née à Forcalquier, âgée de 56 ans en 1790, partagea l'exil de ses sœurs, leur séjour au couvent de l'Immaculée Conception de'Monti, et fut du nombre de celles qui revinrent à Marseille. Elle était d'une régularité exemplaire, et, longtemps maîtresse des novices, elle eut un soin spécial d'enseigner cette vertu à ses élèves, et sut si bien y réussir qu'on put reconnaître à ce signe toutes les religieuses qui

avaient passé par ses mains. Ce ne fut pas seulement par là qu'elle se rendit recommandable à toutes ses sœurs : l'esprit de sacrifice, l'amour de la pauvreté et le zèle de se mortifier furent constants chez elle jusqu'à la fin de sa longue carrière. Un petit trait le montrera : Elle était fort avancée en âge lorsque la sœur chargée de confectionner les habits, qui était une de ses élèves, jugea nécessaire de lui en donner un moins grossier et moins pesant. Sœur de Tous les Saints s'aperçut bien vite que ce drap n'était point conforme à celui qu'elle avait toujours porté. Elle gronda fort la bonne drapière, lui disant qu'elle s'était bien trompée si elle avait cru par là lui témoigner son affection et sa reconnaissance. La mort de cette bonne religieuse arriva le 17 mars 1821 ; elle avait 86 ans.

9. BAILLON, alias Bayon, Catherine, en religion sœur MARIE-AIMÉE DE JÉSUS, née à Marseille, avait environ 62 ans en 1790. Elle fit partie de l'émigration à Rome, du séjour à l'Immaculée Conception de'Monti, et du retour, puis fut élue abbesse le 2 juillet 1807. C'était une âme de rare énergie et sévérité envers elle-même, et d'immense générosité envers Dieu. En succédant à Mère du Sacré-Cœur, elle fut contrainte de plier ses épaules sous le fardeau des douleurs qui avaient attristé le gouvernement de celle-ci. Toutefois, elle fit entendre à Mgr de Cicé une plainte et une prière si touchantes, qu'il se sentit vaincu, et permit que la clôture fût rétablie dans toutes les conditions exigées par les Constitutions de l'ordre. Restait la difficulté du recrutement. Après la mort de Mgr de Cicé, qui eut lieu le 22 août 1810, le supérieur ecclésiastique du monastère fut M. l'abbé Martin, vicaire-général, spécialement chargé de gouverner l'ancien diocèse de Marseille. Par la crainte de se compromettre vis-à-vis du gouvernement, il s'opposa toujours à ce qu'aucune postulante revêtit le saint habit ; il consentait seulement à ce qu'on les gardât à titre de domestiques. On ne saurait dire combien cruellement cette douleur déchira le cœur de Mère

16

Marie-Aimée, et quelle quantité de larmes amères elle répandit en ses prières pour obtenir de Dieu qu'il fléchît à ce sujet les cœurs des hommes. Dieu ne lui fit point sentir cette faveur tant qu'elle fut ici-bas, car elle mourut le 23 mars 1814, et la liberté de la vie religieuse ne rentra en France que par le retour des Bourbons, qui eut lieu au mois d'avril suivant. Il y avait alors dans la maison deux jeunes postulantes ; Mère Marie-Aimée les appela auprès de son lit, et, d'une voix mourante, mais avec un accent plein de tendresse, elle leur dit : « Je meurs, mes pauvres filles, avec le regret de ne pas vous voir professer. Je ne puis donc pas, comme le saint vieillard Siméon, m'écrier : *Nunc dimittis servum tuum, Domine,* parce que mes yeux pas été dignes de voir propager notre saint institut. » Ensuite elle les bénit, et, prenant leurs mains et les serrant avec tendresse, elle ajouta : « Consolez-vous, car je vous promets que, si Dieu me fait miséricorde, la première grâce que je lui demanderai sera que vous fassiez la sainte profession. » Elle tint fidèlement cette promesse, et les deux postulantes eurent le bonheur de faire, au mois de septembre suivant, leur profession, qui fut suivie d'une longue et fructueuse carrière. Il semble qu'elle ait été animée de quelque esprit de prophétie, lorsque ensuite elle fit encore à ces deux jeunes filles cette recommandation : « Dites à votre Mère Maîtresse qu'elle fasse demain appliquer la communion pour demander à Dieu la guérison de Sœur du Verbe-Incarné, et qu'elle prenne tous les soins possibles pour le rétablissement de sa santé. » En effet, dans la pénurie de sujets où on était encore, Sœur du Verbe Incarné paraissait être celle sur qui pouvaient, avec plus de fondement, se porter les espérances de la communauté pour son bon gouvernement ; or, cette digne religieuse était en ce moment malade à la mort.

Deux ou trois jours après le trépas de Mère Marie-Aimée, Dieu consola une des deux postulantes par un songe mystérieux, qu'elle a souvent raconté depuis. Cette jeune fille, appelée Madeleine, et même Sœur Madeleine, devait plus tard avoir le nom religieux de Sœur Marie de Saint-François, et assurer définitivement la pleine restauration et la prospérité spirituelle du monastère. Dans son sommeil, elle vit Notre-Seigneur en sa sainte humanité ; son sang adorable coulait de ses plaies ; à chacun de ses côtés était une Capucine. La première était Mère Marie-Aimée, qui paraissait absorbée dans une profonde contemplation ; l'autre, dont les traits étaient inconnus à Sœur Madeleine, l'appela par son nom et lui dit : « Demandez quelque chose à Notre-Seigneur. » Madeleine, toute craintive, lui répondit: «Il y a longtemps que je lui demande le voile blanc, et il ne me l'accorde pas; je n'ose pas lui renouveler cette prière (1). » Alors Notre-Seigneur, prenant à la main un voile noir, le plaça sur la tête de Madeleine, et en même temps lui présenta ces paroles écrites : «Je t'éprouverai, je te soutiendrai, et je te satisferai. »

C'était là l'histoire de son noviciat, racontée à l'avance. Madeleine, sans la comprendre encore, se sentait transportée de reconnaissance, et demeurait prosternée aux pieds du divin Maître. La seconde religieuse reprit la parole et lui dit : « Sœur Madeleine, demandez encore à Notre-Seigneur une grâce, la guérison de Sœur du Verbe-Incarné. » Madeleine fit la demande, et la religieuse lui dit encore : «Cette seconde grâce vous est également accordée : Sœur du Verbe-Incarné ne mourra point ; elle guérira promptement, et verra refleurir notre saint ordre. Allez le lui dire. » A ces mots, Madeleine se réveilla, et, ne pouvant contenir sa joie, prit à la lettre le commandement qui venait de lui être fait, courut à l'infirmerie, à la cellule de Sœur du Verbe-Incarné, et lui fit le récit de son rêve. En l'entendant, la malade se sentit fortement convaincue qu'il s'accomplirait. Le lendemain matin, toutes les Sœurs, instruites de ce rêve, partagèrent cette conviction, qui les consola grandement. Sœur Madeleine dé-

(1) Le voile blanc est celui que l'on donne à la vêture ; à la profession, on le remplace par le voile noir.

peignit les traits de la religieuse inconnue qui lui avait parlé ; la chère malade s'écria aussitôt : « C'est notre bonne Sœur Virginie, morte à Rome en odeur de sainteté, au moment où nous allions quitter la ville sainte pour revenir en France. » Dès ce moment, une sensible amélioration se déclara dans l'état de Sœur du Verbe-Incarné, et progressa si bien que, dans le courant d'avril, elle put reprendre sa place dans la communauté, qui l'élut abbesse le 2 mai. Quant à l'épreuve annoncée à Madeleine, ce fut une infirmité survenue peu après sa vêture, et qui la mit en danger de mort. Elle pria S. Louis de Gonzague d'intercéder en sa faveur auprès de Dieu ; elle guérit et fut admise à faire ses vœux, après avoir passé plusieurs mois dans une douloureuse crainte d'être privée de ce bonheur.

Nous avons dit que Mère Marie-Aimée avait rendu son âme à Dieu le 23 mars 1814.

10. FRANCHICOURT, Marguerite-Agathe, en religion Sœur MARIE DE SAINT-ANTOINE, née à Aix le 12 septembre 1737, ne cessa pas d'habiter Marseille pendant toute la durée de la tourmente révolutionnaire. Elle fut, dit-on, réclamée à la communauté par son frère, religieux capucin, qui vécut dès lors avec elle aussi caché que possible. En même temps, elle se chargea d'entourer de ses soins la vieille sœur Marie du Saint Enfant Jésus, presque octogénaire, que la charité des sœurs ne pouvait pas laisser à l'abandon. Sœur Saint-Antoine demeura dont inscrite, ainsi que sa compagne, sur les états de pensionnaires de Marseille, toucha sa pension, et celle de Sœur de l'Enfant-Jésus y fut jointe jusqu'au dernier soupir de cette vénérable religieuse. Il y a lieu, pourtant, de remarquer que Sœur Saint-Antoine ne fit sa promesse de fidélité au gouvernement consulaire que le 11 prairial an X, date bien postérieure à l'époque où elle avait été imposée à tous les pensionnaires.

Sœur Saint-Antoine possédait à un rare degré les dons et les vertus qui font la parfaite religieuse. Comme elle en avait embaumé le cloître avant d'être expulsée, elle en fit agréablement sentir l'odeur à toutes les âmes restées honnêtes, droites et chrétiennes qui la connurent pendant la durée des mauvais jours. Elle eut, en effet, l'adresse de demander à l'évêque légitime de Marseille, et le bonheur d'obtenir de lui, la faveur de conserver la sainte réserve dans le petit réduit qu'elle habitait avec son frère et la vieille religieuse à qui elle prodiguait ses soins. De la sorte, le Sauveur des hommes occupait encore un trône dans la grande cité qui l'avait exclu ainsi que nombre de ses serviteurs. De pieux et discrets affidés savaient que leur Dieu était là ; ils venaient l'adorer et parfois prendre part à ses mystères, comme les premiers chrétiens dans les catacombes. Sœur Saint-Antoine alla plus loin : elle trouva moyen de faire enrichir son petit sanctuaire de l'indulgence de la Portioncule, et de pieux chrétiens racontaient longtemps plus tard être allés la gagner là pendant quelques années.

Voici, de plus, l'intéressante communication qui nous a été faite par une Capucine de Marseille, il y a près de trente ans :

« Sœur Saint-Antoine ne fut pas à Rome avec nos anciennes Mères. Elle se retira avec son frère, qui était capucin, dans une toute petite maison, près la plaine Saint-Michel, à Marseille. Sœur du Saint-Enfant-Jésus y résida avec elle, et mourut entre ses bras, munie de tous les sacrements. Les personnes dévouées à notre pauvre communauté qui eurent connaissance de cet humble réduit et de ses habitants, allaient y porter leurs aumônes : de ce nombre fut le père de celle qui écrit ces lignes. On demandait à Sœur Saint-Antoine des neuvaines, et elle était si accoutumée à recevoir dans l'oraison des lumières sur ce qu'elle désirait savoir, qu'elle disait souvent aux personnes qui requéraient ses prières : « Venez tel jour, je vous ferai connaître ce que Dieu m'aura inspiré ». La confiance qui, par suite, s'était répandue dans le public, a fait que, pendant bien longtemps, des gens qui nous demandaient des neuvaines, ajoutaient : « Quel jour voulez-vous que je vienne pour avoir la réponse ? » Nous faisions observer que Dieu ne nous parlait pas, et que notre puissance se bornait à le prier de faire connaître sa volonté à ceux qui désirent en être éclairés. On nous disait alors : « Sœur Saint-Antoine ne faisait pas ainsi. »

« Nous savons qu'une de nos anciennes sœurs, ayant un frère capucin, fut un jour avertie que ce frère bien-aimé venait d'être arrêté, qu'il devait être exécuté le lendemain, que cependant il y avait encore pour elle temps et moyen de le voir et embrasser encore une fois sans danger. Elle répondit que, si elle s'était trouvée en son monastère, la loi sacrée de la clôture ne lui eût pas permis de se donner une semblable consolation, même en une circonstance aussi douloureusement solennelle, et que, pour rester fidèle à l'esprit de son état, elle ferait maintenant le sacrifice de ne point franchir davantage la limite de son actuelle petite clôture. Ce fait est très certain ; mais le nom de la sœur l'est moins : cependant, nous avons toujours cru devoir l'attribuer à Sœur Saint-Antoine. »

Ceci nous met en face d'un véritable problème historique. Il n'y a eu, ni dans les Bouches-du-Rhône, ni dans les nombreux départements où le personnel des Capucins nous est connu, aucun religieux du nom de Franchicourt. De plus, à Marseille, dont Sœur Saint-Antoine n'est pas sortie, il n'y a eu qu'un capucin victime de l'échafaud, le Frère Séraphin de Solliès, dans le monde Jean-Baptiste Gardanne, dont nous avons parlé en son lieu, né le 6 mars 1746. Il n'y a d'ailleurs identité de mon patronymique entre aucune capucine et un capucin honoré de l'échafaud en autre lieu que Marseille. Si donc, en réalité, le Frère Séraphin était le frère de Sœur Saint-Antoine, ce ne pouvait être qu'au titre utérin, et il eût été plus jeune qu'elle de huit ans et demi. En somme, il ne paraît pas facile de faire de la lumière sur ce point.

La bonne sœur Saint-Antoine mourut de la mort des saints le 8 octobre 1809.

11. REBOUL, Madeleine, en religion sœur MARIE-VICTOIRE, née à Aix le 17 août 1734, déclara au district de Marseille, le 10 octobre 1791, vouloir sortir du couvent « pour rentrer dans la société (sic). » Cette expression pouvait être celle de la pensée des bureaucrates révolutionnaires, et paraît suivie d'une autre inexactitude singulièrement plus grave : la bonne sœur résida à Marseille, où elle figure sur tous les états de pensionnaires jusqu'en l'an XI inclusivement. Or, l'an XI commença le 23 septembre 1802, et le Nécrologe de la communauté des Capucines affirme que sœur Marie-Victoire est morte chez ses parents, dans le cours de l'année 1800.

12. DELANES, Claire-Rose, en religion sœur MARIE-FÉLICITÉ, née à Marseille, âgée de 42 ans en 1790, prit part à l'émigration de ses sœurs ; elle séjourna dix ans au monastère de l'Immaculée-Conception de'Monti de Rome, et vint coopérer en 1803 au rétablissement de celui de Marseille. A ses vertus et à son amour de sa vocation, cette digne religieuse joignait une grande énergie de caractère et un esprit d'à propos qui mettait sur ses lèvres les réparties les plus justes et les plus embarrassantes. On a guère occasion d'user d'un pareil talent dans le calme et le silence de la vie monastique ; mais Sœur Félicité s'en servit admirablement lors des nombreuses et fatiguantes visites que la municipalité marseillaise multiplia beaucoup plus que de raison pendant le cours de l'année 1791 : il serait trop long d'en répéter ici les traits, rapportés par un historien déjà cité (1). Cette excellente religieuse mourut le 28 décembre 1816, à l'âge de 66 ans.

(1) P. Ambroise de Bergerac. *Hist. des Capucines de Marseille de 1790 à 1802*, pp. 27 et suiv.

13. MÉRAUDE, Marie - Clémence, en religion Sœur MARIE DES ANGES, née à Avignon, était âgée de 41 ans en 1790. Elle émigra en même temps que ses compagnes, et fut comme elles admise au monastère des Capucines de Rome dit de l'Immaculée - Conception de'Monti. La persécution obligea peu après sa sœur, religieuse Ursuline, à prendre aussi le chemin de la ville éternelle ; le tome XXXVI du *Caritas S. Sedis* contient une lettre de Sœur Marie des Anges, datée du 22 décembre 1792 et adressée au cardinal Zelada, secrétaire d'État, lui annonçant que cette Ursuline, nommée en religion Sœur Saint-Vincent, et dans le monde Méraude, doit sous peu de jours arriver à Rome, et sollicitant la faculté de l'introduire dans le monastère des Capucines de l'Immaculée - Conception de'Monti, afin de jouir du bonheur de la revoir. Nous ignorons le résultat de cette démarche. Ce fut sans doute quelque temps après que la bonne mère de ces deux religieuses vint aussi se réfugier dans la ville sainte; car on rencontre, dans le tome XIV du *Caritas S. Sedis*, deux billets sans date envoyés par la Secrétairerie d'État à Mgr Caleppi. Le premier, en langue italienne, dit : « Voici, sur le papier ci-inclus, le nom de la mère de la Capucine que le cardinal vous a recommandée ». Le second dit, en langue française : « Ma mère se nomme Suzanne Rolin-Méraude. Elle est logée près de la place d'Espagne. Je ne sais pas le nom de la maison où elle loge, ni celui du consul français de Civitavecchia ».

Pour des causes qui nous sont inconnues, l'exil de Sœur Marie-des-Anges se prolongea jusqu'en l'an 1814, où elle vint rejoindre ses chères compagnes à Marseille. Dix ans plus tard, le 8 mai 1824, la confiance et l'estime de ses sœurs l'élevèrent à la dignité d'abbesse. Une maladie bien grave l'obligea de la résigner avant la fin de son trienne ; les suffrages de ses sœurs la remplacèrent, le 2 mai 1825, par la Mère Marie de Saint Joseph, la première professe du monastère depuis son rétablissement.

Mère Marie des Anges était une âme de grande force et générosité au service de Dieu, qu'elle avait seul en vue dans toutes ses actions ; aussi est-elle sortie triomphante des nombreuses épreuves qu'elle eut à traverser. Un tout petit trait, qui paraîtra puéril à d'autres, montrera aux âmes religieuses combien elle savait se vaincre et rester humble. Un jour, pendant la dernière année de sa vie, se trouvant chargée de donner le signal de certains offices, elle n'entendit pas ou ne comprit pas l'ordre que donna Mère Marie de Saint François, alors abbesse, pour que ce signal fût retardé jusqu'à nouvel avis. La bonne Mère Marie des Anges sonna tant qu'elle put, même une seconde fois, croyant que la communauté ne l'avait pas entendue. Une bonne sœur vint lui faire savoir l'ordre donné par l'abbesse : « Vous auriez dû me le dire plus tôt, » répondit Mère Marie des Anges avec une vivacité et sur un ton de voix fort élevé. Presque aussitôt, s'apercevant qu'elle venait par là d'offenser la modestie religieuse, cette bonne ancienne, qui était près de terminer la quatre-vingtième année de son âge , alla se prosterner devant la communauté pour lui demander pardon de ce mauvais exemple.

La vie entière de cette excellente religieuse s'était passée au milieu d'efforts et de sacrifices dont elle n'avait voulu d'autre témoin que le cœur de son divin Époux. Il l'en récompensa bien libéralement dans les derniers jours de sa vie. Ils furent remplis de si grands sentiments de joie et de reconnaissance, qu'elle s'écriait souvent avec transport,sur le lit où elle allait expirer : « D'où me vient ce bonheur de mourir épouse de Jésus-Christ! » ou encore : « Moi,épouse de Jésus-Christ ! » Et sa voix était alors si forte, qu'on l'entendait du rez-de-chaussée bien que sa chambre fût au second étage. Puis elle ajoutait, avec des transports toujours plus vifs : « Éternellement je chanterai les miséricordes du Seigneur ! » Et elle répétait ces paroles et d'autres avec une joie toujours croissante. M. l'abbé Tempier, vicaire-général, ayant appris qu'elle se trouvait à toute extrémité, vint la voir et lui demanda : « Ma Mére, quelle est donc la cause de tous ces transports de joie ? Est-ce le souvenir de tout ce que vous avez souffert pendant la Révolution ? » — « Non, mon Père, répondit-elle, ce sont les sacrifices que j'ai faits pour Dieu, et que lui seul connait. »— « Ne ressentez-vous donc aucune peine à la pensée de quitter vos sœurs, qui vous prodiguent leurs soins avec tant d'affection ? » — « Non. Comment pourrais-je avoir de la peine à quitter le rien pour le tout ? »

Elle rendit son âme à Dieu dans ces beaux sentiments, le 9 février 1832, à l'âge de 81 ans.

14. GRAS, Marie-Anne-Rose, en religion sœur MARIE-SÉRAPHINE, née à Marseille, alias à Avignon, le 17 octobre 1753, fut réclamée par son frère lorsque la séparation dût forcément avoir lieu. Elle résida à Marseille pendant tout le cours de la Révolution, fit sa promesse de fidélité le 23 prairial an X, et émargea encore en l'an XI. Elle se réunit à ses sœurs lors de leur retour de Rome. Le frère qui l'avait réclamée était un chrétien dévoué ; il veillait sur les pauvres Capucines à mesure que la persécution avançait dans ses exigences et dans ses mauvais traitements. Lors de leur translation chez les Carmélites, il s'offrit à sauver tout ce qu'il lui serait possible de prendre dans le monastère, évidemment destiné au pillage, et à garder dans sa cave tout ce dont il pourrait ainsi s'emparer. Les sœurs lui indiquèrent la sacristie. Il s'habilla en mendiant, costume qui ne représentait ni son rang, ni sa fortune, se munit d'une charrette et s'empara de tous les ornements et linges, ainsi que du grand tableau de l'église, des personnages de la crèche, que par ce moyen la communauté a eu le bonheur de conserver. Malheureusement, les vases sacrés avaient déjà été enlevés par les officiers municipaux. Il rendit aux sœurs, dès qu'elles purent les recevoir, tous les objets qu'il avait préservés par cet acte de courageuse adresse. — Revenant à Sœur Séraphine, nous dirons que Dieu ne lui avait point départi les mêmes talents qu'à plusieurs de ses

compagnes ci-dessus et ci-après ; mais elle n'avait pas moins de vertu, et l'amour de son état avait chez elle une puissance assez grande pour lui faire préférer la mort sur l'échafaud au moindre acte indigne de sa vocation. Elle devint aveugle en ses vieux jours, et fut la dernière survivante de celles qui avaient traversé la Révolution. Elle mourut le 5 juillet 1833 : la religieuse de qui nous tenons les renseignements ci-dessus, dit avoir eu à donner ses soins à cette digne octogénaire.

15. SAUMAIRE, alias Soumaire et Somaire, Jeanne-Marseille, en religion Sœur MARIE-VIRGINIE, née à Marseille, âgée d'environ 30 ans en 1790, fut, comme nous l'avons vu, une des trois capucines envoyée à Nice le 27 août 1792, et parties de là pour Rome à la fin de septembre. Placée au monastère de l'Immaculée-Conception de' Monti, où elle répandit la plus grande édification, elle y mourut, dit-on, en 1803, à la veille du départ de ses sœurs pour la France, c'est-à-dire très probablement pendant le cours de la semaine sainte.

16. ARMILLON, alias Armieux, Marie-Rose, en religion Sœur MARIE DU VERBE INCARNÉ, était née à Saint-Cannat, et avait 34 ans en 1790. En 1792, il fut évident que la séparation définitive de la communauté ne pouvait pas tarder à être imposée par les persécuteurs ; alors son vieux père vint, les larmes aux yeux, la conjurer avec les plus vives instances de revenir à son foyer. Ce fut, pour l'excessive sensibilité de la bonne fille, une redoutable épreuve, dont son amour de l'état religieux la rendit victorieuse. Pour lui en conserver le bénéfice, les supérieurs l'envoyèrent au couvent de Sainte-Claire de Nice en compagnie des sœurs Marie-Virginie et Marie du Calvaire. Leur départ eut lieu le 27 août ; un sien oncle vint alors renouveler les instances du père. La digne religieuse, décidée aux plus héroïques efforts pour suivre sa vocation dans son intégrité, réussit encore à vaincre, et put se rendre à Nice. L'armée française, portant la désolation partout,

arriva bientôt sous les murs de cette ville, et obligea les centaines, sinon les milliers, de prêtres et religieux qui s'y étaient réfugiés, à prendre en hâte la fuite. C'est ce que durent faire ces trois pauvres filles, ainsi que nous l'avons raconté. Elles arrivèrent à Rome en novembre, et furent placées au monastère de l'Immaculée-Conception de Monti. Pendant le long séjour qu'elles y firent, le *Caritas S. Sedis*, tome XXIV, nous révèle un acte de charité de sœur Marie du Verbe Incarné, qui, le 2 février 1794, écrivit au cardinal secrétaire d'état, pour prévenir la bienveillance de ce prince en faveur de son cousin germain, M. l'abbé Régibaud, prêtre, qui, dit-elle, avait eu beaucoup à souffrir à Marseille.

Nous avons vu de quelle façon merveilleuse la Providence l'avait désignée aux suffrages de ses sœurs pour le gouvernement de la communauté, alors qu'elle semblait plutôt destinée à la mort. Elle fut élue abbesse le 2 mai 1814, et réélue sans interruption jusqu'au quatrième trienne, que sa mort, survenue le 13 mai 1824, ne lui permit pas de terminer. Dans cette charge, elle eut la consolation de pouvoir ouvrir le noviciat aussitôt après son élection ; elle donna le voile blanc aux deux postulantes qui l'attendaient depuis longtemps ; d'autres jeunes élèves les suivirent bientôt.

Lorsque des âmes religieuses d'une vertu élevée résistent à des parents chrétiens, comme avait fait Mère du Verbe Incarné, ce n'est pas faute de tendresse pour eux : en cela, elles ne font que rester fidèles à un amour plus puissant, dont les parents eux-mêmes ont allumé les premières flammes dans leurs cœurs en leur apprenant à connaître Dieu. Nulle part les parents ne sont aimés avec autant d'ampleur et moins de réserve que chez ces bonnes âmes, dont aucun intérêt humain, aucun orgueil, aucune cupidité ne trouble les affections ; celle qu'elles ont vouée à Dieu comprend et accroît toutes les autres. Or, la Mère du Verbe Incarné aimait Dieu si ardemment, qu'il suffisait d'entendre son nom adorable pour qu'elle se sentît émue et que des larmes parussent dans ses yeux. Aussi, lorsqu'elle fut abbesse, combien elle sut aimer les filles qui lui étaient confiées ! Et quelle joie était la sienne lorsqu'elle en admettait une à la profession ! Mais, par contre, quelle douleur lorsque le Dieu jaloux lui demandait le sacrifice de quelqu'une de ces vierges à qui elle enseignait son amour, fondant sur leur avenir et leur vertu tout son espoir pour un solide rétablissement de la communauté ! Ce sacrifice, Dieu l'exigea d'elle jusqu'à six fois, et la cause en fut dans l'insalubrité de la maison dite de Saint-Joseph, où Mgr de Cicé avait placé les Capucines à leur retour de Rome. Ç'avait été autrefois un hôpital spécial aux femmes de mauvaise vie ; les salles étaient des cachots, et la disposition du local rendait difficile la régularité des exercices monastiques. Mère du Verbe Incarné se pourvut d'une autre habitation, et y transféra la communauté en 1819 ; on y fut à peu près dans d'aussi mauvaises conditions, qui ne purent être trouvées meilleures que plus tard.

Mère du Verbe Incarné, pendant le cours de son quatrième trienne, fut attaquée d'une longue maladie, dont elle mourut le 13 mai 1824. Trois mois avant sa mort, un jour qu'elle était seule et couchée dans sa cellule, le démon lui apparut sous une forme humaine. Elle le vit entrer, mais se pressant contre le mur comme si une main puissante lui ôtait la liberté de ses mouvements et l'empêchait d'approcher d'elle. Il s'arrêta trois fois, lançant sur la bonne Mère des regards affreux, et branlant la tête. Elle se sentait protégée par la sainte Vierge, et, sans s'effrayer, elle dit au malheureux : « Vas-t-en, toi qui es privé d'amour ! » C'est au moyen de ces paroles que dès longtemps les religieuses de la communauté avaient l'habitude, qu'elles ont laissée à leurs descendantes, de repousser les tentations. Dans la circonstance, le démon se glissa jusqu'à la fenêtre et disparut.

Mère du Verbe Incarné ayant rendu le dernier soupir, le vénérable M. Tempier vint apporter ses consolations à la communauté, puis alla s'agenouiller auprès du corps de la défunte. Il ne put point réussir à réciter le *De profundis*, bien qu'en s'y reprenant à plusieurs fois ; le *Laudate Dominum*, au contraire, se plaça sur les lèvres, et y revint à chaque fois qu'il l'interrompit pour réessayer le *De profundis*. Voyant enfin que cela se répétait toujours, il se résigna au *Laudate*, et dit aux sœurs que cela lui paraissait une marque de la béatitude de la bonne Mère.

17. GUIGON, alias Guigues, Marie-Luce, en religion Sœur MARIE DU CALVAIRE, née à Puyloubier et âgée d'environ 30 ans en 1790, fut une des trois émigrées qui se rendirent de Nice à Rome. Placée, comme le plus grand nombre de ses compagnes, au monastère de l'Immaculée-Conception de'Monti, elle s'y fit agréger lors du retour de ses sœurs en France, et y finit pieusement ses jours en l'an 1832.

18. ALLIEZ, Marie-Marguerite, en religion Sœur MARIE DE SAINT PAUL, née à Saint-Maximin et âgée d'environ 26 ans en 1790, émigra en compagnie de son Abbesse, fut placée au même lieu, et revint à Marseille avec ses sœurs en 1803 pour collaborer à la restauration du monastère, où elle mourut le 12 février 1832, à l'âge de 67 ans. C'était une âme de la plus rare simplicité et candeur, de merveilleuse obéissance, d'abandon total entre les mains de Dieu et de ses supérieurs, et d'un grand esprit de foi. En ses dernières années, sa santé baissa, ce qui la rendit sujette à des faiblesses qui réclamaient des soulagements. Elle se résolut pourtant à n'en jamais demander, se persuadant que, si des soins étaient nécessaires, Dieu en saurait bien suggérer la pensée à sa supérieure ou à ses sœurs. En effet, cela eut lieu plusieurs fois. Alors on lui disait : « Sœur Saint-Paul, il semble que vous souffrez ; peut-être avez-vous besoin de quelque chose ? — Oui, répondait-elle, j'avais prié Dieu de vous le faire apercevoir. »

19. NONE, alias Noune, N., en religion sœur MARIE-ROSE DU BON-PASTEUR, née à Martigues, âgée de cinquante ans en 1790, converse, émigra et fut transportée à Civitavecchia par le même navire que les Clarisses et la Mère Marie de Sainte Agnès, capucine et vicaire du monastère. A Rome, elle fut placée avec celle-ci au couvent des Capucines de Monte-Cavallo, où elle vécut pieusement et mourut dans le cours de l'année 1802.

20. MARTIN, Marie, en religion sœur MARIE DE SAINT-GABRIEL, née à Moustiers le 5 mai 1756, converse. Cette bonne fille fut réclamée par ses parents. On voit l'administration départementale lui accorder, le 7 septembre 1792, la somme de 150 livres pour frais de vestiaire. A la suite, elle ne figure sur aucun état de pensionnaires jusqu'en l'an V où elle reparaît avec une pension de 400 livres. Elle fait ensuite sa promesse de fidélité le 5 pluviose an VIII. En l'an XI, elle est encore mentionnée sur les états avec le même taux de pension. Il y est dit qu'elle habite Marseille et qu'elle est enfermée à l'hospice des aliénés. La communauté se souvient qu'elle est morte en l'an 1800, à l'âge de 54 ans. A la suite d'une fièvre typhoïde, bien avant 1789, elle était restée gravement atteinte dans ses facultés mentales. Les officiers municipaux, lorsque la persécution fut ouverte, crurent trouver dans cette douloureuse circonstance une occasion de plus d'affliger la communauté, sous le prétexte de lui arracher cette malheureuse créature et de la placer sous *la protection de la nation*, c'est-à-dire de la transporter à l'hospice des aliénés. A cet effet, ils firent venir son frère pour opérer en sa présence et à l'aide de son autorité sur sa sœur. Mais quand cet homme et un médecin requis pour la circonstance eurent vu de quoi il tournait, ils protestèrent énergiquement. Le Maire n'osa pas poursuivre sa mauvaise action ; peu après il mourut rongé vivant par les vers.

Il y a lieu, une fois de plus, de remarquer la valeur des écrits des bureaucrates révolutionnaires, qui font faire la promesse de fidélité à cette pauvre folle, et la maintiennent au nombre des pensionnaires deux ans après sa mort, car l'an XI ne commença que le 23 septembre 1802.

APPENDICE A

Religieux de résidence conventuelle inconnue ou étrangère aux Bouches-du-Rhône, aperçus dans ce département pendant le cours de la Révolution.

1. ABRAC, récollet. Un mandat de 175 livres est délivré en sa faveur par le district d'Arles le 12 juillet 1792.

2. BALLON, ATHANASE, récollet, adressa, sans doute en 1790, à quelque administrateur, la lettre ci-après, dont nous avons l'autographe sous les yeux, mais dépourvu du feuillet qui devait porter la date en même temps que le nom et l'adresse du destinataire :

« MONSIEUR,

« Depuis 1744, j'ay resté de communauté à cette maison. Je n'ai quitté Marseille que pour servir l'État par ordre de nos supérieurs, les Récollets étant aumôniers du roi. J'ay fait dix campagnes, soit dans le Levant, soit chez toutes les puissances barbaresques. En soixante-et-douze, j'eus ordre de mon Provincial de m'embarquer sur le vaisseau du roi le *Sagittaire*, commandé par Monsieur le chevalier de Pleuille, capitaine de vaisseau, pour aller à la Martinique. L'armement se fit à Marseille. Arrivé à la Martinique, je tombai malade, et le vaisseau retourna deux mois après, me laissant à Saint-Pierre. J'eus le bonheur de rétablir ma santé, et le Préfet apostolique me plaça curé au gros islot Sainte-Lucie.

La guerre survint, les Anglais s'emparèrent de l'isle, et j'y fus très maltraité. J'y ay perdu tout, et obligé (sic) de me sauver à la Martinique pour avoir voulu favoriser la dernière descente que Monsieur le marquis de Bouillé y fit en 1782. Il avoue luy même par son attestation que je meritte une pension ; mais le dérangement des finances m'en a privé. J'ose espérer de votre bonté que vous voudrez bien me faire jouir de celle que l'Assemblée nationale accorde aux religieux, quoyque j'aye obtenu une permission, depuis mon retour, de porter l'habit ecclésiastique, par raison de maladie. Je ne dois pas être privé de cette grâce, attendu mes infirmités et mon grand âge. Et en reconnaissance, je ne cesseray d'adresser des vœux au ciel pour votre sancté (sic).

« Le Père Athanase Ballon. »

3. BASTION, Agathange, récollet, missionnaire de Terre-Sainte. Le 15 août 1791, l'administration départementale lui alloue un secours de 500 livres pour viatique de Marseille à Brest.

4. BESSON, cordelier. Le 6 août 1790, le Directoire du département prend cet arrêté :

« Vu la pétition de M. Besson, cordelier ; sur le rapport de M. Martinot, membre du Directoire ; ouï M. Dominique Audibert, procureur syndic, le Directoire estime que, les vœux du P. Besson n'étant point cassés, il demeure dans la classe des autres religieux, et comme tel doit obtenir la pension que l'Assemblée nationale a décrétée. »

5. BOUTIN, Jean-Baptiste, en religion P. SATURNIN de Brignoles, capucin, né en 1746 de Jean-Baptiste et d'Anne Chabert, était gardien du couvent de Toulon et en même temps custode général de sa province en 1790. Il entra pleinement dans le schisme constitutionnel, et fut élu curé de la paroisse Saint-Louis de Marseille. Il donna aussi quelque

scandale par sa présence et sa parole dans les clubs et sociétés révolutionnaires de cette ville : toutes choses que nous avons apprises, sans en rencontrer des preuves écrites, qui cependant doivent exister. Il y a toutefois ceci de remarquable, que son nom ne figure jamais sur les états de pensionnaires ni du Var, ni des Bouches-du-Rhône. Il est également absent du registre des abdicateurs. Était-il mort ? Était-il revenu à resipiscence ? Nous ne sommes point parvenu à le savoir.

6. CAMPOCASSO, Antoine-Marie, capucin, né à Bastia, âgé de 40 ans, aumônier de la frégate *La Modeste*, touche à Marseille, depuis janvier 1792 jusqu'en fin 1793, son traitement de religieux diminué de moitié à cause du cumul avec l'honoraire de son aumônerie. Il figure au nombre des abdicateurs en l'an II, et, par une contradiction singulière, il cesse d'émarger.

7. CHEYLAN, François, né à Valensole (Basses-Alpes), le 2 mai 1754, capucin, ancien missionnaire en Afrique, fut nommé recteur de Méounes (canton de Laroquebrussane, arrondissement de Brignoles (Var), le 6 mai 1803, et plus tard transféré à Notre-Dame du Rouet, où il mourut le 24 juin 1825 (*Etat nominatif* du clergé d'Aix, et *Souvenirs du clergé Marseillais*, p. 160, par Mgr Ricard, qui se trompe en lui attribuant l'âge de 75 ans.

8. CLÉMENT, Joseph, cordelier, né à L'Escale (canton de Volonne, arrondissement de Sisteron, Basses-Alpes), le 2 août 1719, alias le 20 février 1720, arrive à Salon, venant de Chartres, et présente aux autorités son extrait de baptême, une expédition authentique de son acte de profession, sous le nom religieux de Sixte, chez les Frères-Mineurs Conventuels jadis Observantins, un certificat laudatif de l'évêque de Chartres au sujet du service qu'il a fait à la chapelle de Notre-Dame de la Valdeuil, et enfin la déclaration que voici :

« Sur le décret de l'Assemblée nationale qui donne liberté aux religieux de sortir ou de rester dans le cloître, je déclare en vouloir sortir, attendu que je pourrais m'y trouver avec des gens inconnus, et dont l'humeur et le caractère ne me conviendraient pas.

« A Salon, 17 novembre 1790.

« Frère Clément, cordelier ».

Sa pension, aux termes de la loi, était de 1.000 livres, puisqu'il était septuagénaire ; ce chiffre est uniformément indiqué comme celui auquel il a droit ; il est diminué de moitié en décembre 1791 et avril 1792, où il est dit tantôt vicaire de Lançon, tantôt succursaliste. Il réside encore à Lançon le 24 ventose an III, mais paraît n'y être plus fonctionnaire. Avant cette dernière date, c'est-à-dire le 9 fructidor an II, il se trouve nommé dans deux pièces émanées du district de Salon. L'une le dit habitant Salon, âgé de 76 ans, non marié, et ayant droit à la pension de 1.000 livres, sans autre détail. La seconde dit : « Joseph Clément, ex-cordelier, détenu dans la maison d'arrêt, habitant depuis la Révolution la commune de Lançon. » Il ne nous a pas été possible de faire plus de lumière sur le nom de ce vieillard ; des recherches minutieuses, faites à la mairie et à l'église de Lançon sans aucun succès, semblent nous autoriser à croire qu'il n'a pas fini là ses jours.

9. CURNIER, François, récollet, né à Salerans (canton de Ribiers, arrondissement de Gap, Hautes-Alpes), le 28 juillet 1730, n'appartenait pas au couvent de Marseille, comme l'a cru Mgr Ricard (*Souvenirs du clergé Marseillais*, p. 93). Nous ne l'avons aperçu au nombre des pensionnaires de l'État dans cette ville qu'à partir du second semestre de l'an VI, où lui est allouée une somme de 133 livres, inférieure à ce qui lui était dû même pour un demi-semestre. En l'an VIII, son droit à la pension de 800 livres est parfaitement écrit avec

l'indication de son domicile à Marseille-centre. Il fait la promesse de fidélité le 11 pluviose an VIII, et meurt sur la paroisse Saint-Cannat le 3 novembre 1804.

10. DROGUET, Joseph-François, picpus. Il existe, au sujet de ce religieux, la délibération ci-après du Directoire du district de Marseille, dont nous ne possédons pas la date, mais certainement postérieure à la loi du 11 prairial an III (30 mai 1795) et antérieure à celle du 19 frutidor an V (5 septembre 1797).

« Vu la pétition du sieur Joseph-François Droguet, ci-devant religieux picpus, ancien supérieur de la maison de Marseille, et employé en qualité de missionnaire dans les colonies françaises. Vu l'extrait de la déclaration faite au greffe du siège royal du Cap par ledit Droguet, aux fins de se soumettre aux nouvelles lois françaises, de reconnaître la souveraineté de la nation, et de demander d'être traité comme les autres religieux. Le Directoire de Marseille est d'avis de lui accorder un traitement de 1.000 livres, selon les décrets concernant les religieux. »

Il est quelque peu singulier qu'après une pareille faveur, le P. Droguet ne soit pas aperçu sur les états de pensionnaires qui subsistent.

11. FLORENT, Constant, missionnaire récollet. Ce religieux nous est connu par l'arrêté suivant :

« 1er février 1792. Département des Bouches-du-Rhône.

« M. Auguste Barthélemy, receveur du district.

« Payez, des deniers de votre recette, au sieur Constant Florent, prêtre, ci-devant récollet, missionnaire de la Terre-Sainte, la somme de 500 livres pour frais d'auberge dans le lazaret de cette ville, son séjour après sa sortie, et pour sa route de Marseille à Douai en Artois. Ledit secours pris sur les fonds de l'Œuvre de la Terre-Sainte, qui ont été versés dans la caisse du receveur du district, et par lui dans celle de l'extraordinaire, conformément à l'arrêté du Département du 29 novembre 1790 (1). Marseille, en Directoire, 1er février 1792. Signé : Bausset, Brémond, et plus bas ; « Pour acquit, Constant FLORENT. »

12. FORNARY, Vincent, prêtre récollet. Ce religieux figure deux fois dans les papiers révolutionnaires de Marseille. La première est l'inscription, en date du 17 juin 1791, du versement fait entre ses mains de l'allocation de 200 livres accordée à chaque religieux à titre de vestiaire, linge, ameublement, etc. La seconde fois, son nom, Fornari, est barré d'un trait, et suivi de ceci : « François Benoit, né le 21 mars 1736, domicilié à Marseille-Nord, ex-religieux récollet, 800 livres. Acte de naissance, vie, notoriété, non succession, réunion à l'évêque. Observation : Sursis jusqu'à ce qu'il ait justifié qu'il était profès avant le 8 octobre 1789, et qu'il a été pensionné en sa qualité. Arrêté du Préfet. En règle. » Ceci montre donc que le P. Fornary, prénommé François-Benoit au baptême, portait le nom religieux de Vincent, et qu'il avait eu la précaution de disparaître pendant le cours des persécutions ; ce fait est confirmé par l'inscription de son nom sur le 2e supplément de la liste des émigrés, en vertu d'un arrêté du 14 germinal an II. Il y est dit que son dernier domicile a été à Fort-Hercule, district de Menton (Alpes-Maritimes). Mgr Ricard, dans ses *Souvenirs du clergé Marseillais*, page 103, l'appelle Furmary, et dit que Mgr de Cicé le nomma curé de Saint-Barthélemy le 20 juin 1804, et qu'il mourut dans ce lieu le 4 août 1806, à l'âge de 70 ans.

13. GIRARD, Jean-Ambroise, récollet, nous apparait seu-

(1) On verra ci-après, dans l'Inventaire du couvent des Récollets de Marseille, que le P. Joseph L'Henri ou L'Hauri, était précédemment chargé de réunir, garder et utiliser les fonds destinés aux missionnaires de Terre-Sainte, et qu'il s'offrit à rendre compte de sa gestion. Ce que dessus prouve que le Département avait mis la main sur ces fonds, et qu'il en a respecté la destination.

lement une fois. C'est en l'an XI, où il demeure à Lapenne, près Marseille : à l'effet de faire reconnaitre son droit à la pension, il présente des pièces que l'on ne trouve pas suffisamment en règle, par exemple un extrait de son acte de naissance non légalisé, un certificat de vie rendu nul par la même cause, etc. Nous ignorons s'il a mieux réussi par la suite.

14. HAYES, Richard, mineur observant, né à Vexford (Irlande) le 5 février 1787, arrivait à Marseille en juillet 1810, venant de Rome, où depuis huit ans il habitait le couvent d'Araceli. De tout ceci, et du séjour de ce religieux à Marseille, témoigne l'*État nominatif* du clergé du diocèse d'Aix commencé par l'abbé Rey, vicaire-général, en mai 1808, et plus ou moins continué.

15. ICARD, Cyrille, récollet, aumônier du régiment de Flandre, en garnison à Versailles. Voici l'unique renseignement que nous possédons sur ce religieux :

« Par devant nous, les Maire et Officiers municipaux de la ville de Marseille, est comparu Messire François Icard, curé de l'église du quartier Saint-Genez, terroir de cette dite ville, lequel, en vertu du pouvoir que luy donne son frère Icard, religieux récollet de Marseille, aumônier du régiment de Flandre-infanterie en garnison à Versailles, et en date du 26 may de la présente année, de se transporter au bureau de la municipalité pour y déclarer en son nom que, malgré la qualité d'aumônier dans le susdit régiment, auquel il est attaché en vertu de la permission de son Provincial en date du 14 may 1775, ensuite en vertu du brévet du Roy en date du 1er juillet 1775, il n'a jamais prétendu abandonner son droit de citoyen de la ville de Marseille. Ledit Messire Icard, curé à Saint-Genez, auroit déclaré que son frère Icard, surnommé P. Cyrille dans le cloître, est réellement récollet ; qu'il a été reçu dans ledit ordre à l'âge de 15 ans, l'an 1746, et a fait profession l'année suivante 1747 ; que son intention est de se retirer, s'il plaît à Dieu, à Marseille, sa patrie, aussitôt qu'il aura accompli les seize années de service qui luy feront mériter le droit de citoyen actif ; qu'au surplus son intention est de profiter du traitement accordé aux religieux atteints à l'âge de 59 ans (*sic*), conformément au décret de l'Assemblée nationale concernant les religieux qui voudront sortir de leur corps. Et, comme ledit Messire Icard, curé, auroit été chargé par sondit frère Icard, récollet, de signer la susdite déclaration pour et au nom de sondit frère, il auroit attesté laditte déclaration vraye, sincère, ainsi que son âge et son contenu.' Et a signé. Fait à Marseille, le 18 juin 1790. Icard, Thomas curé à Saint-Genez. »

16. LEYTON, Jean-Joseph, récollet, né à Marseille, le 2 mars 1742, nous apparaît pour la première fois au nombre des abdicateurs, c'est-à-dire en l'an II. Il habite Marseille-Centre en l'an V, et sa pension est de 1000 livres, sans que le motif de cette surélévation soit indiqué. Enfin, l'état nominatif du clergé d'Aix le dit résidant à Marseille, sans emploi, en l'an 1813.

17. MOLIZE, Gabriel, qualifié frère capucin, touche 100 livres à Marseille, le 14 janvier 1793.

18. MORETTY, Jean-François, en religion P. FRANÇOIS-ANTOINE de Zilia, capucin du couvent de Grasse, né le 10 septembre 1756.

Voici un extrait du secrétariat de Grasse qui le concerne :

« Le 23 novembre 1790, s'est présenté au Directoire du district le Père François-Antoine Morety, lequel, pour se conformer aux décrets de l'Assemblée nationale et faire fixer régulièrement le traitement à lui accordé par les mêmes décrets, déclare se nommer François-Antoine Morety, prêtre et religieux profès de l'ordre des Capucins, âgé de 35 ans ; qu'il a fait sa profession le second octobre 1775, au couvent des Capucins de Speloncata, dans l'île de Corse ; qu'il est né à

Zilia, village de la même île, et qu'il était depuis longtemps de communauté au couvent des Capucins de cette ville, où il réside. Certifiant la présente déclaration véritable, et a signé avec nous. Frère François-Antoine de Zilia, capucin ; Perro.... secrétaire, à l'original. Collationné : Gérard, pro-secrétaire.»

Sa pension fut fixée, le 31 janvier 1791 à 700 livres. Il habitait Marseille pendant les deux premiers trimestres de 1792, et il y était vicaire constitutionnel de la paroisse Saint-Laurent ; il émargea en conséquence, et, de plus, fit des démarches auprès du district de Grasse, pour en obtenir les 200 livres de vestiaire allouées aux religieux. Mais, au troisième trimestre, l'état des pensionnaires, au lieu de mentionner un versement, porte qu'il a déclaré vouloir dorénavant être payé à Montpellier. Nos recherches dans le département de l'Hérault ne nous ont pas procuré l'avantage de l'y rencontrer.

19. MOUTTE, Pierre-Valentin, cordelier, apparaît pour la première fois à Marseille au nombre des abdicateurs. Le 5 pluviôse an VIII, il est dit habiter Marseille-centre, être né le 14 février 1726, avoir droit à la pension de 1.000 livres, dont 800 sans déduction, et il fait sa promesse de fidélité.

20. POZZOTI, Jean-Baptiste, capucin, né à Cusa (?), diocèse d'Alba (Piémont), le 7 novembre 1775, est nommé recteur du Rouet, à Marseille, le 1er juin 1808, puis vicaire de la paroisse Saint-Victor de la même ville. Il y meurt le 2 avril 1840 (Ricard, *Souvenirs*, p. 202).

21. ROMAN, Louis, cordelier de l'Observance, autrefois du couvent de Marseille, était à Mérindol, district d'Apt (Vaucluse), depuis un grand nombre d'années ; il y en avait vingt qu'il faisait les fonctions de vicaire dans cette paroisse. Le 3 juin 1790 ; il y fit, devant la municipalité, les déclara-

rations prescrites pour établir sa situation religieuse. Il était né le 13 mars 1727, et il optait pour la vie privée. Le 28 octobre 1790, il adressait au Directoire du district d'Apt une pétition à l'effet de faire fixer ses droits à la pension ; il exposait ne se trouver hors du cloître que par l'autorisation de ses supérieurs, dans le but de venir en aide à des parents pauvres, et dès lors prétendait n'avoir pas en réalité quitté la vie religieuse. Il faisait, de plus, observer que, les honoraires de son vicariat ne s'élevant pas au-dessus de 150 livres, il avait dû s'endetter.

Il paraît que le district d'Apt ne se crut pas suffisamment compétent dans cette affaire, et Roman porta sa demande à celui de Marseille, qui, le 19 mai 1791, y répondit par cette délibération :

« Vu la pétition du sieur Louis Roman, prêtre, actuellement vicaire de la paroisse de Mérindol (district d'Apt), ci-devant religieux de l'ordre des Frères Mineurs conventuels de l'Observance de Marseille, tendante à ce qu'il jouisse du traitement accordé par l'Assemblée nationale à tous les religieux.

« Vu la déclaration par lui faite à la municipalité de Mérindol et toutes les autres autres pièces jointes à ladite pétition.

« Sur le rapport de M. Martinet.

« Ouï M. D. Audibert, procureur syndic en remplacement.

« Le Directoire du district estime que ledit sieur Roman doit jouir du traitement fixé et déterminé par les décrets en faveur des religieux.»

Le Directoire du département ne fut pas du même avis. Siégeant à Aix, il porta cet arrêté :

« Vu l'avis ci-dessus du Directoire du district de Marseille et les pièces y jointes.

« Sur le rapport de M. Henri Pellicot.

« Le Département des Bouches-du-Rhône.

« Ouï M. Antoine Faubert, procureur-général syndic.

« Considérant que le sieur Roman n'obtint de son Provincial, en 1755, la permission de vivre hors du couvent de son ordre que pour être à portée de secourir son père, qui était alors dans la vieillesse et dans la misère ; que cette concession, du 17 septembre de ladite année, était limitée au terme de la vie de son père ; que la patente du Provincial lui enjoignait très expressément de rentrer dans le cloître à la mort de son père, sous toutes les peines de droit : *Ea tamen lege ut quamprimum pater tuus e vita discesserit, ad nostram tenearis redire præsentiam sub pænis a jure latis* ; qu'il conste, par l'extrait mortuaire du sieur Maurice Roman, père du pétitionnaire, qu'il est mort en cette ville d'Aix, sur la paroisse du Saint-Esprit, le 25 juillet 1758, sans que le sieur Roman, son fils, ait rempli depuis lors la condition à lui imposée par la patente de son Provincial ; qu'enfin trente-six années consécutives se sont écoulées depuis que le sieur Roman est sorti des maisons de son ordre, sans qu'il soit jamais rentré.

« Arrête qu'il n'y a lieu à délibérer sur la pétition du sieur Roman, et que le présent sera adressé au Directoire du district de Marseille, et par lui au sieur Roman. »

Il paraît qu'à la suite de ce refus le P. Roman réussit à justifier pleinement la prolongation de son séjour hors du cloître, car, le 22 août 1791, un nouvel arrêté ordonnait le paiement des deux premiers trimestres de sa pension, réduits de moitié, à cause des honoraires de son vicariat, savoir, 200 livres.

Le district d'Apt fut dur à la détente. Sur une plainte du P. Moran, le district de Marseille intervint, demanda la raison de ces retards par une lettre du 4 avril 1792 ; puis il insista, le 23 du même mois, disant que le P. Roman avait droit à la pension de 800 livres, dont trois quartiers lui étaient dûs. Le Directoire du département dut venir à la rescousse le 3 mai, en portant l'ordre de verser au plaignant la somme de 850 livres.

En l'an II, le P. Roman était encore à Mérindol, et figurait sur les états de pensionnaires de ce district comme ayant droit à 1.000 livres annuelles.

22. ROTATORI, Nicolas, en religion P. PIERRE de Corinaldo, dans la Marche d'Ancône, y né le 11 janvier 1779, capucin, venant à Marseille de Tunis, où il était missionnaire, en septembre 1808, fut accueilli par l'autorité ecclésiastique et approuvé pour exercer le ministère au profit de la colonie italienne (*État nominatif,* n° 23 du supplément). Il exerça ses fonctions dans la paroisse Saint-Victor, et de là il eut l'idée de solliciter une pension du gouvernement français, ce à quoi peut-être il avait droit depuis l'invasion de sa patrie et l'expulsion de beaucoup de religieux hors de leur cloître. Le Ministre des cultes fit cette réponse :

« Paris, 27 janvier 1811, Monsieur le Préfet, j'ai l'honneur de vous informer que le sieur Rotatori, en religion capucin (*sic*) du couvent de Camerino, dans la Marche d'Ancône, et qui en cette qualité sollicite une pension, n'étant pas français, doit s'adresser au gouvernement d'Italie. »

23. ROUCHON, ancien religieux cordelier, mourut à l'âge de 69 ans, aumônier de l'hôpital du Saint-Esprit, en décembre 1804. Il était né à Aix le 12 octobre 1736 (Ricard, *Souvenirs,* p. 93.)

24. SAT, Jean-Baptiste, né à Saint-Paul-Trois-Châteaux (Drôme), le 20 avril 1746, vicaire à Saint-Rémy en mars 1808, recteur de Saint-Martin de Castillon en 1813 (*État nominatif* etc).

25. SAUSE, Jean-de-la-Croix, observantin, né à Arles le 2 octobre 1751, recteur du Sambuc (*État nominatif*, etc.)

26. SICARD, Henri, récollet. La situation de ce religieux

est décrite dans cet arrêté du Directoire du district de Marseille :

« Vu le mémoire présenté par M. Henri Sicard, prêtre récollet:

« Sur le rapport de M. Martinot, commissaire en cette partie ;

« Ouï M. Brémond-Jullien, procureur-syndic,

« Le Directoire estime qu'en vertu du décret rendu par l'Assemblée nationale le 15 septembre courant (*sic*, mais cette date doit être erronnée), et dont l'article 25 porte que les religieux qui, ayant été sécularisés, et ceux qui, ayant quitté la vie monastique en vertu d'un bref du Pape, ne seraient pas rentrés dans leur ordre avant la publication du décret du 29 octobre dernier ; ensemble ceux qui avaient abandonné volontairement leurs maisons sans le consentement de leurs supérieurs, n'auront aucun droit aux pensions décrétées le 13 février dernier ; il n'y a lieu à délibérer sur la pétition du sieur Sicard, et que, néanmoins, le Directoire du département doit être prié de prendre en considération l'âge et les infirmités du Père Sicard, infirmités qui seules ont fait solliciter et obtenir le bref du pape Ganganelli en vertu duquel il sortit de son couvent, et qui seules l'ont empêché d'y rentrer.

« En Directoire, Marseille, 4 septembre 1790. »

Le P. Sicard était né le 27 août 1728 ; il avait donc soixante-six ans. La tristesse de son état plaida en sa faveur et lui fit gagner la victoire sur les exclusions prononcées par la loi. Il y a note du versement entre ses mains de 400 livres, à la date du 17 mai 1791, pour les deux premiers trimestres de cette année-là. Deux autres notes marquent versement semblable de 200 livres, le 13 janvier 1792, pour le premier trimestre. Une d'elles lui donne le prénom de Jean-Baptiste-Augustin ; l'autre lui conserve celui d'Henri, qui probablement était son nom religieux. Il disparait entièrement après cette dernière date.

27. SIRI, Jean-Baptiste, capucin, en religion P. ARCHANGE de ...., âgé de cinquante-sept ans, ancien vice-préfet de la mission de la Grenade, alors que cette colonie appartenait à la France (1), en revint dans le courant de l'été de 1790. Il s'arrêta dans Marseille, et présenta au district une déclaration à l'effet de faire reconnaître son droit à la pension en se retirant dans la vie privée. En même temps, il demandait qu'on voulût bien l'indemniser des sommes qu'il avait dépensées pour le Roi pendant la guerre. Il faisait observer que, sa santé se trouvant à peu près entièrement perdue par l'effet de ses travaux dans la mission, ses supérieurs l'avaient régulièrement autorisé à vivre hors du cloître. Le district lui donna acte de cette démarche; malheureusement, nous en ignorons les suites.

28. TAVERA, Joseph-Marie, cordelier, né le 7 octobre 1733. Il existe note de deux mandats du Département des Bouches-du-Rhône, pour paiement du premier (21 mars) et du second (21 avril) quartiers de sa pension de l'an 1792. Après cela il disparaît.

29. TOPIN, Joseph-Alexandre, récollet, étranger aux couvents des Bouches-du-Rhône, né le 4 décembre 1739, mourut dans ce département le 22 décembre 1791. Il faut se garder de le confondre avec le P. Étienne Topin, cordelier du couvent de Marseille, né le 6 décembre 1725.

30. TOURNIER, François-Benoit, récollet, touchait à Marseille, le 20 janvier 1792, 200 livres pour le premier trimestre de sa pension de cette année-là. Après cette date, on ne l'aperçoit plus.

31. VENUCO, alias Venasco, Paoli François, capucin.

(1) Grenade, une des Antilles, près de laquelle d'Estaing infligea une défaite totale à l'amiral lord Byron en 1779, fut cédée aux Anglais en 1783.

Le registre 152 (Arch. des B.-d.-Rhône) porte ceci : « Marseille, 1er trimestre 1791. Au P. François Paoli Venuco, capucin à la Ciotat, 175 livres. Né le 16 juin 1754, a prêté serment. » Dans l'opuscule *Une ville du Midi* (La Ciotat) *pendant la Révolution*, Mgr Ricard mentionne un P. Joseph de Menton, Venasco de son nom de famille, réfugié à Toulon ver la fin de 1792.

32. VIAL, cordelier. Le 14 décembre 1791, le Directoire des Bouches-du-Rhône ordonnait au receveur du district d'Aix de payer 253 livres et 1 sol à Vial, cordelier de cette ville, pour reliquat de décimes d'octobre 1788, février et octobre 1789. Nous avouons ne pas trop comprendre ce que cela veut dire.

APPENDICE B

Renseignements survenus pendant l'impression de ces Études. *Corrections, modifications, additions.*

Page 2. — *A propos de nos* Études *précédemment publiées*, il y a lieu de leur ajouter celles sur la Révolution dans les Hautes-Alpes, faites en collaboration avec M. le chanoine Paul Guillaume, archiviste de ce département, et insérées par lui dans le fascicule de janvier-février 1898 des *Annales des Alpes*.

Celles sur la Côte-d'Or sont en cours de publication dans le *Bulletin d'Histoire ecclésiastique du diocèse de Dijon.*

Ibid., note 2. — *A propos des Présidents des Émigrés français dans les États-Pontificaux.* Mgr Caleppi fut honoré le premier de cette importante charge. Pie VI ne la lui ôta que pour lui confier d'importantes missions diplomatiques, dont la première paraît avoir été celle qu'il remplit vis-à-vis du général Bonaparte, avec mission, hélas ! de lui faire toutes les concessions inévitables, excepté en ce qui pouvait toucher l'intégrité de la foi et de la morale chrétiennes : on sait comment ce général, vainqueur de tant d'armées, tint à honneur de se conduire en vrai bandoulier vis-à-vis du prince le plus respectable du monde, mais aussi le moins pourvu de moyens de défense.

On lira, non sans fruit, à ce sujet, l'étude publiée par M. le vicomte de Richemont dans le *Correspondant* (1897), sous ce titre : *La première rencontre du Pape et de la République française. Bonaparte et Caleppi à Tolentino.*

Après cette première mission, Mgr Caleppi en remplit d'autres moins douloureuses, et mourut honoré de la pourpre romaine.

Son premier successeur dans la présidence des émigrés fut Mgr Falzacappa, ainsi qu'en témoigne ce titre, en tête d'une partie de la collection du *Caritas S. Sedis erga Gallos* : « Lettere e biglietti scritti da Mons. Falzacappa, destinato dalla sagra memoria di Pio VI a supplir le vice di Mons. Caleppi, anni 1798, 1799 a 1800 ». La présidence passa ensuite à Mgr Marc-Antoine Cattaneo.

Page 4. — Le P. BOUTIN incriminé s'appelait en religion P. SATURNIN de Brignoles, et était en 1790 supérieur du couvent des capucins de Toulon. Son homonyme, religieux laïque de notre couvent de Marseille (page 94), était son frère charnel.

Pages 9 et 10. — *A propos des abdications.* Ce que nous avons dit sur ce sujet prouve assez fortement que ce lamentable épisode de la persécution est, en grande partie, voilé de mystère, et que les actes officiels d'abdication méritent une véritable confiance seulement lorsque la mauvaise conduite de l'abdicateur l'autorise d'autre part. Ceci était déjà chez nous une conviction très ferme, lorsque, dans une conversation intime, un confrère qui s'est livré à de nombreuses recherches sur les nôtres pendant la Révolution, nous a spontanément dit n'avoir pas acquis la preuve matérielle, mais une très forte certitude morale que beaucoup de ces abdications étaient l'œuvre de bureaucrates révolutionnaires émus de pitié envers de pauvres prêtres, devenus abdicateurs sans le savoir, et signataires d'actes au bas desquels ils n'avaient jamais mis leur nom. Plusieurs des notices personnelles contenues dans les présentes *Études* ont pu montrer combien cette opinion est légitime.

Page 14, ligne 16. — Au lieu de TOURMAVIN, il faut lire LOURMARIN, village du canton de Cadenet et de l'arrondissement d'Apt (Vaucluse).

Page 15. — P. LAGIER. Ajouter qu'il était fils de Jean-Baptiste et de Marie Guigues ; que, le 15 floréal an II, il se retira d'Aix à Embrun. Le 25 ventose an III, il habitait encore Embrun, et, bien qu'il se qualifiât ex-curé de Bouc, il demandait à être payé seulement comme ancien cordelier. Mêmes choses en l'an IV. Le 10 ventose an V, il fait acte de soumission aux lois à l'effet d'exercer le culte. Le 8 germinal an VI, toujours qualifié ex-curé, il est inscrit pour la pension de 800 livres. Il devint curé d'Arvieux le 4 mai 1803 ; de Baratier de 1810 à 1821. Il se retira du service le 1er janvier 1826. (Arch. des Hautes-Alpes, L., 886, etc.).

Page 30. — P. PAYAN, Joseph, gardien des Cordeliers d'Istres, né à Chantemerle (Hautes-Alpes), le 17 octobre 1749, de Joseph et d'Agathe Blanchard, fit profession de la Règle de Saint-François au couvent de Briançon le 17 décembre 1771. Il reçut à Salon, du P Jean-Joseph Gibert, définiteur et probablement custode, l'obédience de gardien d'Istres, le 1er novembre 1788. Il ne prêta point le serment schismatique, et il devait être encore dans son couvent en juin 1791, puisque le 18 de ce mois-là il toucha le quartier échéant de sa pension annuelle, qui était de 700 livres, à Salon, chef-lieu du district. Il dut sans doute se retirer bientôt au pays natal ; il y prêta le serment de liberté-égalité, qu'il rétracta ensuite, ce qui dut le priver du bénéfice de la pension, et même l'obliger à l'émigration. Toutefois, il est constaté qu'il se trouvait à Chantemerle le 1er janvier 1795. Là, le 14 avril 1796, il fut découvert par les sbires de la persécution, étant caché dans la paille avec le capucin Jacques Roux (Arch. des H.-A., L. 161), et arrêté. Nous ignorons le sort qu'il eut à subir à la suite ; mais, le 21 septembre 1802, il habitait encore Chantemerle, et faisait constater sa non-émigration, Le 1er octobre suivant, il faisait son acte d'adhésion au Concordat. Il fut nommé à la cure de Barret-le-Haut le 27 avril 1803 ; à celle de Val-des-Prés en 1807 ; du Mont-Genèvre en 1808 ; des Guibertes le 1er juillet 1816 ; du Roux en octobre 1818 ou 1819 ; du Lauzet le 1er juillet 1822. Il est mort le 28 janvier 1826 (Chancellerie de l'évêché de Gap. — Communications dues à l'obligeance de M. l'abbé Guillaume, archiviste des Hautes-Alpes).

Page 32. — P. DÉCUGIS, cordelier, figure une seule fois sur les états de pensionnaires du Var, à propos d'une allocation de 14 livres qui lui est faite, le 5 mars 1791, parce qu'il a prêché la station du carême à La Cadière (Arch. d. Var, L, district Toulon-Hyères). Le prénom de Jacques lui est donné dans cette inscription comme dans l'acte de son abdication à Marseille : ce devait être son nom de religion. Quant à son abdication, on a peine à se l'expliquer, puisque, à la date du 17 mars 1794, qui lui est donnée, il y avait déjà deux années presque entières qu'il n'émargeait plus, et il ne le fit pas davantage à la suite. Dans l'état précité du département du Var, il est par erreur qualifié capucin. Toutefois, nous avons dû rapporter, ci-devant page 133, une signature Décugis accompagnée de la qualification ex-capucin. Il ne nous paraît pas que tout ceci établisse solidement la distinction de deux Décugis.

Page 47, ligne 22. — Au lieu de Barbantane, lire Barbentane.

Page 61. — P. LOQUET, récollet. Dans les pièces rapportées par M. l'abbé Saurel, il est dit né à Sainte-Cécile (Vaucluse, canton de Bollène, arrondissement d'Orange).

Page 65. — BOTTIS, Frère laïque récollet. Bien que quantité d'états et de pièces l'appellent Bottis, son véritable nom pouvait être Bout : c'est du reste le seul que l'on puisse voir dans sa signature, d'une écriture très tremblée.

Ibid. — PEYRE, Frère laïque récollet. Son véritable nom semble être Seyre ; toutefois sa signature dit plutôt Seyne.

Ibid. — CAVALIER, Frère laïque récollet, est né le 7 mars, alias le 7 mai 1751. En l'an II, il est pensionnaire à Ceilhes, canton de Lunas (Hérault) ; sa pension est de 300 livres.

Page 70. — BRAU, Frère laïque récollet, est porté en l'an II sur les états de pensionnaires du Var, comme résidant à Toulon sans être attaché à aucun service (Arch. du Var, L. 1138).

Page 71. — P. AGNEL, gardien des Récollets d'Arles, habite Châteauroux (Hautes-Alpes) le 19 août 1792 (Arch. des H.-A., L. 886).

Ibid. — P. BRESSON, récollet, touche 200 livres le 1er janvier 1791, et 100 autres le 12 janvier suivant. La première de ces sommes était probablement l'indemnité allouée à titre de vestiaire.

Page 78. — P. ALBINOT, J.-B. d', avait été un zélé missionnaire. Parmi le peu de travaux des Capucins de Provence dont nous avons pu recueillir le souvenir, sont les missions de Montfort et de Cabasse en 1772, de Camps en 1777, qu'il avait dirigées en tête d'un groupe de ses confrères.

Ibid. — P. VALENCE avait revêtu l'habit religieux le 13 mars 1729. Les chapitres de 1770 et de 1773 l'avaient élu second définiteur. Il habitait le couvent de Grasse en 1771.

Page 82. — P. CARLES. M. le chanoine Laugier, pages 238, 239 de sa récente et excellente histoire du *Schisme constitutionnel dans le Var*, dit que ce religieux prêta et rétracta bientôt le serment schismatique, et que, résidant à Draguignan en frimaire an III (novembre-décembre 1794), il fit de graves reproches à un ménager qui avait fait baptiser son enfant par un prêtre constitutionnel.

Page 90. — P. GENA, est inscrit sur le 2e supplément de la liste des émigrés en vertu d'un arrêté du 14 germinal an II, comme ayant eu son dernier domicile à Fort-Hercule, district de Menton (Alpes-Maritimes).

Page 92, ligne 10. — Le P. PARET, nommé là, s'appelait en religion P. Laurent de Marseille. En 1790, il était gardien du couvent des Capucins de La Seyne, ce qui lui donnera place dans des *Études* futures *sur la Révolution dans le Var*, semblables à celles-ci.

Page 95, ligne 6. — Au lieu de verbaux, lisez verbeux.

Page 109, ligne 17. — Au lieu de terme, lisez tome.

Page 115. — La chanson reproduite là n'a pas uniquement appartenu à la ville d'Aix : nous l'avons retrouvée en d'autres lieux, avec des variantes et des strophes plus ou moins nombreuses.

Page 122. — P. ROSSELIN. C'est par une erreur des bureaucrates révolutionnaires de Tarascon qu'il est dit né à Arles. Il était né à Brignoles, de Jean-Baptiste et de Dlle Brunet. Il avait revêtu l'habit religieux le 27 novembre 1753 à l'âge de 17 ans, et pris le nom de Maxime de Brignoles. Il a prêché une mission à Pignans en 1779. (Archives des Capucins de Brignoles).

Ibid. — P. DAUVERGNE, en religion Victor de Marseille, se faisait aussi appeler Victor de Roquevaire. On le trouve encore parmi les pensionnaires de Toulon en l'an VIII, avec la qualification de capucin, mais en même temps les prénoms de Joseph-François, sur le duplicata (conservé aux Archives du Var) d'un état général des pensionnaires du département, envoyé au ministre des finances le 24 floréal. Il y est dit né le 23 septembre 1732 ; son nom religieux n'est pas prononcé, et nul autre document, ni antérieur ni contemporain à la Révolution, ne parle de ce Joseph-François. Il y a donc lieu de croire que ce religieux n'est pas autre que le P. Victor de Marseille, et que le petit problème historique créé par la différence des prénoms et des dates de naissance est l'effet d'une erreur d'écrivain ou d'une distraction de copiste.

Page 128. — P. JONQUIER. Les deux dernières lignes de la notice que nous lui avons consacrée doivent être effacées et remplacées par l'emprunt suivant, que nous faisons à l'excellent ouvrage de M. le chanoine Laugier, *Le Schisme constitutionnel et la persécution du clergé dans le Var,* pages 205 et 206 :

« Jonquier, Louis, né à Ollioules en 1744, ex-capucin, avait été, depuis l'usurpation de Rigouard (évêque constitutionnel du Var), vicaire à Cuers et à Sainte-Marie de Toulon. Nommé ensuite pro-curé de Bandol, il devint curé intrus de cette paroisse..... Arrêté avec le tonnelier Barthélemy, Jean, qui exerçait aussi la charge de procureur juridictionnel sous l'ancien régime, il fut traîné devant le tribunal révolutionnaire le 28 mars 1794 (8 germinal an II), pour avoir correspondu avec les fédéralistes de Toulon ; pour avoir accepté d'être secrétaire de la section de Bandol, dont Barthélemy était le président ; pour avoir « fanatisé le peuple en affectant de mettre une pompe ridicule à une procession qui fut faite à l'occasion du couronnement de la Vierge », et « en remettant, à l'exemple des Toulonnais, une couronne qui n'avait été enlevée de dessus la tête de la Vierge que parce qu'elle portait une fleur de lys. »

«..... Jonquier paraît avoir été une des victimes les plus arbitrairement sacrifiées : rien de plus sommaire que l'instruction de ce procès, où pas un seul témoin ne fut entendu contre lui. La participation aux sections et la cérémonie du couronnement de la Vierge furent les seuls motifs invoqués dans le jugement qui le condamna à mort avec Barthélemy, et qui fut exécuté le jour même... On avait trouvé dans ses papiers un sonnet à l'honneur de la sainte Vierge, composé pour l'établissement des sections à Toulon. L'exemplaire, peut-être unique, de cette pièce curieuse est annexé au dossier.

« Cette condamnation barbare nous attendrit sur le malheureux qui pouvait s'honorer de la subir pour une juste cause, et nous croyons volontiers qu'un homme, un prêtre, frappé pour avoir honoré Marie, dut obtenir au moment suprême la grâce du repentir, et avec elle la couronne du martyre. »

Cette réflexion consolante du vénérable chanoine Laugier, ancien vicaire-général de Fréjus, met un baume sur la douleur de pareils souvenirs. Il nous semble qu'elle doit s'appliquer tout aussi justement au P. Henri de Toulon (Modeste Honorati), qui, condamné à la même époque pour avoir prêté l'assistance de son ministère à d'autres condamnés, conduisit à la mort, au chant des hymnes sacrés, les deux cents victimes qui allaient être massacrées avec lui. C'est ce que nous verrons mieux en son lieu, dans des *Études sur la Révolution dans le Var*.

Un peu plus loin dans son bel ouvrage (page 264), M. Laugier dit encore : « L'abbé Jonquier, curé de Bandol, contre lequel on ne produisit pas un seul témoin, fut condamné comme sectionnaire, au moyen de deux pièces de conviction. La première était un registre de baptêmes qu'il avait tenu en dépit, disait-on, de la loi qui avait sécularisé l'état civil ; la seconde était un sonnet en l'honneur de la Vierge, dont peut-être le seul exemplaire imprimé existant encore se trouve au dossier du pauvre condamné (Greffe du tribunal de Draguignan, Archives du tribunal révolutionnaire. Nous transcrivons ici cette poésie sans nom d'auteur ni d'imprimeur, tenant tout entière dans une page in-8° :

SONNET

en l'honneur de la sainte Vierge

SUR L'ÉTABLISSEMENT DES SECTIONS A TOULON

par un membre de la section n° 2

DITE LES DÉFENSEURS DE LA SOUVERAINETÉ DU PEUPLE

Sous le joug des pervers une main criminelle
Arracha la couronne à la reine des cieux.
Lève-toi, Vierge sainte, au Toulonnais fidelle
Annonce ta puissance et dessille les yeux.

Qu'entends-je ? Aux sections c'est donc toi qui l'appelle !
Il jette dans les fers les lâches factieux ;
Mais un coupable sang ne souille point son zèle ;
Il abandonne aux lois la mort des factieux.

Oui, Vierge, à nos malheurs ta bonté s'intéresse :
Ils ne sont plus ces jours de deuil et de tristesse
Où le sang abreuva (1) nos bourreaux impunis.

Fille et mère de Dieu, sois nous toujours propice :
Qu'à jamais de ton nom le temple retentisse !
Ne formons qu'un seul cœur de tous nos cœurs unis.

(1) On assure que, lors des massacres, des monstres osèrent tremper leur pain dans le sang de plusieurs victimes. (Note imprimée sur le sonnet).

APPENDICE C

Inventaire du couvent des Récollets de Marseille (1).

Nous Jean-Baptiste Fabre et Joseph Laugier, officiers municipaux de cette ville de Marseille, savoir faisons qu'en vertu des décrets de l'Auguste Assemblée nationale des 20 février, 19 et 20 mars dernier, revêtus de Lettres patentes du Roi du 26 dudit mois de mars, concernant les religieux, nous nous sommes transportés ce jourd'hui cinq mai mil sept cent quatre-vingt-dix, en compagnie de Sr Jean-Jacques Esmieu, un des archivistes de la commune, que nous avons pris pour notre secrétaire, au couvent des religieux Recolets situé dans l'enceinte de cette ville, sur les rues de la Porte d'Aix et des Dominicaines, pour arrêter et signer les registres et comptes de régie, procéder à l'état et inventaire et recevoir les déclarations, portés par lesdits décrets. Nous avons en conséquence fait apeler le supérieur et les autres religieux dudit couvent, auxquels nous avons fait savoir le sujet de notre commission, et leur ayant demandé leurs noms, âge et qualité, ils les ont donnés comme suit :

(1) Nous sommes souvent obligés de parler des Inventaires des couvents prescrits par les lois de février et mars 1790, comme mesure préalable à l'incamération des biens ecclésiastiques et à la destruction des ordres religieux. Nous les citons rarement, à cause de leur confection généralement très misérable. Nous croyons opportun de montrer à nos lecteurs un de ceux que nous avons trouvés les moins mal dressés. Nous lui laissons son orthographe.

NOMS DES RELIGIEUX

1. Jean-Joseph-Etienne Loubiès, supérieur, âgé de quarante-sept ans, apelé REMI de nom de religion.

2. Guillaume Martin, ex-gardien, vicaire, âgé de quarante trois ans ; apelé MARTIN de nom de religion.

3. Esprit-Claude Escoffier, ex-provincial, âgé de septante trois ans, apelé BONAVENTURE de son nom de religion.

4. Jean-Dominique Bizot, missionnaire, âgé de septante-deux ans, apelé JOSEPH de religion.

5. Jean-Joseph Roubin, âgé de septante quatre ans, apelé PHILIPE, de religion.

6. Jacques Meiffred, âgé de soixante quatre ans, apelé de nom de religion BENOIT.

7. Caspar Gueidon, âgé de soixante un ans, apelé de religion ANSELME.

8. Joseph L'Henri, ex-provincial, apelé GENÈS de religion, âgé de soixante deux ans.

9. Antoine Sapet, apelé de religion VALENTIN, âgé de soixante ans.

10. Joseph-Augustin Pacquier, apelé ÉDOUARD de religion, âgé de cinquante neuf ans.

11. François Fournier, apelé de religion VINCENT, âgé de cinquante quatre ans.

12. Jean-Joseph Queyras, apelé de religion NORBERT, âgé de cinquante huit ans.

13. André Regibaud, apelé de religion ANDRÉ, âgé de cinqnante trois ans.

14. Antoine Relin, nomé de religion ALPHONSE, âgé de trente trois ans.

15. Claude Bonnabel, apelé MARTIAL de religion, âgé de cinquante ans.

16. Antoine Bouisson, apelé MARTIAL de religion, âgé de trente un ans.

17. Jean-Pierre-Joseph Loquet, apelé SAMUEL de religion. âgé de vingt huit ans.

18. Jean-Baptiste Queyras, apelé BALTAZARD de religion, âgé de vingt six ans.

19. Jacques Massa, apelé HUGOLIN de religion, âgé de soixante un ans.

20. Jean-François Gras, apelé de religion JEAN FRANÇOIS, âgé de trente six ans (1).

21. Laurent Magnan, apelé BERNARDIN de religion, âgé de septante cinq ans et infirme.

NOMS DES RELIGIEUX PROFÈS CLERCS

22. Magloire Pagès, sous-diacre, apelé de religion PHILIPE, âgé d'environ vingt deux ans, absent, actuellement à Béziers pour prendre le diaconat (2).

23. André-Joseph Tastavin, clerc tonsuré, apelé FÉLIX de religion, âgé de vingt cinq ans.

NOMS DES FRÈRES

1. Jean-Antoine JOUVENE, nommé de religion JEAN-ANTOINE, âgé de septante cinq ans.

2. Nicolas-André Bout, apelé GAETAN de religion, âgé de soixante huit ans.

3. Jean-Baptiste Seyre, apelé BERNARDIN de religion, âgé de cinquante un ans.

4. Jean GOUT, apelé de religion PLACIDE, âgé de quarante trois ans.

5. Jean-Joseph-Audibert, apelé PIERRE de religion, âgé de quarante un ans.

(1) En marge et de la même écriture : « mort le onze du même mois.

(2) En marge : « absent, inscrit ailleurs ».

6. Pierre-Arnoux PONS, apelé de religion ANTOINE, âgé de trente quatre ans.

7. Jacques CAVALIER, apelé FULCRAND de religion, âgé de quarante ans.

Le Père Supérieur a déclaré que le Père Jérôme Emery, apelé ADRIEN de religion, âgé d'environ soixante trois ans, est conventuel de cette maison, d'où il est absent depuis environ trois ans ; il réside à Jérusalem, et est vicaire de la Terre-Sainte.

Enfin, que le nommé Jean-Baptiste Devaux, âgé de quarante un ans, sert le couvent depuis plusieurs années, et y est affilié depuis environ trois ans.

Nous nous sommes de suite fait représenter le registre ou journal de la recette et de la dépense courantes de la maison, pour en former le résultat et l'arrêter et signer. Il en résulte que la recette depuis le neuf avril dernier jusqu'au vingt six du même mois se monte à cinq cent quatorze livres huit soûs. En joignant à cette somme celle de mille quatre vingt quatre livres neuf soûs de l'exédent de la recette du mois précédent, le tout ensemble s'élève à quinze cent quatre vingt dix huit livres dix sept soûs. Et la dépense, depuis leditjour neuf avril jusqu'au vingt six du même mois, se monte à huit cent quarante six livres cinq soûs, lesquelles déduites desdites quinze cent nonante huit livres dix sept soûs, il restait entre les mains du père économe, ledit jour 26 avril, sept cent cinquante livres douze soûs. Nous avons arrêté et signé ledit registre au folio 86 et à la page suivante. Ce registre est intitulé *Maincourante*. Il commence en février 1782 et est continué, de mois en mois à peu près, jusqu'au dit jour vingt-six avril dernier.

Le dit père économe nous a encore représenté un cahier contenant le brouillard de recette et de dépense journalières, commençant le vingt trois mai 1789, continué jusqu'au premier du courant. Il résulte de ce journal que la dépense, depuis le dit jour vingt-six avril jusqu'au premier du courant, s'élève à cent quatre vingt neuf livres dix sept soûs, lesquelles déduites de ladite somme de sept cent cinquante deux livres douze soûs, que l'économe avait en mains ledit jour vingt six avril, il lui reste actuellement en mains, en argent comptant, la somme de cinq cent soixante deux livres quinze soûs dont il demeure chargé. Nous avons pareillement arrêté et signé ce journal, dont dix huit pages sont écrites en tout ou en partie, les feuillets restans sont en blanc.

Nous avons ensuite demandé auxdits religieux un état de situation des revenus et des charges de leur maison et des titres qui les constatent ; ils ont déclaré que leurs revenus ne consistent que dans le casuel et en diverses fondations, et qu'ils n'ont aucunes dettes passives. Ils nous ont représenté un état ou tableau de ces fondations faites en faveur dudit couvent et des revenus y attachés, avec les époques de leurs échéances de mois en mois. Le total des revenus de ces fondations s'élève annuelement à la somme de quatorze cent septante livres dix soûs, à la charge de célébrer la quantité de mille vingt quatre messes et autres prières. Nous avons joint au procès-verbal cet état ou tableau dùment certifié véritable et signé par les dits religieux. Il est tiré d'un registre contenant l'énonciation détaillée desdites fondations, les noms des fondateurs, les titres en vertu desquels sont payées aux dits religieux les sommes laissées par les fondateurs, et les fonds ou effets affectés à ces revenus. Lequel registre est intitulé : *Livre des fondations*, cinquante trois pages sont écrites, le reste est en blanc ; nous l'avons paraphé et signé en haut de la page 54. Les titres énoncés dans ce registre sont dans les archives du couvent, de même que ceux d'achat de leur maison, jardins, cours et dépendances.

EFFETS DE LA SACRISTIE

Vases sacrés en argent.

Trois ciboires, deux grands ostensoirs, un petit ostensoir auquel un calice sert de pié d'estal, six calices, un encensoir avec la navete, un bénitier avec le goupillon, une coupe pour consacrer, une petite vierge en bosse, une clé pour le tabernacle, une boîte pour les saintes huiles, une paire buretes avec le bassin et une clochete, deux boîtes à hosties, un petit vase pour purifier les doigts, une boîte pour renfermer l'hostie consacrée du saint sacrement, deux reliquaires en bois plaqué en argent d'un joli travail.

Ornements sacerdotaux.

Une chasuble, deux dalmatiques et une chape fond blanc, en broderie en or.

Quatre chapes damas blanc à galons d'or.

Une chasuble, deux dalmatiques, une chape quatre colletines, drap de Lyon, galons en or.

Une chasuble, deux dalmatiques, cinq chapes, quatre colletines damas blanc, galons en or.

Une chasuble, deux dalmatiques, trois chapes gros de tour fond blanc galons en or.

Une chasuble, deux dalmatiques, une chape drap d'or, fond rouge, galons en or.

Une chasuble, deux dalmatiques, une chape drap d'argent, fonds rouge, galons d'argent.

Une chasuble, deux dalmatiques, cinq chapes, quatre colletines damas rouge, galons en argent.

Une chasuble, deux dalmatiques, une chape, ras de Sicile, fond rouge, galons en argent.

Une chasuble, deux dalmatiques, une chape ras de Sicile, fonds verd, galons en argent.

Une chasuble, deux dalmatiques, trois chapes, damas violets, galons en argent.

Une chasuble, deux dalmatiques, une chape, velours noir, galons en or.

Quatre chapes damas noir, galons en or.

Une chasuble, deux dalmatiques, une chape, velours noir, galons en argent.

Quatre chapes satin à fleurs or froid en broderie légère en or.

Quatre chapes draps d'or, coupées et non faites.

Vingt-cinq chasubles de différentes couleurs, en galons d'or ou d'argent.

Trois ornemens communs fonds blanc, galons en soie, faisant trois chasubles, six dalmatiques et trois chapes.

Uue chasuble, deux dalmatiques, une chape en noir, communes, galons en soie.

Trois chapes communes rouge, blanche et noire.

Trente chasubles communes, galons en soie, de différentes couleurs.

Un dais de velours cramoisi brodé en bosse en or.

Deux voiles pour le Saint-Sacrement, l'un en broderie, l'autre en drap d'or.

LINGE DE LA SACRISTIE

Quarante-cinq aubes fines, bonnes ou mauvaises, pantes en dentelle, broderie et mousseline.

Trente-six aubes communes, bonnes ou mauvaises.

Douze surplis fins, pentes en dentelle ou mousseline, bons ou mauvais.

Douze surplis communs, bons ou mauvais.

Quarante amicts fins en dentelle ou mousseline, bons ou mauvais.

Vingt-quatre amicts communs, bons ou mauvais.

Dix napes fines pour le grand autel, bonnes ou mauvaises.

Douze napes communes, bonnes ou mauvaises.

Dix napes fines pour les petits autels, bonnes ou mauvaises.

Vingt-quatre douzaines purificatoires, bons ou mauvais.

Trois douzaines Lavabo, bons ou mauvais.

Quatre douzaines corporaux, bons ou mauvais.

Deux douzaines cordons de fil, bons ou mauvais.

Six cordons de soie, bons ou mauvais.

EFFETS ET ORNEMENTS DE L'ÉGLISE

Une tapisserie de damas cramoisi, pour les pilastres de l'église, en vingt-six pièces.

Autres tapisserie en satinade à rayes rouges et jaunes pour le sanctuaire et le chœur, en seize pièces.

Sept grands livres de chant pour les offices et messes hautes.

Dix-huit grands chandeliers en fonte pour le maître-autel.

Six chandeliers moins grands, avec une croix, en fonte.

Douze petits chandeliers avec deux croix, en fonte.

Deux girandoles en fonte dorée, pour le maître-autel.

Deux autres petites girandoles en fonte.

Dix chandeliers en bois doré.

Six chandeliers en cristal, avec une croix de même.

Quatre reliquaires en cristal.

Trente six flamberges grandes ou petites.

Huit missels bons ou mauvais.

Vingt un lustres à miroir.

Parmi les divers tableaux de l'église, il y en a deux de prix et qu'on estime d'un bon auteur : l'un, représentant saint Louis à son départ pour la Terre Sainte, est placé dans le chœur, et l'autre représente saint Sauveur de Orta, est dans la troisième chapelle à gauche en entrant.

LINGE A L'USAGE DE LA COMMUNAUTÉ

Cinquante draps de lit grands, bons ou mauvais.

Vingt-cinq draps de lit, petits, vieux.

Huit couvre paillasses.

Quarante-huit douzaines serviettes, bonnes ou mauvaises.

Cinq nappes.

Quinze essuye mains pour la sacristie.

Deux douzaines essuye mains bons ou mauvais.

Six matelas ; six rideaux ; dix couvertures ; six paillasses dans la chambre à donner aux étrangers.

La vaisselle de cave consiste en douze tonneaux pour renfermer une partie de la provision du vin pour la communauté.

A la cuisine sont les ustensiles nécessaires et ordinaires et de peu de valeur.

BIBLIOTHÈQUE

Il résulte du catalogue de la bibliothèque qu'elle est composée des volumes ci-après :

Savoir, cinq cent dix volumes in-folio.

Quatre cent quatre vingt-six volumes in-quarto.

Deux cent soixante-deux volumes in-octavo.

Mille quatre volumes in-douze.

Et mille vingt volumes imparfaits ou dégradés.

Le tout plus particulièrement détaillé dans ledit catalogue, dont lesdits religieux ont dit avoir remis un double à la municipalité, et auquel ils se rapportent.

De tous lesquels effets ci-dessus mentionnés et décrits nous avons bien et dûment chargé les dits religieux, à la garde desquels nous les avons laissés, en conformité des décrets de l'assemblée nationale.

Les dits religieux ont déclaré que leur maison, en l'état actuel, peut contenir environ cinquante religieux, mais elle serait susceptible d'un logement plus considérable, attendu son local spacieux.

Enfin, nous avons reçu la déclaration individuelle des religieux de ladite maison ainsi qu'il suit.

Ledit Père Jean-Joseph-Etienne Loubiès, supérieur, a déclaré vouloir rester dans l'ordre, dans le cas où on laissera subsister la maison actuelle.

Le Père Guillaume Martin a déclaré vouloir rester dans l'ordre, en quelle maison que ce soit pour la condition qu'il vivra avec des récollets.

Le Père Esprit-Claude Escoffier a déclaré vouloir rester dans l'ordre, dans le cas où on laissera subsister la maison actuelle où il a ses habitudes depuis sa jeunesse.

Le Père Jean-Dominique Bizot a déclaré qu'il resterait dans cette maison de Marseille avec ses seuls confrères, autrement il déclare vouloir sortir de l'ordre.

Le Père Jean-Joseph Roubin a déclaré vouloir rester dans l'ordre à condition qu'on le laissera dans cette maison où il a ses habitudes.

Le Père Jacques Meiffred, a déclaré vouloir rester dans l'ordre pourvu qu'on le laisse dans cette maison et avec ses confrères.

Le Père Jacques Massa a déclaré pareillement vouloir rester dans l'ordre pourvu qu'on le laisse dans cette maison et avec ses confrères.

Le Père Gaspard Gueidon a déclaré vouloir sortir de l'ordre et profiter de la liberté que lui accordent les décrets de l'Assemblée nationale.

Le Père Antoine Sapet a fait la même déclaration que ledit père Gaspard Gueidon.

Le Père Joseph-Augustin Pacquier a déclaré vouloir rester dans l'ordre pourvu qu'on le laisse dans cette maison et avec ses confrères récollets.

Le Père Joseph L'Henri a fait la même déclaration que le Père Pacquier. Il a déclaré en outre qu'il est commissaire délégué pour l'œuvre de la Terre-Sainte, et que cette œuvre possède quelques fonds qui proviennent des aumônes destinées aux religieux allant à la Terre-Sainte ou en revenant, et dont il offre de rendre compte à qui de droit (1).

Le Père François Fournier, a déclaré vouloir rester dans l'ordre pourvu qu'on le laisse dans cette maison et avec des récollets seulement.

Le Père Jean-Joseph Queiras a fait la même déclaration que le Père Fournier.

Le Père André Rebigaud a fait la même déclaration.

Le Père Antoine Relin a déclaré vouloir rester dans l'ordre pourvu qu'on le laisse dans cette maison de Marseille ou dans celle de Béziers sa patrie et avec des récollets seulement.

Le Père Antoine Bouisson a déclaré vouloir rester dans l'ordre pourvu qu'on le laisse dans la maison de Marseille avec des récollets.

Le Père Claude Bonnabel a déclaré que son intention est de vouloir sortir de l'ordre.

Le Père Jean-Pierre-Joseph Loquet a déclaré vouloir rester dans son ordre.

Le Père Jean-Baptiste Queiras a déclaré vouloir rester dans l'ordre, pourvu qu'on le laisse dans cette maison de Marseille sans réunion d'aucun autre ordre.

Le Frère André-Joseph Tastavin a déclaré vouloir rester dans l'ordre et dans quelle maison qui lui soit désignée.

Le Frère Jean-Antoine Jouvene a déclaré vouloir sortir de l'ordre.

Le Frère Nicolas-André Bout a déclaré vouloir rester dans l'ordre pourvu qu'on le laisse dans la maison de Marseille.

(1) En marge : « Nota ».

Le Frère Jean-Baptiste Seyre a déclaré vouloir rester dans l'ordre pourvu qu'on le laisse avec des religieux recollets, sans réunion avec d'autre ordre.

Le Frère Jean Gout a déclaré se dévouer au service des malades de l'hôpital de la ville de Sommière en Languedoc sa patrie, où il se fixera avec l'agrément de l'Assemblée Nationale, ce qui ne l'empêchera pas d'être attaché à son état qu'il n'abandonne pas.

Le Frère Jacques Cavalier, voulant suivre l'esprit de la loi, s'y soumettant et se confiant à la nouvelle Constitution, a déclaré vouloir sortir du cloître et se retirer auprès de sa mère veuve, pour la secourir, dès que les augustes représentants de la Nation auront désigné et décreté les caisses où ils prendront leur pension.

Le Frère Pierre-Arnoux Pons a déclaré vouloir sortir de l'ordre et profiter de la liberté que lui donnent les décrets de l'auguste Assemblée Nationale.

Le Frère Jean-Joseph Audibert déclare ne vouloir rester dans l'ordre qu'autant qu'on le laissera dans la maison de Marseille.

Tous lesdits frères ont déclaré avoir fait des vœux solennels, en entrant dans l'ordre.

Ledit Père Laurent Magnan a déclaré ne vouloir rester dans l'ordre qu'à condition qu'on le laissera dans la maison de Marseille, sa patrie, attendu son état d'infirmité et de vieillesse.

Enfin, nous avons encore reçu la déclaration du Père Félix Campiglia, appelé Ignace du nom de religion, religieux observantin âgé de 53 ans, natif d'Ajaccio, en Corse, résidant à Marseille depuis dix ans, dont il a passé six dans cette maison des Récollets et quatre en qualité d'aumônier à la citadelle S. Nicolas ; il déclare vouloir sortir de son ordre.

Et celle de Frère Antoine Orsini, appelé de religion Reynier, du lieu de Longuignano, en Corse, âgé de cinquante-un ans, résidant dans cette maison depuis 14 mois, ayant fait ses vœux en Corse, lequel a pareillement déclaré vouloir sortir de son ordre.

De tout ce que dessus, nousdits officiers municipaux avons dressé le présent verbal contenant seize pages, la présente comprise, que nous avons signé avec le sieur Esmieu et tous les religieux sus-nommés, à l'exception du Frère Jean-Joseph Audibert, qui a déclaré ne savoir écrire.

Signé : Laugier, O. M. ; J. B. Fabre, off. m. ; Esmieu, sec. ; Remi Loubies, Rt, gardien ; Martin Martin, ex - gardien et vicaire ; Genest L'Haury, ex-provincial ; Bonaventure Escoffier, ex-provincial ; F. Joseph Bizot, R ; Phpe (sic) Roubin ; F. Hugolin Massa ; F. Benoît Meiffred ; F. Anselme Gueydon ; F. Joseph-Augustin-Édouard Pacquier ; F. François Fournier ; F. Jean-Joseph Queyras ; F. André Regibaud ; F. Valentin Sapet, Antoine au baptême ; F. Alphonse Relin ; F. Antoine Bouisson ; F.-J.-Pierre Joseph Loquet ; F. Balthasar Queyras ; F. Martial Bonnabel, prêtre profès de cette maison ; F. Félix-André Tastavin, clerc ; F. Jean-Antoine Jouvene ; F. Micollon André Bout (1) ; F. Jean-Baptiste Seyne (2) ; F. Placide Gout ; Jacques Cavalier, religieux laïc ayant fait des vœux solennels ; F. Pierre Arnoux Pons ; F. Ignace Campiglia, aumônier de la cittadella di St-Nicolas (sic) ; F. Renier Orsini.

Nous nous sommes transportés dans l'appartement dudit Père Jean-François Gras, qui y est détenu malade, pour recevoir sa déclaration ; il a déclaré vouloir rester dans l'ordre pourvu qu'on le laisse dans cette maison et avec ses confrères Récollets, et a signé avec nous et le sieur Esmieu (3).

Signé : F. Jean-François Gras, rec. ; J.-B. Fabre aîné, off. m., Laugier, O, M. ; Esmieu.

(1) Ces deux dernières signatures d'une écriture très tremblée la dernière est peut-être « Nicolas-André Bottis ».

(2) Seyne pour Seyre.

(3) En marge : « Mort le 11 mai 1790 ».

Le Père supérieur nous a observé qu'ayant des raisons de croire que Frère Magloire Pagès, dit Philippe de religion, sous-diacre, actuellement absent de la communauté, et qu'on a fait inscrire ici par précaution, ne se soit fait inscrire lui-même dans quelqu'autre couvent, il s'engage à prendre des informations à cet égard pour éviter un double emploi et à en rendre compte à la municipalité, et a signé avec nous et ledit sieur Esmieu.

Signé : F. Remi Loubies, rect. gardien; J.-B., Fabre aîné, off. mun. ; Laugier, off. mun. ; Esmieu.

Et avenant aujourdhui vingt deux mai mil sept cent quatre vingt dix, par devant nousdits officiers municipaux, et dans la maison commune de Marseille, est comparu ledit Père Joseph-Étienne Loubiès, supérieur, lequel, en suite des informations qu'il a prises relativement à l'inscription par nous ci devant faite du Frère Magloire Pagès, absent, a déclaré que ce religieux s'est fait inscrire dans le couvent de Saint-Pons-de-Tomiers (sic), en Languedoc ; que conséquemment il ne doit point être compris dans le rôle des religieux du couvent de cette ville, pour éviter un double emploi, et a signé avec nous et le sieur Esmieu (1).

Signé : Remi Loubiès, Rt gardien ; J.-B. Fabre aîné, off. m.; Laugier, o. m. ; Esmieu, s.

FIN

(1) Le Père Magloire Pagès, en religion Philippe de Nézignan-l'Évêque, émigra dans les États-Pontificaux. Nous lui avons donné place dans une *Étude sur la Révolution dans l'Hérault*, qui verra le jour quand le bon Dieu le voudra, c'est-à-dire quand son infinie bonté nous fournira l'aide matériel nécessaire à sa publication.

TABLE DES RELIGIEUX

PAR ORDRE DES NOMS PATRONYMIQUES

NOM PATRONYMIQUE	NOM DE RELIGION	ORDRE	COUVENT	PAGE
Abrac	?	récollet	?	257
Agier Jean	?	don. picp,	Marseille	131
Agnel Irénée,	?	récollet	Arles	71,276
Aguillon Antoine	?	cordelier	Marseille	32
Albinot J.-B. d'	Hyac. de Marseille	capucin	Marseille	78,276
Alexis Jos.-Esp.,	Antoine de Toulon	capucin	Marseille	81
Arnaud Benoit,	Bérard de Marseille	capucin	Marseille	133
Arnaud Césaire,	Sauveur de Salon	lai capuc.	Salon	124
Arnaud François,	Clément	cordelier	Marseille	31
Arnaud Jean,	Dominique d'Aix	lai capuc.	Marseille	97
Arnaud Nicolas,	Antoine de Toulon	capucin	Marseille	93
Aubert Ambroise	?	donné cap.	Marseille	98
Aubert Maurice,	?	lai cordel.	Tarascon	25
Audibert J.-Fr.,	Théodore d'Aix	clerc cap.	Aix	113
Audibert J.-Jos.,	?	lai récol.	Marseille	65
Audibert Jos.-M.	Gabriel de Toulon	clerc cap.	Aix	114
Aziga Joachim,	?	lai cordel.	Marseille	34
Bain Barthélemy	?	donné cap.	Marseille	99
Ballon,	Athanase	récollet	mission.	257
Barbaroux Clém.	?	donné cor.	S-Jérôme	39
Bargès Laurent,	?	donné cap.	Aix	114
Barthélemy C.-M	Salvien	récollet	Aix	67
Basset J.-Claude	Clém. de La Garde	capucin	Marseille	79
Bastion,	Agathange	récollet	mission.	258
Baude Ch.-Louis	Pascal de Toulon	capucin	Marseille	81
Bellenet Clément	Laurent	picpus	Marseille	130
Bellevêque Pier.,	Hilaire	picpus	Marseille	130
Bérard Joseph,	?	cordelier	Marseille	32
Bernard Gasp.,	Didace	lai récol.	Marseille	70
Bertrand Pierre,	Polyc. de Draguig.,	capucin	Marseille	82
Besse J.-Bapt.,	Eugène d'Ors	capucin	Marseille	91
Besson,	?	cordelier	?	258
Bizot J.-Domin.,	Joseph	récollet	Marseille	59
Blain Jean,	?	cordelier	Aubagne	39
Boisson Maurice,	?	lai cordel.	Tarascon	25
Bomardy Claude,	Michelange	cordelier	Barbent.	47
Bonnabel Claude	Martial	récollet	Marseille	59
Bottis, al. B. N.-A	Gaétan	lai récol.	Marseille	65,276
Bouis Jos.-Alex.,	Basile de Flassans	capucin	Aix	101
Bouisson Antoin,	Martial	récollet	Marseille	61
Bouteille J.-B.,	Aug. de Manosque	capucin	Aix	103
Boutin J.-Bapt.,	Satur. de Brignoles	capucin	Toulon	258
Boutin Pierre,	Gervais de Brign.,	lai capuc.	Marseille	94
Boyer François,	Timoth. de Brign.,	lai capuc.	Aix	114
Boyer d'Choisi, M	Jean-Bapt. d'Antib.	clerc cap.	Marseille	88

NOM PATRONYMIQUE	NOM DE RELIGION	ORDRE	COUVENT	PAGE
Brau Joseph,	Louis	lai récol.	Aix	70,276
Bresson Férréol,	?	récollet	Arles	71,276
Bressy Jean-Bap.	Jules	récollet	Aix	67
Bressy Jean-Jos.	François	cordelier	Tarascon	26
Campiglia Félix,	Ignace	récollet	Marseille	58
Campocasso A.M	?	capucin	aumônier	258
Carles Jean-Bap.	Léonce de Draguig.,	capucin	Marseille	82,277
Cauvet Jean-Es.,	Bonavent. de Mars.,	capucin	Marseille	93
Cavalier Jacques	Fulcrand	lai récol.	Marseille	65,276
Chaix Claude,	?	lai cordel.	Arles	24
Chaudon Fr.-M.	Mayeul de Valensole	capucin	Marseille	92
Chaudy Jos.-B.,	Bernardin	cordelier	Marseille	34
Chautard Jean-S.	Jean-Baptiste	lai cordel.	Trets	45
Cherpin Barthél.	Louis	lai cordel.	Trets	45
Cheylan Franç,,	?	capucin	mission.	259
Chouquet Pierre	?	lai cordel.	Arles	23
Claudet Ferréol,	?	cordelier	Tarascon	24
Clément Joseph,	?	cordelier	?	259
Combe Charles,	Célestin de Draguig.	capucin	Aix	103
Combes Etienne,	?	don. cap.	Marseille	100
Coq Jean-Thom.	Maximin	récollet	Aix	69
Courtès Jean,	Sébastien de Clav.,	lai capuc.	Marseille	94
Croze-Magnan P	Louis	récollet	Marseille	49
Curet Antoine,	Hilaire de La Seyne	capucin	Aix	110
Curnier Franç.,	?	récollet	?	260
Dauvergne J.-A.,	Victor de Marseille	capucin	Tarascon	122,278
Décugis J.-Jos,	?	cordelier	Marseille	32,275
Depeille J.-Jos,	Philippe du Val	capucin	Auriol	125
Depeyre J.-Bapt,	?	d. des cap.	Marseille	133
Devaux J.-Bapt,	?	lai récol.	Marseille	66
Dossolin Etien.,	Chérubin d'Aups	capucin	Marseille	85
Doudon Charles,	Balthasar de Sorg.	lai capuc.	Aix	112
Droguet Jos.-F.	?	picpus	mission.	261
Duc Fr.-Xavier,	Chérubin d'Arles	capucin	Arles	118
Duplan Et.-Siffr.	André	cordelier	St-Remy	45
Eithier Antoine,	?	donné cap.	Marseille	99
Escoffier Esp.-C.	Bonaventure	récollet	Marseille	50
Etienne Marc-A.	Louis d'Auriol	lai capuc.	Marseille	97
Eustache Etien.,	Joseph	picpus	Marseille	131
Eyguesier Marc.	Joachim d'Aix	capucin	Marseille	89
Faivre C.-Jos.,	?	cordelier	Marseille	30
Falque Julien,	?	récollet	Arles	71
Fanton Jean-Jos,	Augustin	lai cordel.	S-P.de C.	41
Félen Etienne,	Modeste de Cassis	lai capuc.	Aix	113
Féraud Alexand,	?	donné cap.	Marseille	100
Féraud Fr.-A.-I.	Ferdin., de Menton	capucin	Marseille	90
Féraud Jean-Fr.	?	capucin	La Ciotat	127
Féraud Jos.-Fr.	?	cordelier	S-Jérome	38
Florent Const.,	?	récollet	mission.	261

NOM PATRONYMIQUE	NOM DE RELIGION	ORDRE	COUVENT	PAGE
Fornary Fr-Ben.	Vincent	récollet	?	26
Fougeiret Charl.	?	cordelier	Arles	182
Fournier Antoin.	Césaire d'Arles	capucin	Arles	119
Fournier J.-B.-R.	François-Bernard	récollet	Marseille	66
Franc Joseph,	Apol. de Brignoles	capucin	Martigu.	129
Fresquière L.	Bonaventure	cordelier	Trets	42
Gardanne J.-B.	Séraphin de Solliers	lai capuc.	Marseille	94
Garnier Ign.-Jos.	?	cordelier	Salon	29
Gassier Jean-F.	?	lai cordel.	S.-P.deC	42
Gautier André,	Paul	d. des cap.	Marseille	133
Gay Etienne,	?	lai cordel.	Marseille	33
Gena Alexandre,	Jean-L de Menton	capucin	Marseille	90,277
Geoffroy Raym.,	?	cordelier	Aix	35
Gibre Barthél.,	Bernadin	capucin	Tarascon	121
Gilles André,	?	lai cordel.	Arles	23
Girard Henri-L.,	Silvest de Marseille	capucin	Marseille	83
Girard Jean-Amb	?	récollet	?	262
Giraud Pascal-J.	Alexis de Malemort	lai capuc.	Martigu.	128
Goiraud Jacq.-M	Jos.-Marie du Rove	lai capuc.	Marseille	94
Gouirand Vinc.,	Théodore de Martig.	capucin	Marseille	80
Gout Jean,	Placide	lai récol.	Marseille	66
Gros Jacq.-Mic.,	Mitre	récollet	Aix	69
Gueydon Gasp.,	Anselme	récollet	Marseille	54
Guichard Ant.,	?	lai cordel.	Tarascon	25
Guichard Charl.	Fabien de La Ciotat	lai capuc.	Arles	120
Guiran Jean-B.,	Louis de St-Tropez	capucin	Aix	108
Guitton Jean-P.,	Bernardin d'Auriol	lai capuc.	Auriol	126
Guyol Jean-Fr.,	Séraph. de Tarascon	capucin	Aix	112
Hayes Richard,	?	cordelier	?	263
Hellion Joseph,	?	cordelier	S.-P.deC	41
Henry Jean-Jos.	?	cordelier	Trets	43
Hupay Jean-S. d'	?	cordelier	Aix	14
Icard,	Cyrille	récollet	aumônier	263
Isnard Claude,	?	cordelier	Arles	18
Isnard Pierre,	Modeste de Riez	lai capuc.	Marseille	95
Isoard Etienne,	Mathias de Cavaillon	capucin	Aix	103
Issert Paul,	?	capucin	Tarascon	121
Jonquier Louis,	Michel de Toulon	capucin	Martigu.	128,276
Joubert Antoine,	?	cordelier	Tarascon	26
Jouvenc J.-Ant.,	Jean-Antoine	lai récol.	Marseille	64
Julien And-Dom.	Pierre de Cuers	capucin	Martigu.	128
Julien Louis-P.,	Alexandre de Brig.,	capucin	Aix	110
Laget Blaise,	?	cordelier	Marseille	31
Lagier J.-P.-A.,	?	cordelier	Aix	15,274
Laurans Antoine	Joseph-Antoine	cordeller	Aix	37
Laurans Fr.-N.,	François	cordelier	S.-P.deC	41
Levet François,	?	lai cordel	Aix	17
Leyton Jean-Jos.	?	récollet	?	264
L'haury Joseph,	Genest	récollet	Marseille	54

NOM PATRONYMIQUE	NOM DE RELIGION	ORDRE	COUVENT	PAGE
Long J.-Joseph,	Didace	cordelier	S-Jérôme	38
Loquet J.-P.-J.,	Samuel	récollet	Marseille	54,275
Loubiès Jean-Et.	Remy	récollet	Marseille	49
Magnan Jean-B,	?	cordelier	S.-P.de C	41
Manche Fleury,	Fleury de Tarascon	capucin	Marseille	82
Maneille Honoré	Joseph de Marseille	capucin	Marseille	77
Marret Pierre,	Charles de St-Rémy	capucin	Aix	109
Marron Domin.,	Joseph-François	donné cap.	Marseille	132
Marteau Michel,	Malachie de Tarasc.	capucin	Salon	123
Martin Joseph,	?	lai cordel.	Marseille	33
Martin Laurent,	Louis	récollet	Aix	67
Martini Guil.,	Martin de Pernes	récollet	Marseille	62
Martre Jos.-L.,	Ignace de Brignoles	capucin	Aix	103
Massa Jacques,	Antoine Honoré	récollet	Marseille	54
Mattey François,	?	lai cordel.	Tarascon	27
Mazuyer Gabriel	Blaise	lai picpus	Marseille	131
Meffre Léon,	?	récollet	Arles	71
Meiffred J.-Ben.,	Jacques	récollet	Marseille	53
Merlat Pierre,	Thaddée	picpus	Marseille	130
Michel Joseph,	Joseph de Réalon	lai capuc.	Marseille	95
Michel N.,	Séraphin	récollet	Aix	69
Molize Gabriel,	?	lai capuc.	?	264
Morel Michel-J,	François de Martig.	capucin	Marseille	80
Moretty Jean-Fr.	Franç.-Ant. de Zilia	capucin	Grasse	264
Mougins Fr.-E.	?	cordelier	Aubagne	39
Moulin Jacques,	?	lai capuc.	Tarascon	122
Mourier Jean-J.,	?	cordelier	S.-P.de C	40
Mouriès Bruno,	?	lai cordel.	Istres	30
Moutte Pier-Val.	?	cordelier	?	265
Orsinis Antoine,	?	lai récol.	Marseille	65
Paganacc André,	Michelange	récollet	Aix	69
Pagès Magloire	Philippe	récollet	Marseille	293
Paillerct Joseph,	?	capucin	Aix	114
Paquier J.-Aug.,	Edouard	récollet	Marseille	55
Paret,	Laur. de Marseille	capucin	La Seyne	277
Pascalis And.-J.,	Cyril. de Montferrat	capucin	Aix	109
Payan Joseph,	?	cordelier	Istres	30,274
Peissel Jacques,	André de Lorgues	capucin	Marseille	86
Perrier Jean-B.	?	cordelier	Tarascon	24
Petitmaître Ant.,	?	cordelier	S-Jérôme	38
Peyre, al. Seyre,	Bernardin	lai récol.	Marseille	65,276
Pierre Joseph,	?	donné cap.	Marseille	98
Plézent Jean-Fr.	Bruno de Toulon	capucin	La Ciotat	127
Pons Pierre-Arn.	?	lai récol.	Marseille	65
Poulet Jean-B.,	?	cordelier	Salon	27
Pourrières Gab,	Ansel., de la Verd.,	capucin	Marseille	79
Pozzotti Jean-B.	?	capucin	?	265
Queyras Jean-B.	Balthasar	récollet	Marseille	58
Queyras J.-Jos.,	Norbert	récollet	Marseille	55

NOM PATRONIMYQUE	NOM DE RELIGION	ORDRE	COUVENT	PAGE
Raffin Antoine,	Amédée d'Aix	capucin	Marseille	68
Raminy Maurice,	?	cordelier	Salon	27
Ravel Joseph,	Agathange de Mart.	capucin	Marseille	75
Raynaud J.-Bapt.	Jean-Bapt., de Mons	capucin	Aix	112
Raynaud Math.,	?	lai cordel.	Tarascon	27
Reboul Jean-L.,	Valentin de Ste-Jalle	lai capuc.	Marseille	97
Régibaud André,	André	récollet	Marseille	53
Relin Antoine,	Alphonse	récollet	Marseille	60
Renaud Jean-J.,	Jos.-Mar. de Malem.	capucin	Aix	109
Rey René,	Antoine de Riez	lai capuc.	Aix	114
Reybaud André,	Justinien de Grasse	capucin	Marseille	82
Ricard Guil.,	?	lai récol.	Arles	74
Richaud Pierre,	Trophime	récollet	Aix	67
Robert Louis,	Bonav. de La Seyne	capucin	Marseille	86
Roche N.,	?	lai cordel.	S.-P.deC	41
Rol Joseph-Mar,	Toussaint	cordelier	St-Remy	46
Roland Jean-B.,	Calixte de Brignoles	capucin	Marseille	75
Roman Antoine,	?	cordelier	Aix	37
Roman J.-Dom.,	?	cordelier	Aix	36
Roman Louis,	?	cordelier	h.-cloître	265
Roques Joseph,	Xavier de Draguig.,	capucin	Arles	116
Rosselin Joseph,	Maxime de Brignoles	capucin	Tarascon	122,277
Rotatori Nicolas,	Pierre de Corinaldo	capucin	Camerin.	268
Roubaud Jean-B.	Maximin d'Aups	capucin	Marseille	84
Roubin Jean-Jos.	Philippe	récollet	Marseille	40
Rouchon,	?	cordelier	?	268
Sapet François,	Antoine	récollet	Marseille	55
Sardou Franç,,	?	lai capuc.	La Ciotat	127
Sat Jean-Bapt.,	?	capucin	?	268
Saurelly Jean-F.,	?	d. des cap.	Marseille	134
Sause,	Jean-de-la-Croix	cordelier	?	268
Savournin P.-B.,	?	cordelier	Aix	35
Seguin Jacq-Jos,	?	cordelier	Aix	16
Sendraly Jos.-C.	Justin	récollet	Aix	68
Sicard Henri,	?	récollet	h.-cloître	268
Simonin Nicolas,	?	cordelier	Marseille	33
Siri Jean-Bapt.,	Archange de	capucin	mission.	270
Soldevila Joseph	Raphaël de Barcel.,	capucin	Marseille	91
Tavera Jos.-M.,	?	cordelier	?	270
Tastavin André,	Gaspard	récollet	Marseille	62
Tinet Antoine,	?	cordelier	Barbent.,	47
Tivel Jean-And.,	?	d. capuc.	Marseille	98
Tonduti Gabriel,	?	cordelier	Aix	37
Topin Etienne,	Bonaventure	cordelier	Marseille	31
Topin Jos.-Alex.	?	récollet	?	270
Trépier Jean-B,,	?	lai cordel.	St-Remy	47
Tournier Fr.-B.,	?	récollet	?	270
Vache Alex.-Sif.	?	cordelier	Aix	36
Vachon Etienne,	François Joseph	d. des cap,	Marseille	132

TABLE DES RELIGIEUX

PAR ORDRE DES NOMS CONNUS DE RELIGION

NOM DE RELIGION	NOM PATRONYMIQUE	ORDRE	COUVENT	PAGE
Augustin	Fanton Jean-Jos.	lai cordel.	S-P.de C.	41
Balthasar	Queyras Jean-B.	récollet	Marseille	58
Balthasar de Lorg.	Doudon, Charles	lai capuc.	Aix	112
Basile de Flassans	Bouis, Jos.-Alex.	capucin	Aix	101
Bérard de Marseille	Arnaud, Benoit	capucin	Marseille	93
Bernardin	Chaudy, Jos.-B.	cordelier	Marseille	34
Bernardin	Gibre, Barthél.	capucin	Tarascon	121
Bernardin	Peyre Jean-Bap.	lai récol.	Marseille	65,276
Bernardin d'Auriol	Guitton, J.-Pier.	lai capuc.	Auriol	126
Blaise	Mazoyer, Gabriel	lai picpus	Marseille	131
Bonaventure	Fresquière Louis	cordelier	Trets	42
Bonav. de La Seyne	Robert, Louis	capucin	Marseille	86
Bonav. de Marseille	Couvet, Jos.-Es.	capucin	Marseille	93
Bonaventure	Topin, Etienne	cordelier	Marseille	31
Bonaventure	Escoffier, Esp.-C	récollet	Marseille	50
Bruno de Toulou	Plezent, Jean-Fr.	capucin	La Ciotat	127
Calixte de Brignoles	Roland, Jean-B.	capucin	Marseille	75
Célestin de Draguig.	Combe, Charles	capucin	Aix	103
Césaire d'Arles	Fournier, Ant.	capucin	Arles	119
Charles de S.-Rémy	Marret, Pierre	capucin	Aix	109
Chérubin d'Arles	Duc, Fr.-Xav.	capucin	Arles	118
Chérubin d'Aups	Dossolin, Etienne	capucin	Marseille	85
Chrysostome de Dra.	Valence, Antoine	capucin	Marseille	78,276
Clément	Arnaud, Franç.	cordelier	Marseille	31
Clém. de La Garde	Basset, Jean-Cl.	capucin	Marseille	79
Cyrille	Icard	récollet	aum. mil.	263
Cyrille de Montferrat	Pascalis, An.-Jo.	capucin	Aix	109
Didace	Bernard, Gasp.	lai récol.	Marseille	70
Didace	Long, J.-Jos.	cordelier	S.-Jérôme	38,275
Dominique d'Aix	Arnaud, Jean	lai capuc.	Marseille	97
Edouard	Paquier, J.-A.	récollet	Marseille	55
Eugène d'Ors	Besse, J.-Bapt.	capucin	Marseille	91
Fabien de La Ciotat	Guichard, Char.	lai capuc.	Aix	108
Félix de Signe	Vento, Joseph	lai capuc.	Marseille	94
Ferdinand de Menton	Féraud, F.-A.-I.	capucin	Marseille	90
Ferréol de Lorgues	Vaille, Jacques	capucin	Auriol	125
Fleury de Tarascon	Manche, Fleury	capucin	Marseille	82
François	Bressy, Jean-Fr.	cordelier	Tarascon	26
François	Laurans, F.-Nic.	cordelier	S.-P.de C.	41
François de Martig.	Morel, Michel-J.	capucin	Marseille	80
Franç.-Ant. de Zilia	Moretty, J.-Fr.	capucin	Grasse	264
François-Bernard	Fournier, J.-B.P	récollet	Marseille	66
François-Joseph	Vachon Etienne	donné	Marseille	132
Gabriel de Toulon	Audibert, Jo.-Mi.	clerc cap.	Aix.	114
Gaétan	Bottis, al. B.N.A.	lai récol.	Marseille	65
Gaspard	Tastavin, André	lai récol.	Marseille	62
Genest	L'Henry Franc	récollet	Marseille	54
Gervais de Brignoles	Boutin, Pierre	lai capuc.	Marseille	94
Hilaire	Bellevêque, Pier.	picpus	Marseille	130

NOM DE RELIGION	NOM PATRONYMIQUE	ORDRE	COUVENT	PAGE
Hilaire de La Seyne	Curet, Antoine	capucin	Aix	110
Hyacinthe de Mars.	Albinot, J.-B. d'	capucin	Marseille	78
Ignace de Brignoles	Martre, Jean-L.	capucin	Aix	103
Ignace	Campiglia Félix,	récollet	Marseille	58
Jacques	Meiffred J.-Ben.,	récollet	Marseille	53
Jean-Antoine	Jouvenc, J.-A.,	lai récol.	Marseille	64
Jean-Baptiste	Chautard, J.-S.	lai cordel.	Trets	45
Jean-Bap. d'Antibes	Boyer de Choisy	clerc cap.	Marseille	88
Jean-Bap. de Mons	Raynaud J.-Bapt.	capucin	Aix	112
Jean-de-la-Croix	Sause,	cordelier	?	268
Jean-Jos. de la Garde	Vidal Clément,	capucin	Marseille	77
Jean-L[is] de Menton	Gena Alexandre,	capucin	Marseille	90
Joachim d'Aix	Eyguesier, M.-A.	capucin	Marseille	89
Joseph	Bizot, Jean-Dom.	récollet	Marseille	59
Joseph	Eustache, Etien.	picpus	Marseille	131
Joseph de Marseille	Maneille Honoré	capucin	Marseille	77
Joseph de Menton	Venuco Paoli,	capucin	?	270
Joseph de Réalon	Michel Joseph,	lai cap.	Marseille	95
Joseph-Antoine	Laurans Antoine	cordelier	Aix	37
Joseph-François	Marron Domin.,	donné	Marseille	132
Jos.-Mar. de Malem.	Renaud Jean-J.,	capucin	Aix	109
Jos.-Marie du Rove	Goirand Jacq.-M	lai capuc.	Marseille	94
Jules	Bressy J.-Bapt.,	récollet	Aix	67
Justin	Sendraly Jos.-C.	récollet	Aix	68
Justinien de Grasse	Reybaud André,	capucin	Marseille	82
Laurent	Bellenet Clément	picpus	Marseille	130
Léonce de Draguig.	Carles J.-Bapt.,	capucin	Marseille	82
Louis	Brau Joseph	lai récol.	Aix	70
Louis	Cherpin Barth.,	lai cordel.	Trets	45
Louis	Croze-Magnan.,	récollet	Marseille	49
Louis	Martin, Laurent	récollet	Aix	67
Louis d'Auriol	Etienne, Marc-A.	lai capuc	Marseille	97
Louis de St-Tropez	Guiran Jean-B.,	capucin	Aix	108
Malachie de Tarasc.	Marteau Michel,	capucin	Salon	123
Martial	Bonnabel Claude	récollet	Marseille	59
Martial	Bouisson Ant.,	récollet	Marseille	61
Martin de Pernes	Martini Guil.,	récollet	Marseille	62
Mathias de Cavaillon	Isoard Etienne,	capucin	Aix	103
Maxime de Brignoles	Rosselin Joseph,	capucin	Tarascon	122,277
Maximin	Coq Jean-Fr.	récollet	Aix	69
Maximin d'Aups	Roubaud Jean-B.	capucin	Marseille	84
Mayeul de Valensole	Chaudon Fr.-M.,	capucin	Marseille	92
Michel de Toulon	Jonquier Louis,	capucin	Martigu.	128,278
Michelange	Bernardy Claude	cordelier	Barbent.	47
Michelange	Paganace André,	récollet	Aix	69
Mitre	Gros Jacq.-Mic.,	récollet	Aix	69
Modeste de Cassis	Félen Etienne,	lai capuc.	Aix	113
Modeste de Riez	Isnard Pierre,	lai capuc.	Marseille	95
Norbert	Queyras J.-Jos.,	récollet	Marseille	56

NOM DE RELIGION	NOM PATRONYMIQUE	ORDRE	COUVENT	PAGE
Pascal de Toulon	Baude Ch.-L.	capucin	Marseille	81
Paul	Gautier André,	donné	Marseille	133
Philippe	Roubin Jean-Jos.	récollet	Marseille	50
Philippe de Nézign.	Pagès Magloire	récollet	Marseille	293
Pierre de Corinaldo	Rotatori Nicolas,	capucin	Camerin.	268
Pierre de Cuers	Julien And-Dom.	capucin	Martigu.	128
Placide	Gout Jean,	laï récol.	Marseille	66
Polycarpe de Drag.	Bertrand Pierre	capucin	Marseille	82
Raphaël de Barcel.,	Soldevila Joseph	capucin	Marseille	91
Remy	Loubiès Jean-Ét.	récollet	Marseille	49
Salvien	Barthél. Ch.-M.	récollet	Aix	67
Samuel	Loquet J.-P.-J.,	récollet	Marseille	54,275
Saturnin de Brign.	Boutin J.-B.	capucin	Toulon	258
Sauveur de Salon	Arnaud Césaire	laï capuc.	Salon	124
Sébastien de Clav.	Courtès Jean	laï capuc.	Marseille	94
Séraphin	Michel N.,	récollet	Aix	69
Séraphin de Solliers	Gardanne J.-B.	laï capuc.	Marseille	94
Séraph. de Tarascon	Guyol Jean-Fr.,	capucin	Aix	112
Silvest de Marseille	Girard Henri-L.,	capucin	Marseille	83
Thaddée	Merlat Pierre,	picpus	Marseille	130
Théodore d'Aix	Audibert J.-B.	clerc cap.	Aix	113
Timothée de Brign.	Boyer François	laï cap.	Aix	114
Toussaint	Rol Joseph-Mar,	cordelier	St-Remy	46
Trophime	Richaud Pierre,	récollet	Aix	67
Valentin de Ste-Jalle	Reboul Jean-L.,	laï capuc.	Marseille	97
Victor de Marseille	Dauvergne J.-A.	capucin	Tarascon	122
Vincent	Fornary Fr-Ben.	récollet	?	262
Vincent de Brignoles	Vincent J.-Jos.,	capucin	Marseille	76
Xavier de Draguig.,	Roques Joseph,	capucin	Arles	116

TABLE DES RELIGIEUSES

PAR ORDRE DES NOMS PATRONYMIQUES

NOM PATRONYMIQUE	NOM RELIGIEUX	ORDRE	COUVENT	PAGE
Mablanc Marie	?	clarisse	St-Remy	147
Mablanc N.	?	clarisse	St-Remy	149
Marteau M.-M.	Sainte-Agnès	capucine	Marseille	226
Martel Eug.-Th.	Enfant-Jésus	capucine	Marseille	229
Martin An.-M.	?	converse cl	Marseille	202
Martin Marie.	Saint-Gabriel	capucine	Marseille	255
Matheron An.-F.	?	clarisse	Aix	136
Mathieu Madel.	?	clarisse	St-Remy	148
Maurel M.-C.	Saint-André	clarisse	Marseille	191
Méraude M.-Cl.	Des Anges	capucine	Marseille	248
Micolin Jeanne	?	clarisse	Aix	136
Millaudon Anne	?	clarisse	St-Remy	148
Niel Anne	Saint-Joseph	clarisse	Marseille	193
None N.	Bon-Pasteur	capucine	Marseille	255
Ollive M.-M.-C.	Tous-les-Saints	clarisse	Marseille	193
Pélegrin Marie	?	converse cl	St-Remy	149
Pomet Madel.	Saint-François	capucine	Marseille	229
Pontet Anne	Tous-les-Saints	capucine	Marseille	240
Pourre Madel.	Sacré-Cœur	capucine	Marseille	230
Reboul Mad.	Marie-Victoire	capucine	Marseille	247
Régibaud F.-M.	Marie de Jésus	récollette	Marseille	205
Roman Marg.	?	clarisse	St-Remy	149
Romieu Claire	Sainte-Pélagie	clarisse	Marseille	198
Romieu Cl.-L.	Sainte-Félicité	clarisse	Marseille	197
Saumaire J.-M,	Marie-Virginie	capucine	Marseille	251
Tacel Marie-An.	Saint-Félix	clarisse	Marseille	229
Thumin N.	?	clarisse	St-Remy	149
Verneuil Madel.	?	clarisse	St-Remy	147

TABLE DES RELIGIEUSES

PAR ORDRE DES NOMS CONNUS DE RELIGION

NOM RELIGIEUX	NOM PATRONYMIQUE	ORDRE	COUVENT	PAGE
Aimée de Jésus	Baillon Cath.	capucine	Marseille	241
Angélique de St Paul	Laugier Mag.-A.	capucine	Marseille	214
Anges, des	Guiraud Marg.	clarisse	Marseille	192
Anges, des	Méraude M.-Cl.	capucine	Marseille	248
Bon-Pasteur, du	None Marie-Rose	capucine	Marseille	255
Calvaire, du	Guigon Marie-L.	capucine	Marseille	254

NOM RELIGIEUX	NOM PATRONYMIQUE	ORDRE	COUVENT	PAGE
Enfant-Jésus, de l'	Martel, Eug.-Th.	capucine	Marseille	229
Incarnation, de l'	Chevalier, M.-C.	récollette	Marseille	203
Marie-Anne	Giraud, M.-An.	récollette	Marseille	205
Marie-Félicité	Delane, Claire-R	capucine	Marseille	247
Marie de Jésus	Régibaud, F.-M.	récollette	Marseille	205
Marie-Jérôme	Gouyrant, Renée	récollette	Marseille	204
Marie-Séraphine	Gras, M.-An.-R.	capucine	Marseille	250
Marie-Victoire	Reboul, Madel.	capucine	Marseille	247
Marie-Virginie	Saumaire J.-M.	capucine	Marseille	251
Sacré-Cœur de J.	Laurent Thérèse	récollette	Marseille	203
Sacré-Cœur de J.	Pourres Mad.	capucine	Marseille	230
Sainte-Agnès	Marteau M.-M.	capucine	Marseille	226
Saint-André	Maurel Mar.-C.	clarisse	Marseille	191
Saint-Antoine	Cabasson Anne	récollette	Marseille	203
Saint-Antoine	Franchicourt M.	capucine	Marseille	244
Sainte-Claire	Bouesq Th.-Cat.	clarisse	Marseille	193
Sainte-Elisabeth	Auzière Elisab.	clarisse	Marseille	192
Sainte-Félicité	Romieu Cl.-Laz.	clarisse	Marseille	197
Saint-Félix	Tacel Marie-An.	capucine	Marseille	229
Saint-François	Bergeron, L.-G.	clarisse	Aix	136,144
Saint-François	Pomet, Madelei.	capucine	Marseille	229
Saint-Franç.-Xavier	Bernard, Anne	clarisse	Marseille	192
Saint-Gabriel	Martin, Marie	capucine	Marseille	255
Saint-Jean-Baptiste	Boyer, Catherine	clarisse	Marseille	191
Saint-Joseph	Barret, Madel.	capucine	Marseille	229
Saint-Joseph	Niel, Anne	clarisse	Marseille	193
Saint-Louis	Dom.-Gav., M.L.	récollette	Marseille	203
Saint-Louis	Jullien, Cather.	clarisse	Marseille	191
Sainte-Madeleine	Couton, Madel.	clarisse	Marseille	191
Sainte-Madeleine	Guichard, Anne	récollette	Marseille	203
Saint-Maurice	Jullien, Théod.	clarisse	Marseille	183
Saint-Paul	Alliez, M.-Marg.	capucine	Marseille	254
Saint-Paul	Caze, Suzanne	récollette	Marseille	203
Sainte-Pélagie	Romieu, Claire	clarisse	Marseille	198
Tous les Saints	Ollive, M.-M.-C.	clarisse	Marseille	193
Tous les Saints	Pontet, Anne	capucine	Marseille	240
Verbe-Incarné, du	Armillon, M.-R.	capucine	Marseille	251
Visitation, de la	Audibert, A.-R.	récollette	Marseille	205

BIBLIOTHÈQUE NATIONALE R.F. IMPRIMÉS

TABLE DES MATIÈRES

APPENDICES

TABLES

Nimes. — Imprimerie Gervais-Bedot, rue de la Madeleine, 21.

www.ingramcontent.com/pod-product-compliance
Ingram Content Group UK Ltd.
Pitfield, Milton Keynes, MK11 3LW, UK
UKHW022006170726
13837UKWH00001B/19

9 782019 989866